GRUPOS
DE JESUS

Dados Internacionais de Catalogação na Publicação (CIP)
(Câmara Brasileira do Livro, SP, Brasil)

Pagola, José Antonio
Grupos de Jesus / José Antonio Pagola ; tradução de Gentil Avelino Titton. – Petrópolis, RJ : Vozes, 2016

Título original : Grupos de Jesús

4ª reimpressão, 2025.

ISBN 978-85-326-5158-7

1. Bíblia. N.T. Evangelhos – Comentários 2. Cristianismo 3. Grupo de oração 4. Jesus Cristo – Ensinamentos 5. Vida cristã I. Título.

15-09247   CDD-255

Índices para catálogo sistemático:
1. Espiritualidade : Vida cristã : Cristianismo

JOSÉ ANTONIO PAGOLA

GRUPOS DE JESUS

Tradução de Gentil Avelino Titton

EDITORA
VOZES

Petrópolis

© José Antonio Pagola
© PPC Editorial y Distribuidora, 2014.

Tradução do original em espanhol intitulado *Grupos de Jesús*
Edição brasileira publicada sob licença de PPC Editorial y Distribuidora.

Direitos de publicação em língua portuguesa – Brasil:
2016, Editora Vozes Ltda.
Rua Frei Luís, 100
25689-900 Petrópolis, RJ
www.vozes.com.br
Brasil

Todos os direitos reservados. Nenhuma parte desta obra poderá ser reproduzida ou transmitida por qualquer forma e/ou quaisquer meios (eletrônico ou mecânico, incluindo fotocópia e gravação) ou arquivada em qualquer sistema ou banco de dados sem permissão escrita da editora.

Conselho Editorial	Produção editorial
Diretor	Anna Catharina Miranda
Volney J. Berkenbrock	Bianca Gribel
	Eric Parrot
Editores	Jailson Scota
Aline dos Santos Carneiro	Marcelo Telles
Edrian Josué Pasini	Mirela de Oliveira
Marilac Loraine Oleniki	Natália França
Welder Lancieri Marchini	Priscilla A.F. Alves
	Rafael de Oliveira
Conselheiros	Samuel Rezende
Elói Dionísio Piva	Verônica M. Guedes
Francisco Morás	Vitória Firmino
Teobaldo Heidemann	
Thiago Alexandre Hayakawa	
Secretário executivo	
Leonardo A.R.T. dos Santos	

Editoração: Maria da Conceição B. de Sousa
Diagramação: Sandra Bretz
Capa: WM design
Ilustração de capa: © Jesús Eloy Ramos Lara | Dreamstime

ISBN 978-85-326-5158-7 (Brasil)
ISBN 978-84-228-2757-7 (Espanha)

Este livro foi composto e impresso pela Editora Vozes Ltda.

Sumário

Saudação, 7

Grupos de Jesus, 9

Primeira etapa – Reunidos em nome de Jesus, 19

Segunda etapa – O caminho de Jesus, 75

Terceira etapa – A Boa Notícia de Deus, 99

Quarta etapa – Traços característicos de Jesus, 131

Quinta etapa – Grandes chamados de Jesus, 209

Sexta etapa – Chamados a seguir Jesus, 255

Sétima etapa – Enviados por Jesus ressuscitado, 289

Perante o futuro, 319

Índice, 323

Saudação

Querido amigo, querida amiga:

Durante quatro ou cinco anos você fará parte de um Grupo de Jesus. Junto com outros amigos e amigas, você viverá uma aventura apaixonante, porque fará uma caminhada para enraizar sua vida com mais fé e mais verdade em Jesus.

Estes grupos são de Jesus. Reúnem-se em seu nome. Ele os convoca e alenta. Jesus ocupa seu centro. Para tomar parte em seu Grupo de Jesus você não precisa de uma preparação especial. Tampouco ser um fiel praticante. Basta o desejo de encontrar-se com Jesus, o Cristo.

Impulsionados por Jesus, estes grupos podem ser, em nosso tempo, um canal humilde para fazer circular sua força renovadora e humanizadora numa Igreja em crise e numa sociedade necessitada de sentido e de esperança.

Nos próximos anos notar-se-á cada vez mais como vai se reduzindo o número de religiosos, religiosas e presbíteros em atividade. Por isso, serão sobretudo vocês, mulheres e homens do povo de Deus, os que irão mobilizar-se para promover e animar estes Grupos de Jesus.

Estes Grupos de Jesus poderão contribuir, junto com outras iniciativas e experiências, para que o Espírito de Jesus ressuscitado possa impulsionar o que o papa Francisco chama de "um dinamismo evangelizador que atua por atração". Jesus salvará a Igreja, embora não conheçamos seus caminhos concretos.

Não esqueça que Jesus acompanha você e que seu Espírito está vivo dentro de você. Ele trouxe você para este Grupo de Jesus. A sua vida pode mudar. Basta o pouco de fé que você tem.

José Antonio

Grupos de Jesus

Objetivo e características

Voltar juntos para Jesus Cristo

Nosso objetivo principal nos Grupos de Jesus é viver juntos um processo de conversão individual e grupal a Jesus, aprofundando-nos de maneira simples no essencial do Evangelho. Queremos fazer juntos uma caminhada para conhecer melhor a Jesus e consolidar nossa vida com mais verdade em sua pessoa, em sua mensagem e em seu projeto de fazer um mundo mais humano. Estes grupos nascem da convicção de que Jesus responde também hoje às perguntas, problemas e necessidades mais profundas das pessoas[1].

Reunidos em nome de Jesus

A primeira experiência que vivemos nestes grupos alimenta-se desta promessa de Jesus: "Onde dois ou três se reúnem em meu nome, ali estou eu no meio deles". Por isso os grupos se reúnem em nome de Jesus. Ele os convoca e alenta. Ele ocupa o centro. Estes grupos são de Jesus. Não têm outro nome nem protetor. Não se enquadram na espiritualidade particular de nenhum movimento ou associação religiosa. São espaços de liberdade, abertos aos que querem viver a experiência de voltar a Jesus "recuperando o frescor original do Evangelho", ouvido

---
1 Para entender melhor a necessidade e o sentido dos Grupos de Jesus pode-se ver meu livro: *Volver a Jesús* – Hacia la renovación de las parroquias y comunidades. 2. ed. Madri: PPC, 2014.

a partir das inquietudes, problemas, sofrimentos e esperanças das mulheres e homens de hoje.

Num clima de amizade fraterna

Fazer juntos esta caminhada buscando Jesus é uma experiência renovadora vivida num clima de amizade fraterna. Alguns de nós já nos conhecíamos, outros não. Aqui nos sentimos todos atraídos por Jesus. Ninguém está acima de ninguém. Ninguém é superior aos outros. No grupo convivemos homens e mulheres, crentes convictos e pessoas em busca, leigos e presbíteros... Pouco a pouco, o Evangelho vai despertando em nós a comunicação e o diálogo, a confiança mútua e a alegria.

Espaço de conversão a Jesus Cristo

Estes grupos de Jesus não pretendem substituir outros grupos pastorais, processos catequéticos, catecumenatos ou realidades semelhantes, que têm seus próprios objetivos e métodos. Nós que participamos destes grupos movemo-nos em outro plano: reunimo-nos para viver um processo de conversão a Jesus que tem uma duração de quatro a cinco anos. Durante este tempo, se somos cristãos comprometidos em algum campo, continuamos trabalhando onde já estamos. Nos Grupos de Jesus encontramos o clima apropriado para deixar-nos transformar pelo Evangelho e para recuperar ou reavivar nossa identidade de discípulos e seguidores de Jesus.

A serviço do projeto humanizador do Pai

Ao longo de nossa caminhada nestes Grupos de Jesus iremos descobrindo que não é possível seguir Jesus sem identificar-nos com o projeto do reino de Deus, que foi a paixão que animou sua vida inteira: criar um mundo mais justo, mais digno e mais feliz para todos, a começar pelos últimos. Por isso nestes grupos nos sentimos chamados a "buscar o reino de Deus e sua justiça". Esta paixão por um mundo mais humano, como Deus o quer, vai marcando pouco a pouco nosso estilo de viver tanto na sociedade como no interior da Igreja.

Construindo a Igreja de Cristo

Estes grupos não nascem para viver fechados em si mesmos, pensando apenas em seus problemas ou falando apenas de suas coisas. Desde o início situam-se no horizonte do reino de Deus e no seio da Igreja. Mais concretamente, os Grupos de Jesus vivem e crescem com a vontade de contribuir para estimular no interior da Igreja uma conversão radical a Jesus Cristo. Por isso nos esforçamos por contribuir com nossa própria conversão para construir uma Igreja mais fiel a Cristo: uma Igreja mais simples, fraterna e acolhedora; uma Igreja samaritana, compassiva, "amiga de pecadores"; uma Igreja onde a mulher ocupe o lugar desejado por Jesus; uma Igreja que nos leve a Jesus e nos ensine a confiar no Pai. Uma Igreja de coração grande na qual cada manhã nos ponhamos a trabalhar pelo reino, sabendo que Deus fez sair seu sol sobre bons e maus.

Início do grupo

Primeiros passos

Para participar ativamente nestes Grupos de Jesus não é necessária uma preparação especial. Basta que um grupo de pessoas queira fazer a experiência de escutar juntos o Evangelho para voltar a Jesus. Não é necessário que sejam praticantes. Podem fazer a caminhada crentes convictos, pessoas pouco crentes e inclusive pessoas que andam buscando e se sentem atraídas por Jesus. Ele está no coração de todos, despertando nossa fé ou o desejo de uma vida mais digna. Podem acolhê-lo os cristãos convictos e os não praticantes, os simples e os ignorantes, os que se sentem perdidos e os que vivem sem esperança. Jesus é para todos.

O moderador

Para dar início a um Grupo de Jesus não é necessária a presença de um presbítero ou de uma religiosa. Mas é necessário que alguém dirija e anime discretamente o grupo. Não é necessário que ele saiba mais do que os outros. O grupo não se reúne para ouvir a palavra dele ou dela, mas para ouvir Jesus, que nos fala a partir do Evangelho. A missão do moderador é convocar os membros, assegurar que todos participem dialogando amistosamente, com respeito mútuo e de maneira positiva, que se ouça o Evangelho e se crie um clima de oração e de conversão a Jesus, seguindo os diversos passos da reunião.

A iniciativa dos leigos

Sem dúvida os párocos e as religiosas podem ter um papel muito importante para impulsionar estes Grupos de Jesus, sobretudo no início. Mas no futuro os que encontrarão nestes grupos um espaço novo de compromisso evangelizador serão os leigos. Os que se mobilizarão para constituir e animar os Grupos de Jesus serão homens e mulheres do povo de Deus. Não devemos pensar em grupos grandes e complexos, mas sobretudo em pequenas células em torno de doze pessoas mais ou menos. Nestes momentos estão em andamento grupos de vizinhos e conhecidos praticantes, casais cristãos, casais em situação irregular, antigos alunos de um colégio, religiosas e mães...

Duplo compromisso

Iniciar a caminhada num Grupo de Jesus supõe um duplo compromisso em que todos nós devemos sentir-nos solidários. Em primeiro lugar nos comprometemos a preparar a reunião da melhor maneira possível: o bom andamento do grupo vai depender, em boa parte, do trabalho pessoal que cada um de nós fizermos em casa, antes de vir para o encontro. Em segundo lugar, nos comprometemos a participar ativamente da reunião; nem todos nós temos a mesma facilidade para falar e dialogar, mas todos entramos no grupo para contribuir com toda a simplicidade, não só para receber.

Criatividade do grupo

Propõe-se ao grupo uma caminhada de sete etapas (cf. o Índice). Em cada tema é tratado um texto evangélico. Aos participantes são oferecidas diversas ajudas: para descobrir todos juntos a mensagem do Evangelho, para motivar a conversão pessoal, para estimular o compromisso do grupo no projeto de Jesus. É conveniente que a caminhada seja feita corretamente, mas é o grupo que precisa ter sua própria criatividade para decidir a periodicidade e o ritmo dos encontros, como também o lugar mais adequado para as reuniões e sua duração. Ao grupo propõem-se também sugestões para a oração; mas, como é natural, convém que o grupo desenvolva sua própria criatividade (cantos, símbolos, gestos, música de ambiente...).

Antes de começar a caminhada

Antes de iniciar a caminhada é conveniente fazer um encontro ou dois para os participantes entrarem em contato, para conhecer o que é um Grupo de Jesus e para determinar, todos juntos, o lugar e a periodicidade das reuniões, a distribuição de tarefas, a aquisição dos materiais, a preparação da primeira reunião... (pode-se utilizar o material desta introdução sobre os Grupos de Jesus, lida e comentada por todos).

Dinâmica das reuniões

A cada tema dedicaremos duas reuniões. Na primeira temos como objetivo aproximar-nos do texto evangélico. É a primeira coisa a fazer. Compreender o melhor possível a mensagem do Evangelho. Na segunda reunião nos propomos trabalhar nossa conversão pessoal e o compromisso do grupo com o projeto de Jesus. Se o grupo achar necessário, pode acrescentar outra reunião.

> Começamos todas as reuniões ouvindo a proclamação do Evangelho num clima de silêncio e escuta atenta. E as concluímos rezando juntos o Pai-nosso, de pé e de mãos dadas, formando um círculo. Ao terminar nos damos o abraço da paz.

Primeira reunião (aproximação ao Evangelho)

• *Em casa*. A primeira coisa que fazemos sempre é ler o Evangelho. Mas antes fechamos os olhos e em silêncio tomamos consciência do que vamos fazer: "Vou ouvir Jesus, Deus vai me falar. O que ouvirei nestes momentos de minha vida?" Esta breve pausa para preparar o nosso coração pode mudar profundamente nossa maneira de ler o Evangelho.

Depois lemos o texto evangélico assinalado. Fazemo-lo bem devagar. Não temos nenhuma pressa. O importante é entender o que o texto quer comunicar. Se lermos devagar, muitas palavras de Jesus que ouvimos tantas vezes de forma rotineira começarão a tocar o nosso coração.

Nesta leitura podemos prestar atenção, sobretudo, em Jesus. Precisamos captar bem o que é que Ele diz e o que é que Ele faz. Precisamos gravar em nós suas palavras e seu estilo de vida. Dele iremos aprendendo a viver.

Uma vez terminada a leitura, começamos a aprofundar-nos no texto evangélico, seguindo as perguntas ou sugestões do roteiro. Assim escutaremos a mensagem e nos prepararemos para dar ao grupo nossa pequena contribuição.

• *No encontro*. Começamos sempre criando um clima de silêncio e recolhimento para ouvir a proclamação do Evangelho de Jesus, lido pela pessoa indicada.

Depois nos aprofundamos todos juntos no texto evangélico. Seguimos as perguntas e sugestões do roteiro. O diálogo deve ser aberto, espontâneo, mas também feito com certa ordem. O moderador pode ir lendo as perguntas ou acolher outras que os membros do grupo sugerirem. Não se trata de discutir, mas de expor o eco que o Evangelho encontra em nosso coração.

Ao terminar o diálogo lemos todos juntos o comentário e o vamos comentando devagar. O importante é que a mensagem evangélica vá penetrando em nosso coração. Por razões pedagógicas convém não lermos este comentário antes de nós mesmos termos trabalhado, buscando a mensagem do texto evangélico.

Terminamos o encontro em oração seguindo as sugestões do roteiro ou a criatividade do grupo.

Oração do Pai-nosso e abraço da paz.

Segunda reunião (aproximação à vida)

• *Em casa*. Antes de mais nada, nos recolhemos, recordamos o que foi vivido no último encontro e lemos novamente o Evangelho. Agora o conhecemos melhor.

Depois refletimos sobre nossa conversão pessoal. As perguntas do roteiro são apenas um ponto de partida. Nós nos deixamos, todos e cada um, guiar pelo Espírito de Jesus. Para muitos será uma experiência de comunicação muito íntima com Jesus. Por isso sugerimos algumas pautas para uma conversa com Ele.

Por último refletimos sobre o possível compromisso de todo o grupo com o projeto de Jesus. Se nos ajudar, podemos fazer algumas anotações para levar nossa contribuição ao grupo.

• *No encontro*. Começamos, como sempre, fazendo silêncio para escutar a proclamação do Evangelho de Jesus.

Depois compartilhamos nossa reflexão sobre o chamado que ouvimos à conversão pessoal. Fazemo-lo com grande respeito mútuo. Cada um comunica ao grupo o que acredita ser conveniente. Todos juntos vamos delineando melhor nossos passos para seguir a Jesus.

Em seguida, passamos a dialogar sobre nosso compromisso com o projeto de Jesus. Aqui, certamente, o diálogo será mais vivo e variado. Cada um de nós fala a partir de seu próprio contexto familiar, do ambiente em que se move na vizinhança, no trabalho, na paróquia... Seguimos as sugestões do roteiro ou nos detemos em outras questões de interesse para o grupo. Todos juntos vamos esboçando nosso compromisso com realismo, humildade e grande confiança em Jesus. Ele nos sustenta e acompanha.

Terminamos o encontro em oração, num clima de alegria e ação de graças.

Oração do Pai-nosso e abraço da paz.

Ao terminar a caminhada

• Ao terminar sua caminhada, cada Grupo de Jesus dedica um tempo a refletir para tomar uma decisão entre diferentes alternativas.

• Em alguns casos o grupo termina e seus membros vão se comprometendo, cada um como puder, em tarefas pastorais e evangelizadoras diversas.

• Em outros casos, o grupo termina como Grupo de Jesus, mas seus membros tomam a decisão de continuar reunindo-se para ouvir juntos o Evangelho (seguindo, p. ex., algum dos textos evangélicos dos domingos). Podem inclusive convidar novas pessoas.

• Em outros casos, o grupo decide permanecer unido para entregar-se ao serviço das necessidades pastorais de uma paróquia concreta, ou se constitui como uma equipe evangelizadora, concretizando seu trabalho em algum campo determinado (marginalização social, atenção a crianças ou idosos necessitados de ajuda, atenção a imigrantes, apoio a famílias desfeitas...).

• A melhor alternativa pode ser a seguinte: o Grupo de Jesus termina, mas seus membros se comprometem a iniciar dois ou mais Grupos de Jesus, acompanhando-os com sua experiência. Esta decisão seria de grande importância, porque iria multiplicando a difusão de Grupos de Jesus.

Desta forma circularia no interior da Igreja a força renovadora do Evangelho, reavivando a fé das comunidades cristãs e abrindo caminhos ao reino de Deus na sociedade. Assim, estes Grupos de Jesus poderão contribuir, junto com outras iniciativas e experiências, para que o Espírito possa impulsionar o que o papa Francisco chama de "um dinamismo evangelizador que atua por atração" (*A alegria do Evangelho*, 131).

Ao longo de sua caminhada, os grupos poderão ter acesso a uma web, que trará o nome www.gruposdejesus.com, para compartilhar sua experiência, pedir orientação ou oferecer sugestões. Assim nos ajudaremos uns aos outros.

Primeira etapa
Reunidos em nome de Jesus

Estes primeiros encontros têm como objetivo facilitar a formação do grupo no qual vamos iniciar juntos este processo de conversão a Jesus Cristo. Todos nós precisamos ouvir com fé *o chamado de Jesus*, ir descobrindo de maneira mais concreta *o objetivo do processo* e adotar pouco a pouco *as atitudes básicas* para fazer esta caminhada.

O chamado de Jesus

Os três primeiros encontros vão ajudar-nos a iniciar nossa caminhada, convocados por Jesus. É Ele quem nos chama, nos reúne e nos guia em toda esta caminhada.

1) *Coragem! Sou eu. Não tenhais medo.* Começamos escutando o chamado de Jesus, que nos anima a começar nossa tarefa confiando inteiramente nele, sem soçobrar diante das dificuldades que podemos experimentar nestes tempos de crise religiosa.

2) *Coragem! Levanta-te. Ele está te chamando.* A primeira dificuldade talvez seja nossa fé fraca e nossa mediocridade. Vamos ouvir o chamado de Jesus para tomar a decisão de segui-lo com mais verdade e mais fidelidade.

3) *Vinde a mim, vós que estais cansados e sobrecarregados.* Intuímos que esta caminhada vai exigir de nós esforço e não estamos seguros de nossas forças. Pelo contrário, nos sentimos fracos in-

constantes. Ao longo desta caminhada precisaremos muitas vezes do apoio e da compreensão de Jesus.

O objetivo principal

Os três encontros seguintes estão orientados para ir definindo melhor nosso objetivo. Precisamos ver de maneira clara o que é que buscamos e qual é a caminhada concreta que pretendemos fazer.

4) *Pedi, buscai, batei*. Antes de mais nada, é importante que nos sintamos um grupo de buscadores. Não vamos viver esta caminhada de maneira passiva ou indiferente. Queremos viver em atitude de busca.

5) *O que procurais?* Queremos procurar Jesus juntos. Mas o que procuramos exatamente? O que esperamos dele? Queremos conhecer o segredo de sua vida, ver "onde Ele mora": onde Ele vive, como Ele vive, para o que Ele vive.

6) *Ide para a Galileia. Lá o vereis*. Queremos ver onde Jesus mora e vive, aprender a viver como Ele. Mas, onde podemos vê-lo? Precisamos voltar para a Galileia. Fazer de alguma forma a caminhada feita pelos primeiros discípulos e discípulas. Ele vai à nossa frente.

Duas atitudes básicas

Para seguir Jesus ressuscitado hoje pelos caminhos da Galileia, aprendendo a viver como Ele, precisamos prestar atenção desde o início a duas atitudes básicas: escutar Jesus, sem que outras vozes nos distraiam; e abrir-nos à sua Palavra, deixando-nos trabalhar por Ele.

7) *Este é meu Filho amado. Escutai-o*. Se queremos seguir Jesus como verdadeiros discípulos e discípulas, não podemos caminhar de maneira distraída. Precisamos viver muito atentos à sua Palavra. Escutar Jesus e só a Ele. Ele é nosso único Mestre.

8) *Abre-te!* Escutar Jesus, o Filho amado de Deus, exige que nos abramos à sua Palavra. Que nos deixemos trabalhar por ela. Que

não façamos a caminhada com o coração bloqueado, surdos aos seus apelos.

1 Coragem! Sou eu. Não tenhais medo (Mateus 14,24-33)

O barco já estava bem longe da costa, sacudido pelas ondas, porque o vento era contrário. Pelo final da noite, Jesus se aproximou deles caminhando sobre o lago. Ao vê-lo caminhar sobre o lago, os discípulos se assustaram e diziam:

– É um fantasma.

E puseram-se a gritar de medo. Imediatamente Jesus lhes disse:

– Coragem! Sou eu. Não tenhais medo.

Pedro respondeu:

– Senhor, se és tu, manda-me andar sobre as águas ao teu encontro.

Jesus lhe disse:

– Vem.

Pedro saltou do barco e, andando sobre as águas, foi ao encontro de Jesus. Mas, ao sentir a violência do vento, assustou-se e, começando a afundar, gritou:

– Senhor, salva-me!

Imediatamente Jesus estendeu a mão, o agarrou e lhe disse:

– Homem de pouca fé! Por que duvidaste?

Subiram ao barco e o vento se acalmou. E os que estavam no barco prostraram-se diante de Jesus, dizendo:

– Verdadeiramente és Filho de Deus.

Guia de leitura

Neste primeiro encontro examinamos como viver nossa fé e nosso seguimento de Jesus sem soçobrar diante das dificuldades que podemos encontrar no momento atual. Precisamos, antes de mais nada, sentir a proximidade de Jesus. Ele nos chama e nos sustenta desde o começo de nossa caminhada.

Aproximação ao texto evangélico

• **Situação do barco dos discípulos.** O evangelista a descreve com três traços. Podemos apontá-los? Este "barco dos discípulos" lembra a você a Igreja atual? Por quê?

• **A crise dos discípulos.** Por que exatamente eles se perturbam? Você fica impressionado com o grito deles: "É um fantasma"? Pensamos alguma vez que toda esta coisa da fé poderia ser um engano? Conhecemos pessoas que sentem algo parecido?

• **As palavras de Jesus.** Jesus lhes diz três coisas. Podemos comentá-las? Você experimentou alguma vez Jesus infundindo ânimo em você e libertando-o do medo e da angústia?

• **A fé de Pedro.** O que você pensa da súplica dele? Pode alguém falar a Jesus sem saber se Ele o está realmente escutando? Você rezou assim alguma vez? Contemplamos Pedro entre as ondas: Sinto que a fé é muitas vezes caminhar "sobre as águas" apoiando-me unicamente na palavra de Jesus?

• **A crise de Pedro.** Por que ele começa a afundar? O que ele faz antes de afundar completamente? O que você pensa de seu grito? Nós entendemos Pedro?

• **A reação de Jesus.** Como Jesus reage? O que mais nos comove? É Jesus para mim uma mão estendida que me agarra nos momentos de crise? Podemos explicar nossa experiência?

Comentário[1]

Crer no meio da crise

Eram tempos difíceis para a jovem comunidade cristã na qual Mateus escrevia seu Evangelho. O entusiasmo dos primeiros tempos havia esfriado. Os conflitos e tensões com os judeus eram fortes. Será que a fé daqueles crentes iria soçobrar? A primeira coisa que eles precisavam era descobrir a presença de Jesus no meio da crise.

Recolhendo um relato encontrado em Marcos e algumas lembranças que se conservavam entre os primeiros cristãos a respeito de uma tempestade que certa vez os discípulos de Jesus tiveram que enfrentar no mar da Galileia, Mateus escreveu uma bela catequese de Jesus com um objetivo concreto: ajudar os seguidores de Jesus a consolidar sua fé, sem deixar-se afundar pelas dificuldades. Mateus o fez com tal força que ainda hoje nos pode reavivar por dentro.

Os discípulos estão sozinhos. Desta vez Jesus não os acompanha. Ele ficou a sós num monte próximo, falando com seu Pai no silêncio da noite. Mateus descreve com traços precisos a situação: os discípulos se encontram sozinhos, "bem longe da costa", no meio da insegurança do mar; o barco é "sacudido pelas ondas", invadido por forças adversas; "o vento é contrário", tudo se volta contra. Além disso, caíra a noite e as trevas envolvem tudo.

Os cristãos que ouvem este relato o entendem imediatamente. Conhecem a linguagem dos salmos e sabem que "as águas profundas", "a tempestade", "as trevas da noite"... são símbolos de insegurança, angústia e incerteza. Não é esta a situação daquelas comunidades, ameaçadas de fora pela rejeição e pela hostilidade, e tentadas a partir de dentro pelo medo e pela pouca fé? Não é esta a nossa situação?

Entre as três e seis da manhã, Jesus se aproxima deles caminhando sobre as águas. Ele nunca deixou de pensar neles. Mas os discípulos não

---

1 Como já foi indicado antes, por razões pedagógicas convém não ler este comentário antes de trabalhar individualmente e em grupo o ponto 2 (Aproximação ao texto evangélico). Esta indicação é válida para todos os temas.

são capazes de reconhecê-lo no meio da tempestade e das trevas. Jesus lhes parece "um fantasma", algo não real, uma ilusão falsa... Os medos na comunidade cristã são um dos maiores obstáculos para reconhecer Jesus e segui-lo com fé como "Filho de Deus" que nos acompanha e nos salva nas crises.

Jesus lhes diz as três palavras que eles precisam ouvir: "Coragem. Sou eu. Não tenhais medo". Estas três palavras nós as ouviremos mais de uma vez ao longo de nossa caminhada. "Coragem": Jesus vem infundir coragem e semear esperança no mundo. "Sou eu": não é um fantasma, mas alguém vivo, cheio de força salvadora. "Não tenhais medo": precisamos confiar e aprender a reconhecê-lo junto de nós no meio das crises, perigos e dificuldades. Não é isto que nós cristãos precisamos ouvir hoje?

Animado pelas palavras de Jesus, Pedro faz um pedido surpreendente: "Senhor, se és tu, manda-me andar sobre a água ao teu encontro". Ele não sabe se Jesus é um fantasma ou alguém vivo e real, mas quer viver a experiência de caminhar ao encontro dele andando não sobre terra firme, mas sobre a água; não apoiado na segurança, mas na fraqueza da fé. Jesus lhe diz: "Vem".

Não é esse o chamado que Jesus nos está fazendo nestes momentos de crise e desconcerto? Em nossa caminhada nos encontraremos mais de uma vez com seu convite: "Vem e segue-me". Assim Jesus chamava pelos caminhos da Galileia e assim chama hoje os que o quiserem ouvir. Mas o chamado a Pedro no meio da tempestade encerra algo mais: "Vem ao meu encontro caminhando sobre as águas, embora não consigas reconhecer-me no meio desta tempestade e embora estejas cheio de dúvidas no meio da noite".

Pedro desceu do barco e "começou a caminhar sobre as águas em direção a Jesus". A fé cristã é essencialmente isto. "Caminhar ao encontro de Jesus", dar passos, dia após dia, orientando nossa vida para Ele. "Sobre as águas", sem outro apoio firme que não seja sua Palavra. Sustentados por sua presença misteriosa em nossa vida. Estamos dispostos a fazer esta experiência?

Não é fácil viver esta fé despojada. Pedro, concretamente, "sentiu a força do vento, ficou com medo e começou a afundar". É isto que nos pode acontecer nestes tempos: reparamos apenas na força do mal, somos invadidos pelo medo e pelas dúvidas e começamos a afundar no desespero, na indiferença ou na descrença. O que podemos fazer?

A primeira coisa é "gritar" para Jesus. É o que faz Pedro quando começa a afundar: "Senhor, salva-me". Ele invoca Jesus como "Senhor" (Mateus põe intencionalmente esta palavra em seus lábios, porque é assim que se invoca Jesus ressuscitado nas primeiras comunidades cristãs). E só lhe pede uma coisa: "Salva-me". Com isto está dito tudo. Este grito saído do mais íntimo de nosso coração pode ser uma forma humilde, mas muito real, de viver nossa fé.

Jesus, que está atento e preocupado com Pedro, não permanece indiferente a este grito. De acordo com o relato, Ele "lhe estende a mão", o "agarra" e "lhe diz: 'Homem de pouca fé, por que duvidaste?'" Sem saber como nem por que, Pedro vive algo difícil de explicar a quem não o viveu. Ele experimenta Jesus como uma "mão estendida"; deixa-se "agarrar" por Ele e sente que Jesus o salva de afundar. No fundo de seu coração, ele ouve esta pergunta que pode mudar sua vida: "Homem de pouca fé, por que duvidaste?" Talvez seja no meio da crise e da noite que aprendemos a crer com mais verdade na força salvadora contida em Jesus.

Pedro e Jesus caminham agarrados no meio das ondas e do vento. Ao subir para o barco, a tormenta se acalma. Quando Jesus está no meio do grupo, os discípulos recuperam a paz. Viveram tudo de perto, cheios de medo e angústia, mas experimentaram sua força salvadora. Os mesmos que antes diziam "É um fantasma" se prostram agora diante de Jesus e lhe dizem a partir do mais íntimo: "Verdadeiramente és Filho de Deus".

⇨ **Para aprofundar-se**: *Mateus*, p. 183-189; *Creer, para qué?*, p. 60-62[2].

---

[2] Nesta seção "Para aprofundar-se", os livros serão citados abreviadamente. As referências completas são as seguintes: *O caminho aberto por Jesus – Mateus*. Petrópolis: Vo-

Conversão pessoal

• Como está me afetando este tempo de crise religiosa e futuro incerto da Igreja? Minha fé está em crise, vai se apagando ou está crescendo? Como me sinto por dentro?

• Onde e como posso sentir Jesus como uma mão estendida que me agarra, me livra dos medos e não me deixa afundar? Em que este grupo pode me ajudar?

• **Conversa com Jesus.** Mostre-lhe seus medos e vacilações. Ele agarra você. Não deixará você afundar.

Compromisso com o projeto de Jesus

• Observamos na sociedade medo do futuro, desânimo, falta de esperança? Que clima se respira na sua paróquia ou no ambiente em que você se move? Qual é a reação mais generalizada dentro da Igreja?

• Que contribuição estamos dando à sociedade e à Igreja nós que estamos aqui ouvindo o Evangelho de Jesus? Ânimo ou desânimo? Esperança ou pessimismo? Palavras ou compromisso?

• Podemos formular concretamente, todos juntos, com que espírito e com que atitude queremos viver nossa caminhada? Que contribuição gostaríamos trazer a partir deste grupo? Podemos resumi-la em três palavras?

> **Sugestões para a oração**
>
> • Recolhemo-nos para ouvir Jesus. Um membro do grupo pronuncia em voz alta seu brado: "Coragem! Sou eu. Não tenhais medo". Depois de alguns momentos de silêncio, cada um pode invocar: "Se és tu, salva-me e ajuda-me a..."

zes, 2013. • *O caminho aberto por Jesus – Marcos.* Petrópolis: Vozes, 2014. • *O caminho aberto por Jesus – Lucas.* Petrópolis: Vozes, 2012. • *O caminho aberto por Jesus – João.* Petrópolis: Vozes, 2013. • *Creer, para qué?* 7. ed. Madri: PPC, 2012. • *Jesus – Aproximação histórica.* 7. ed. Petrópolis: Vozes, 2014.

- Pode-se criar um clima de recolhimento interior. Um membro do grupo faz em voz alta a pergunta de Jesus: "Homem de pouca fé, por que duvidas?" Quem quiser pode responder à pergunta em voz alta.
- Para rezar no silêncio do coração:

   Jesus nossa paz,
   Tu nos dizes a cada um:
   "Por que inquietar-te?
   Só uma coisa é necessária:
   um coração à escuta
   para compreender
   que Deus te ama
   e sempre te perdoa" (H. Roger de Taizé).

- Todos juntos pronunciamos a seguinte oração:

   Tu sabes que sempre te amei
   e continuo te amando;
   Tu sabes que te amo.
   Apesar do cansaço
   e do abandono de tantos dias,
   apesar de minha cabeça vazia e dura
   e de meu coração de pedra,
   Tu sabes que te amo.
   Apesar de minhas dúvidas de fé,
   de minha vacilante esperança
   e de meu amor possessivo,
   Tu sabes que te amo (F. Ulíbarri).

2 Coragem! Levanta-te. Ele está te chamando (Marcos 10,46-52)

Chegaram a Jericó. Mais tarde, quando Jesus saía de Jericó acompanhado por seus discípulos e numerosa multidão, o filho de Timeu, Bartimeu, um mendigo cego, estava sentado à beira do caminho. Ao tomar conhecimento de que era Jesus Nazareno quem passava, começou a gritar:

– Jesus, Filho de Davi, tem compaixão de mim!

Muitos o repreendiam para que se calasse. Mas ele gritava ainda mais forte:

– Filho de Davi, tem compaixão de mim!

Jesus se deteve e disse:

– Chamai-o.

Chamaram então o cego, dizendo-lhe:

– Coragem! Levanta-te, pois Ele te chama.

Jogando para longe o manto, ele deu um salto e se aproximou de Jesus.

Jesus dirigiu-lhe a palavra, dizendo:

– O que queres que eu faça por ti?

O cego respondeu:

– Mestre, que eu veja.

Jesus lhe disse:

– Vai. Tua fé te salvou.

No mesmo instante ele recuperou a visão e o seguia pelo caminho.

Guia de leitura

O que nos impede de seguir os passos de Jesus talvez não sejam as dificuldades do momento atual. Talvez tenhamos passado muito tempo instalados na indiferença e na mediocridade. Talvez nunca tenhamos tomado a decisão de seguir Jesus. Precisamos ouvir neste grupo seu chamado: "Coragem! Levanta-te. Ele está te chamando".

Aproximação ao texto evangélico

• **Situação de Bartimeu.** Os discípulos e a multidão movem-se acompanhando Jesus. Só Bartimeu permanece imóvel e à margem. Com que traços Marcos o descreve? O que nos diz a figura deste mendigo cego, sentado à beira do caminho?

- **Atuação do cego.** Observe como ele reage diante da proximidade de Jesus. Como um cego pode "tomar conhecimento" de que Jesus passa perto dele? De acordo com o relato, o cego começou a "gritar": Será que gritar é a mesma coisa que rezar? O que você sente diante do grito do cego? Você sentiu alguma vez a necessidade de gritar algo parecido?
- **Reação de Jesus.** Por que Jesus se detém? O que é importante para Ele? Os que antes queriam marginalizar o cego agora lhe levam a Boa Notícia de Jesus: O que é que lhe dizem? Não precisamos nós ouvir algo disto?
- **Resposta do cego.** Marcos descreve os passos que o cego dá para encontrar-se com Jesus. Podemos apontá-los? O que podemos destacar na atuação do cego? Sua fé para acolher o que lhe anunciam da parte de Jesus? Sua prontidão em libertar-se do que o estorva? A façanha de seu "salto", apesar de ainda mover-se na escuridão? Sua necessidade de entrar em contato com Jesus? Precisaremos nós fazer algo semelhante para encontrar-nos com Jesus?
- **O que queres que eu faça por ti?** Jesus só pensa no bem do cego. Quando você se relaciona com Jesus, é isso a primeira coisa que você ouve dele? Que imagem você tem de Cristo? A de alguém que só pensa em exigir algo de nós? A de alguém que procura ajudar-nos a viver de forma mais sadia e plena?
- **"Mestre, que eu veja."** O cego sabe do que precisa. Você já sabe? É importante o que ele pede? Por quê?
- **A cura.** O que nos parece mais importante neste relato? A cura que aconteceu há dois mil anos nas imediações de Jericó? A transformação de Bartimeu em seguidor de Jesus? A transformação que Jesus pode operar em nós?

Comentário

Reagir diante da passagem de Jesus

Marcos narra a cura de um cego chamado Bartimeu nas imediações de Jericó. O que mais lhe interessa não é descrever com detalhes o ocorrido. Com essa arte tão própria dos evangelistas, Marcos transforma o relato numa catequese extraordinária para animar os que vivem "cegos" a abrir os olhos, sair de sua indiferença e tomar a decisão de seguir Jesus.

Por isso este relato vai nos ajudar a conhecer um pouco como era Jesus com os enfermos e necessitados que Ele encontrava em seu caminho; mas, sobretudo, pode nos chamar a reagir diante de sua passagem por nossa vida. Sem uma decisão pessoal de seguir Jesus, pouco nos servirá fazer esta caminhada em grupo.

Jesus sai de Jericó acompanhado por seus discípulos e por uma numerosa multidão. Em Jericó começava o último trecho da subida para Jerusalém. Como é natural, não faltam mendigos, enfermos e pessoas desvalidas pedindo ajuda aos grupos de peregrinos que passam pelo caminho.

Marcos repara num deles. Chama-se Bartimeu. Descreve-o intencionalmente com três traços. É um mendigo "cego": vive nas trevas; não pode ver o rosto de Jesus; nunca poderá peregrinar a Jerusalém. Está "sentado": às escuras não se pode caminhar; passa o dia esperando, imóvel, a ajuda dos outros; não pode seguir Jesus. Está "à beira do caminho", fora da rota que Jesus percorre; à margem de seu caminho.

Não nos reconhecemos de alguma maneira neste mendigo? Cristãos "cegos", de fé apagada, sem olhos para olhar a vida como Jesus a olhava. Cristãos "sentados", instalados numa vida mais ou menos cômoda, acostumados a viver de maneira rotineira nossa religião, cansados de nós mesmos, sem força para seguir Jesus. Cristãos situados "fora do caminho" de Jesus, sem colocá-lo como meta, horizonte e guia de nossa vida.

Apesar de sua cegueira, o cego "toma conhecimento" de que Jesus está passando. Não vê nada, mas percebe sua passagem. Intui que

Jesus pode curá-lo. Não pode deixar escapar a oportunidade e começa a gritar: "Jesus, Filho de Davi, tem compaixão de mim". Alguns o repreendem para que se cale e deixe de molestar. Mas ele grita ainda mais forte: "Tem compaixão de mim". Ele não pode dar-se a si mesmo a visão. Precisa de Jesus.

Esta oração humilde, incansável, repetida sempre de novo com força, a partir do mais fundo do coração, será o começo de sua transformação. Jesus não passará ao largo. Poderemos nós criar neste grupo a mesma atitude de Bartimeu diante da passagem de Jesus por nossas vidas?

Ao ouvir o grito, Jesus "se detém". Um cego precisa dele: todo o resto já não tem importância para Jesus, nem sequer a peregrinação à cidade santa. O cego não deve estar tão perto, porque Jesus pede aos que o acompanham que o chamem. Se caminham com Jesus, deverão aprender a não sentir-se molestados pelos gritos dos que sofrem, mas a colaborar com Ele para aliviar seu sofrimento.

Os enviados por Jesus comunicam ao cego a melhor notícia que ele pode ouvir neste momento: "Coragem! Levanta-te, pois Ele te chama". Em primeiro lugar lhe infundem "coragem", pondo uma esperança nova em sua vida. Depois o convidam a "levantar-se" e aproximar-se de Jesus. Por último, lembram-lhe que ele não está só: Jesus o está "chamando". Não é isto que estamos precisando ouvir de Jesus? Não é isto também o que muitos homens e mulheres de hoje estão precisando ouvir dos seguidores de Jesus?

O cego age com rapidez. "Joga para longe" o manto, que lhe servia para recolher a esmola, mas que agora o estorva para encontrar-se com Jesus. Embora sempre se tenha movido às apalpadelas, agora "dá um salto" decidido e "se aproxima" de Jesus. Sua atuação é exemplar. Não precisamos também nós libertar-nos de estorvos e escravidões, deixar de lado covardias e vacilações, e tomar a decisão de aproximar-nos de Jesus e colocar-nos diante dele?

O relato culmina com um diálogo breve, mas de profundo significado. Jesus se dirige diretamente ao cego: "O que queres que eu faça por ti?" Jesus é sempre assim: dom, graça, salvação para os que precisam. O cego não tem nenhuma dúvida. Sabe o que precisa pedir: "Mestre, que eu veja". É a coisa mais importante. Caso ele veja Jesus e receba dele a luz para viver, tudo mudará. Jesus lhe diz: "Vai. Tua fé te salvou". O evangelista não menciona nenhum gesto nem ordem de cura por parte de Jesus. O que salva o cego é sua adesão a Jesus e sua confiança nele. Não é deste contato curador que nós precisamos?

Marcos termina seu relato com as seguintes palavras: "No mesmo instante ele recuperou a visão e o seguia pelo caminho". Nelas é apresentada a chave para ler seu relato como uma catequese. No começo do relato, Bartimeu era um mendigo "cego"; agora, ao contato com Jesus, "recupera a visão". Estava "sentado" e agora "segue" Jesus como Mestre. Estava "à beira do caminho", mas agora o segue "pelo caminho".

⇨ **Para aprofundar-se:** *Marcos*, p. 217-223; *Creer, para qué?*, p. 14-16, 50-53.

Conversão pessoal

• Será que eu vivo "cego" ou vejo a vida e olho as pessoas à luz do Evangelho? Estou "sentado", instalado numa vida mais ou menos cômoda, vivendo minha religião apenas por costume ou tradição? Estou "fora do caminho", longe de Jesus?

• Neste itinerário que estamos começando, Jesus passará perto de mim. O que posso fazer para tomar conhecimento de sua passagem? Pedir-lhe-ei compaixão aos gritos? Abrirei bem meu coração para ouvir seu chamado? Farei um esforço para libertar-me das resistências que me impedem de encontrar-me com Ele? Posso escrever algumas linhas para recordar mais adiante meu compromisso?

• **Conversa com Jesus.** Sinta Jesus que está passando pela sua vida. O que você quer gritar para Ele?

Compromisso com o projeto de Jesus

• Como vemos os cristãos de nossas paróquias e comunidades? Somos cristãos "cegos", de fé apagada, que não sabemos olhar a vida como Jesus? Cristãos "sentados", instalados numa religião rotineira e cômoda, sem forças para segui-lo? Cristãos "fora do caminho" de Jesus, desorientados, sem saber como encontrar-nos com Ele? Comentamos entre nós o que vemos de positivo ou negativo.

• Como as pessoas percebem a mensagem atual da Igreja? Como uma mensagem de alento que convida a viver com dignidade e esperança? Por que tanta gente se afasta da Igreja? Não se encontram com Jesus nela? Não conseguem ouvir sua mensagem?

• Neste grupo sentimo-nos enviados por Jesus a chamar alguém em seu nome? Existe alguém em nossa família, em nossa paróquia, em nosso ambiente... de quem podemos nos aproximar para dizer-lhe de alguma maneira: "Coragem! Levanta-te. Jesus está te chamando"? Comprometemo-nos a dar algum pequeno passo antes da próxima reunião?

Sugestões para a oração

• Num clima de silêncio, uma pessoa do grupo nos dirige a cada um as palavras de Jesus: "Maribel, coragem! Levanta-te. Jesus te chama"; "João, levanta-te..." O interpelado responde: "Jesus, tem compaixão de mim".

• Depois de fazer silêncio, uma pessoa do grupo pronuncia devagar as palavras de Jesus: "O que queres que eu faça por ti?" Depois de um silêncio um pouco mais prolongado, os que o desejarem podem expressar em voz alta o que querem e esperam dele: "Que eu veja... que eu não deixe escapar esta oportunidade... que me dês força para..."

- Para rezar no silêncio do coração:

  Jesus, Tu tens um chamado
  para todos nós.
  Por isso, prepara nossos corações
  para que possamos descobrir
  o que esperas de cada um de nós (H. Roger de Taizé).

- Podemos meditar em silêncio a seguinte oração:

  Aqui estou, Senhor;
  como o cego à beira do caminho,
  cansado, suado, poeirento;
  mendigo por necessidade e ofício.
  Passas ao meu lado e não te vejo.
  Tenho os olhos fechados para a luz.
  Costume, dor, desalento...
  Sobre eles cresceram duras escamas
  que me impedem de ver-te...
  Ah! Que pergunta a tua!
  O que deseja um cego senão ver?
  Que eu veja, Senhor!
  Que eu veja, Senhor, tuas veredas.
  Que eu veja, Senhor, os caminhos da vida.
  Que eu veja, Senhor, sobretudo, teu rosto,
  teus olhos, teu coração (F. Ulíbarri).

3 Vinde a mim, vós que estais cansados e sobrecarregados (Mateus 11,25-30)

Então Jesus disse:

– Eu te dou graças, Pai, Senhor do céu e da terra, porque escondeste estas coisas aos sábios e entendidos e as revelaste aos simples. Sim, Pai, porque assim te pareceu melhor. Tudo me foi entregue por meu Pai e ninguém conhece o Filho senão o Pai; e ninguém conhece o Pai senão

o Filho e aquele a quem o Filho o quiser revelar. Vinde a mim, todos os que estais cansados e sobrecarregados, e eu vos aliviarei. Tomai sobre vós o meu jugo e aprendei de mim, que sou simples e humilde de coração, e encontrareis descanso para vossas vidas. Porque meu jugo é suportável e minha carga é leve.

Guia de leitura

Talvez comecemos a intuir que a caminhada que iniciamos vai exigir de nós muito esforço. E, na verdade, nos sentimos bastante cansados, e até sobrecarregados. Já não estamos dispostos a grandes mudanças. Não é tudo isto ambicioso demais? Não acabaremos, mais uma vez, superados por nossa fraqueza e inconstância? Certamente precisamos ouvir Jesus: "Vinde a mim, precisamente, vós que estais cansados e sobrecarregados. Eu vos aliviarei".

Aproximação ao texto evangélico

• **A ação de graças de Jesus.** Jesus tinha o costume de rezar a sós, recolhido em algum lugar afastado. Por que desta vez Ele reza diante dos outros? Por que dá graças ao Pai? O motivo deixa você surpreso? É habitual entre nós agradecer a Deus por estas coisas?

• **Os "entendidos" e os "simples".** É verdade o que Jesus diz? Costuma acontecer assim? Por quê? Por que isto pode parecer melhor ao Pai?

• **O Pai e seu filho Jesus.** O que o Pai entregou a Jesus? Sua vida, seu poder, seu amor, sua paixão por seus filhos e filhas...? Você pensou que pode encontrar em Jesus tudo aquilo que você precisa saber a respeito de Deus? Você está convencido de que Jesus quer revelar a você o que Ele recebe do Pai? E você, estaria disposto a revelá-lo a outros?

- **"Vinde a mim, vós que estais cansados e sobrecarregados".** O que você sente ao ouvir este chamado? Será que nos parece necessário ouvi-lo em nosso tempo? Pode Jesus ser um alívio? Quando?
- **"Tomai sobre vós o meu jugo".** Você imagina Jesus pondo um jugo sobre os ombros das pessoas? Para quê? O que é mais exigente: Seguir Jesus ou viver como escravo de outros senhores? Podemos imaginar que Jesus pode exigir mais e, ao mesmo tempo, tornar a vida mais suportável? Por quê?
- **"Aprendei de mim, que sou simples e humilde de coração".** O que é um homem simples e humilde de coração? Você o sente habitualmente assim quando se relaciona com Jesus? O que se aprende de um mestre simples e humilde de coração?

Comentário

Encontrar descanso em Jesus

Jesus não teve problemas com as pessoas simples do povo. Ele sentia que elas o entendiam. O que o preocupava era se algum dia os líderes religiosos, os especialistas da lei, os grandes mestres de Israel chegariam a entender sua mensagem. Tornava-se cada dia mais evidente: o que enchia de alegria o povo simples, deixava-os indiferentes.

O povo "simples", que vivia lutando contra a fome e os grandes latifundiários, entendia Jesus muito bem: Deus queria vê-los felizes, sem fome e sem angústia. Os mais fracos e desvalidos confiavam nele e, animados por sua fé, voltavam a confiar no Deus da vida. As mulheres que se atreviam a sair de suas casas, deixando seu trabalho a fim de ouvi-lo, intuíam que Deus devia amar, como dizia Jesus, com entranhas de mãe. As pessoas simples sintonizavam com Ele. O Deus que Jesus lhes anunciava era aquele que elas desejavam intensamente e do qual necessitavam.

A atitude dos "entendidos" era diferente. Caifás e os sacerdotes de Jerusalém viam Jesus como um perigo. Os mestres da lei não entendiam que Ele se preocupasse tanto com o sofrimento das pessoas e parecesse esquecer-se das exigências da religião. Por isso, entre os seguidores mais próximos de Jesus nunca houve sacerdotes, escribas ou mestres da lei.

Certo dia, Jesus desnudou seu coração e mostrou o que sentia em seu interior ao ver o que estava acontecendo. Cheio de alegria louvou a Deus diante de todos da seguinte maneira: "Eu te dou graças, Pai, Senhor do céu e da terra, porque escondeste estas coisas aos sábios e entendidos e as revelaste aos simples". Vê-se Jesus contente, porque acrescenta: "Sim, Pai, porque assim te pareceu melhor". É esta a maneira que Deus tem de revelar suas "coisas".

Os "sábios e entendidos" acreditam saber tudo, mas não entendem nada. Têm sua própria visão douta de Deus e da religião. Não precisam aprender nada novo de Jesus. Seu coração endurecido os impede de abrir-se com simplicidade e confiança à revelação do Pai através de seu Filho. Com esta atitude nos será difícil fazer uma caminhada de conversão. Se já sabemos tudo, o que vamos aprender de Jesus, de seu Pai ou de seu projeto do reino de Deus?

A atitude das pessoas simples é diferente. Elas não têm acesso a grandes conhecimentos religiosos, não frequentam as escolas dos grandes mestres da lei e também não contam muito na religião do templo. Sua maneira de entender e de viver a vida é mais simples. Elas vão ao essencial. Sabem o que é sofrer, sentir-se mal e viver sem segurança. Por isso abrem-se com mais facilidade e confiança ao Deus que Jesus lhes anuncia. Estão dispostas a deixar-se ensinar por Ele. O Pai está lhes revelando seu amor através das palavras e da vida inteira de Jesus. Elas entendem Jesus como ninguém. Não é esta a atitude que precisamos despertar em nós?

Sem dúvida podemos confiar em Jesus. Suas palavras dão segurança: "Tudo me foi entregue por meu Pai". Tudo o que existe no Pai, tudo o que Ele vive e sente por nós, podemos encontrá-lo em Jesus: seu amor, sua ternura, sua humildade, seu carinho por todas as criaturas, sua paixão pelos últimos, sua predileção pelos simples. Pouco a pouco iremos descobrindo tudo isto em nossa caminhada.

O Pai e seu Filho Jesus vivem em comunhão íntima, em contato vital. Eles se conhecem mutuamente com um conhecimento pleno, ardente e total. Ninguém compreende o Filho como seu Pai o compreende e ninguém compreende o Pai como o compreende seu Filho Jesus e "aquele a quem o Filho o quiser revelar".

Estamos aqui atraídos pelo Pai e procurados por Jesus. O Pai quer revelar suas "coisas" aos simples e seu Filho Jesus se alegra em sintonia total com seu Pai. Também Jesus quer revelar aos simples sua experiência de Deus, aquilo que Ele contempla em seu coração de Pai, o projeto que o apaixona, o que Ele busca para seus filhos e filhas. Não o revelará a nós?

Jesus já terminou seu louvor ao Pai, mas continua pensando nas "pessoas simples". Muitas delas vivem oprimidas pelos poderosos de Séforis e Tiberíades, e não encontram alívio na religião do templo. Sua vida é dura, e a doutrina oferecida pelos "sábios e entendidos" a torna ainda mais dura. Jesus lhes dirige três chamados.

"Vinde a mim, todos os que estais cansados e sobrecarregados." É o primeiro chamado. É dirigido a todos os que vivem a religião como um peso, aos que se sentem sobrecarregados por doutrinas complicadas que os impedem de captar a alegria de um Deus Amigo e Salvador. Se se encontrarem vitalmente com a pessoa de Jesus, experimentarão um descanso: "Eu vos aliviarei".

"Tomai sobre vós o meu jugo... porque é suportável e minha carga é leve." É o segundo chamado. É preciso mudar de jugo. Precisamos abandonar o jugo dos "sábios e entendidos", porque é opressivo e leva a uma moral sem alegria, e tomar sobre nós o de Jesus, que torna a vida mais suportável. Não porque Jesus exige menos, mas porque Ele propõe o essencial: o amor que liberta as pessoas e desperta no coração humano o desejo de fazer o bem e o gozo da alegria fraterna.

"Aprendei de mim, que sou simples e humilde de coração." É o terceiro chamado. Precisamos aprender a cumprir a lei e viver a religião como Jesus o fazia, com seu próprio espírito. Jesus não "complica" a vida, torna-a mais clara, mais simples e mais humilde. Não sobrecarrega ninguém. Pelo contrário, libera o que há de melhor em nós e nos ensina a viver de maneira mais digna e humana.

É esta a promessa de Jesus: se vierdes a mim... se tomardes sobre vós o meu jugo... se aprenderdes de mim a viver de maneira diferente, "encontrareis descanso para vossas vidas". Jesus liberta de angústias, não as introduz; faz crescer a liberdade, não as servidões; atrai para o amor, não para as leis; desperta a alegria, nunca a tristeza. Saberemos encontrar em Jesus nosso descanso?

⇨ **Para aprofundar-se:** *Mateus*, p. 143-149.

Conversão pessoal

• Tornam-se um peso para mim a religião e a moral como são vividas entre nós?

• Existe algo que me faz sofrer de maneira especial? O que posso fazer para viver com mais paz?

• Quando me encontro sobrecarregado pelos problemas, cansado de continuar lutando, farto de certas pessoas, costumo dirigir-me a Jesus para encontrar respiro, descanso e alento novo? Não preciso aprender a relacionar-me com Ele de outra maneira? Como?

• **Conversa com Jesus.** Fale-lhe sobre seus cansaços, angústias e sobrecargas. Ele entende você e o alivia.

Compromisso com o projeto de Jesus

• Acontece hoje na Igreja algo do que acontecia no tempo de Jesus? Conhecemos cristãos simples, de coração aberto e crente?

• O que precisamos aprender na Igreja do Jesus "simples e humilde de coração"? O que escapa hoje aos setores mais doutos e entendidos de nossa Igreja? O que podemos aprender dos simples?

• Conhecemos, em nosso ambiente, pessoas que vivem cansadas, angustiadas, sobrecarregadas, no limite da depressão...? O que podemos oferecer a elas? Sugira pequenos gestos e compromissos que podemos fazer para introduzir na sociedade mais paz, descanso e sossego interior. Podemos chegar a um acordo em algum pequeno gesto?

Sugestões para a oração

• Num clima de silêncio e recolhimento sintonizamos com a alegria de Jesus e damos graças a Deus por Ele ser tão bom com as pessoas mais simples e modestas. Pronunciamos todos juntos as palavras de Jesus: "Nós te damos graças, Pai, Senhor do céu e da terra, porque escondeste estas coisas aos sábios e entendidos e as revelaste aos simples. Sim, Pai, porque assim te pareceu melhor". Depois podemos, cada um de nós, dar graças, em voz alta ou em silêncio, por pessoas simples cuja fé nos faz bem.

• Escutamos o chamado de Jesus: "Vinde a mim, todos os que estais cansados e sobrecarregados e eu vos aliviarei". Depois vamos pedindo a Jesus pelas pessoas angustiadas, sobrecarregadas, deprimidas, reprimidas...: "Alivia o trabalho das mães que sofrem com seus filhos, as sobrecargas dos imigrantes ilegais, o cansaço dos enfermos crônicos..."

• Ouvimos Jesus, que no centro do grupo nos diz pausadamente: "Aprendei de mim, que sou simples e humilde de coração". Meditamos, cada um em silêncio prolongado, o que mais precisamos aprender deste Jesus simples e humilde de coração. Contemplamo-lo esperando nossa resposta e lhe pedimos: "Eu preciso que me ensines..."

• Para rezar no silêncio do coração:
> Jesus, paz de nossos corações,
> por teu Evangelho nos chamas
> a ser muito simples e muito humildes.

> Tu fazes crescer em nós
> um grande agradecimento
> por tua contínua presença
> em nossos corações (H. Roger de Taizé).

- Podemos rezar juntos a seguinte oração:

> Hoje queremos expressar-te, ó Pai,
> nossa satisfação e nossa alegria,
> porque teu alento nos anima e guia,
> tuas mãos nos levantam e sustentam,
> e em teu regaço encontramos ternura e descanso.
> Com o coração acanhado por tantos dons recebidos
> e tantos horizontes abertos,
> brota em nós com facilidade o louvor.
> Inundados por teu amor
> e cheios de alegria te exaltamos.
> Leva a bom termo o que começaste (F. Ulíbarri).

4 Pedi, buscai, batei (Lucas 11,9-13)

> *Pois eu vos digo:*
> *Pedi e recebereis; buscai e encontrareis; batei e vos abrirão. Porque quem pede recebe, quem busca encontra e a quem bate lhe abrem. Que pai dentre vós, se o filho lhe pede pão, lhe dá uma pedra? Ou, se lhe pede um peixe, lhe dá uma cobra? Ou, se lhe pede um ovo, lhe dá um escorpião? Portanto, se vós, que sois maus, sabeis dar coisas boas aos vossos filhos, quanto mais o Pai do céu dará o Espírito Santo aos que lhe pedirem!*

Guia de leitura

Somos um grupo de buscadores. Por isso é tão importante nossa disposição. Com que atitude devemos dar estes primeiros passos? Vamos ouvir Jesus juntos. "Pedi e vos será dado. Buscai e encontrareis. Batei e vos abrirão." Assim começamos nossa aventura no seguimento de Jesus: como pobres que precisam "pedir", como extraviados que precisam "buscar", como seres sem lar que batem a uma porta. Assim será este grupo.

Aproximação ao texto evangélico

• **O tríplice convite de Jesus.** O evangelista o resume em três palavras. Você pode assinalá-las? Você acha que é a mesma coisa "pedir", "buscar" ou "bater"? Em geral, o que fazemos nós cristãos diante de Deus? Só "pedir"? Também "buscar"? Quando batemos à sua porta?

• **A confiança total de Jesus.** O que você pensa da segurança de Jesus: "Quem pede está recebendo... quem busca está encontrando... e a quem bate lhe abrem"? É esta sua experiência? Como devemos entender as palavras de Jesus?

• **As imagens de Jesus.** No nosso grupo há pais e mães. O que sentimos ao ouvir Jesus falar de forma tão simples a seus seguidores? Também nós pensamos que Deus deve ser melhor do que todos nós? Podemos comentar entre nós o que significa, para cada um, "confiar" em Deus?

• **Pedir o Espírito Santo.** Em geral, que "coisas boas" as pessoas costumam pedir a Deus? Em que momentos? Ouvimos alguém pedir a Deus o Espírito Santo? Quando? Para quê?

Comentário

Discípulos que pedem, buscam e batem

Mateus e Lucas recolhem em seus respectivos evangelhos certas palavras que ficaram muito bem gravadas em seus seguidores mais próximos. É provável que Jesus as tenha pronunciado em mais de uma ocasião nos arredores do lago ou, talvez, quando andavam pelas aldeias da Galileia pedindo algo para comer, procurando acolhida ou batendo à porta dos moradores. Jesus sabia aproveitar qualquer experiência para despertar a confiança de seus discípulos e discípulas no bom Pai do céu.

Provavelmente nem sempre encontravam resposta, mas Jesus não desanimava. Ele vive confiando no Pai. É esta sua reação: "Pedi e vos será dado, buscai e encontrareis, batei e vos abrirão". É preciso viver assim diante do Pai, como pobres que precisam "pedir" o que não têm; como perdidos que precisam "buscar" o caminho que não conhecem; como órfãos sem lar que batem à porta de Deus.

A confiança de Jesus é absoluta. Ele quer transmiti-la com força a seus discípulos. Não sabemos exatamente como Ele se expressou, mas os evangelistas recolheram suas palavras de forma lapidar: "Quem pede está recebendo. Quem busca está encontrando. E a quem bate lhe abrem". É esta a experiência que iremos viver junto a Jesus. As locuções idiomáticas que Ele usa ao falar sugerem que está falado de Deus, embora evite nomeá-lo. Por isso pode-se traduzir assim: "Pedi e Deus se dará a vós. Buscai e Deus se deixará encontrar. Batei e Deus vos abrirá".

Curiosamente, em nenhum momento se diz o que é que devemos pedir, o que é que devemos procurar nem a que porta devemos bater. O importante para Jesus é a atitude: como vivemos diante de Deus. Se fizermos nossa caminhada suplicando, procurando e batendo, conscientes de nossa insuficiência, mas pondo toda a nossa confiança em Deus, nos veremos atraídos para a conversão: Deus se abrirá para nós.

Embora os três convites de Jesus apontem para a mesma atitude de fundo, parecem sugerir matizes um pouco diferentes. *"Pedir"* é suplicar algo que precisamos receber de outro como dom, porque não podemos no-lo dar nós mesmos; é a atitude diante de Deus: "Tudo o que pedirdes ao Pai em meu nome Ele vo-lo concederá". *"Buscar"* é rastrear, investigar algo que se nos oculta, porque está encoberto ou escondido; é a atitude diante do reino de Deus: "Buscai, em primeiro lugar, o reino de Deus e sua justiça". *"Bater"* ou *"chamar"* é gritar, atrair a atenção de alguém que parece não nos ouvir; é a atitude dos salmistas quando sentem Deus longínquo: "Clamo a ti, Senhor, inclina teu ouvido para mim, não fiques longe, responde-me, vem em minha ajuda".

Mas Jesus não só deseja despertar estas atitudes em seus discípulos. Ele quer, sobretudo, avivar sua confiança em Deus. Não lhes dá explicações complicadas. Jesus é "simples e de coração humilde". Apresenta-lhes três comparações que podem ser muito bem-entendidas pelos pais e mães que existem entre seus seguidores. Também neste nosso grupo podemos entendê-lo.

"Que pai ou que mãe, quando o filho lhe pede um pão, lhe dá uma pedra de forma arredondada, como aquelas que às vezes se veem por aqueles caminhos? Ou, se lhe pede um peixe, lhe dará uma dessas cobras-d'água que, às vezes, aparecem nas redes de pesca? Ou, se lhe pede um ovo, lhe dará um escorpião daqueles que se amontoam na margem do lago?"

Uma mãe ou um pai não zomba assim de seu filho pequeno, não o engana, não abusa dele, precisamente porque é pequeno e ainda não sabe distinguir o que é bom do que é mau. É inconcebível que, quando o filho lhe pede algo bom para alimentar-se, lhe dê outra coisa parecida que pode fazer-lhe mal. Pelo contrário, lhe dará sempre o que tem de melhor.

Jesus tira rapidamente uma conclusão: "Se vós, que sois maus, sabeis dar coisas boas aos vossos filhos, quanto mais o Pai do céu, no qual não há sombra de maldade, dará coisas boas a seus filhos! Como Deus não será melhor do que vós!"

Mateus conserva desta forma o pensamento de Jesus. Mas Lucas introduz uma novidade muito importante. De acordo com sua versão, Jesus diz: "quanto mais o Pai do céu dará o Espírito Santo aos que lhe pedirem!" Podemos pedir a Deus muitas coisas boas, mas nenhuma melhor do que o *"Espírito Santo"*. Com esta palavra, os judeus designavam o alento de Deus, que cria e dá vida, que cura e purifica, que renova, transforma e reaviva tudo.

Lucas nos indica que foi esta a recordação que ficou de Jesus naqueles que o conheceram de perto: "Ungido por Deus com Espírito Santo e poder, passou fazendo o bem e curando os oprimidos pelo diabo, porque Deus estava com Ele" (Atos dos Apóstolos 10,38). O melhor que podemos pedir neste nosso grupo é este "Espírito Santo" que Jesus recebe de seu Pai e o leva a viver "fazendo o bem" e "curando os oprimidos". Este Espírito nos irá transformando e convertendo. Deus no-lo dará, porque é para conosco o melhor dos pais e a melhor das mães. Além disso, o próprio Jesus o prometeu a seus seguidores: "Recebereis a força do Espírito Santo que virá sobre vós, e sereis minhas testemunhas..." (Atos dos Apóstolos 1,8).

⇨ **Para aprofundar-se:** *Lucas*, p. 195-201; *Creer, para qué?*, p. 85-100.

Conversão pessoal

• Tenho eu a experiência de que, quando peço a Deus, estou recebendo algo... que, quando busco, estou encontrando algo em meu interior... que, quando bato e chamo, já não estou tão só? Para mim Deus se torna presente nesta oração, mesmo que minhas preces não sirvam para resolver meus problemas concretos?

• Descobri que preciso pedir a Jesus seu Espírito Santo? Por que não introduzo este costume em minha vida? Começo a pedir desde agora o Espírito de Jesus para meus filhos e filhas, para meus amigos, para as pessoas mais esquecidas, para a Igreja, para o mundo inteiro? Não é belo que haja mais uma voz pedindo a Deus seu Espírito alentador e doador de vida?

• **Conversa com Jesus.** Fale com Ele das suas pobres orações. O que Ele diz a você?

Compromisso com o projeto de Jesus

• É possível aprender, nesta sociedade, a rezar a Deus? Onde? Com quem? O que pensam da oração inclusive os cristãos? Serve ela para alguma coisa? É uma perda de tempo? É fácil rezar ou é complicado?

• O que pensamos da oração que se faz em nossas famílias, grupos, paróquias...? Avalie tudo o que você vê de bom e assinale também as deficiências. Compartilhe alguma experiência positiva.

• Aconteceu alguma vez rezarmos junto a uma pessoa que veio desabafar conosco... que está deprimida, doente, que não sabe falar com Deus... que já não se lembra nem de suas orações da infância?

Sugestões para a oração

• Um membro do grupo proclama, num clima de silêncio, as palavras de Jesus: "Pedi e recebereis. Buscai e encontrareis. Batei e vos abrirão. Porque quem pede recebe, quem busca encontra e a quem bate lhe abrem". Meditamos estas palavras em silêncio. Depois, quem desejar, vá pedindo ao Pai coisas boas para seus filhos e filhas mais esquecidos, recordando tantas pessoas pelas quais ninguém reza. Quem preside conclui a oração: "Obrigado, Pai do céu, porque és melhor do que nós para com nossos filhos".

• A pessoa designada convida ao silêncio e pronuncia as palavras de Jesus: "Se vós, que sois maus, sabeis dar coisas boas aos vossos filhos, quanto mais o Pai do céu dará o Espírito Santo aos que lhe pedirem!" Em seguida, cada um em silêncio, e depois todos juntos a uma só voz, rezamos:

> Vem, Espírito de Deus,
> luz que penetras a alma,
> fonte da maior consolação...
> descanso de nosso esforço,
> gozo que enxuga as lágrimas
> e reconforta na dor.
> Olha para o vazio do homem
> se Tu lhe faltas lá dentro (Hino da Liturgia romana).

• No profeta Isaías podemos ler as seguintes palavras surpreendentes e cheias de consolo para muitos de nós. Assim diz Deus: "Deixei-me encontrar por quem não perguntava por mim; deixei-me achar por quem não me procurava. Eu disse: 'Aqui estou, aqui estou' a pessoas que não invocavam meu nome" (Isaías 65,1). Meditamos estas palavras em silêncio, pensando no caminho que nos trouxe até aqui.

*Para rezar no silêncio do coração:

> Jesus, mistério de Deus encarnado,
> embora sejamos frágeis
> queremos seguir-te
> pelo caminho que nos leva
> a amar como Tu nos amas (H. Roger de Taizé).

- Oração para recitar sozinho ou todos juntos:

> Dia após dia, Senhor,
> vou pedir-te o que Tu sabes:
> ver-te mais claramente,
> amar-te mais ternamente,
> desfrutar-te mais alegremente,
> esperar-te mais vivamente
> e seguir-te mais fielmente (F. Ulíbarri).

5 O que procurais? (João 1,35-39)

No dia seguinte, João se encontrava naquele mesmo lugar com dois dos seus discípulos. De repente viu Jesus que passava por ali e disse:

– Este é o Cordeiro de Deus.

Os dois discípulos ouviram-no dizer isto e seguiram Jesus. Jesus voltou-se e, vendo que o seguiam, perguntou-lhes:

– O que procurais?

Eles responderam:

– Rabi (que quer dizer Mestre), onde moras?

Ele respondeu:

– Vinde e vede.

Eles foram com Ele, viram onde Ele morava e passaram aquele dia com Ele. Eram quatro horas da tarde.

Guia de leitura

Estamos dando os primeiros passos para seguir Jesus com mais fé e mais verdade. Queremos ser um grupo crente de seguidores convictos de Jesus. Somos buscadores. Mas, o que procuramos exatamente? Por que estamos aqui? O que esperamos de Jesus? É isto que consideramos neste momento.

Aproximação ao texto evangélico

• **A passagem de Jesus.** Por que os discípulos de João se decidem a seguir Jesus? Basta que alguém nos diga grandes coisas sobre Jesus para tomar a decisão de segui-lo? Diz algo para nós ouvir que Jesus é "o Cordeiro de Deus"?

• **A pergunta de Jesus.** Qual é a primeira coisa que Jesus lhes diz ao ver que começam a segui-lo? Pode-se seguir Jesus sem procurar nada? O que se pode procurar equivocadamente em Jesus?

• **A resposta dos discípulos.** Curiosamente, eles lhe respondem com outra pergunta. É normal a pergunta deles? A um mestre que ensina não é mais importante perguntar qual é sua mensagem, para que podem servir suas doutrinas...? O que se esconde por trás da pergunta deles? O que exatamente eles querem saber?

• **"Vinde e vede".** Para conhecer Jesus é importante ouvir Jesus e relacionar-se com Ele? Pode-se seguir Jesus sem conhecer seu mundo: onde Ele mora, o que Ele vive, como Ele vive ou para que Ele vive?

Comentário

Ver onde Jesus mora

O evangelista João não nos diz nada sobre a infância de Jesus. Depois de um prólogo extraordinário, onde apresenta Jesus como "a Palavra de Deus que se fez carne para habitar entre nós", ele nos descreve os primeiros dias de Jesus já adulto no ambiente do Batista. O que acontece precisamente no terceiro dia?

O Batista está acompanhado de dois de seus discípulos. Sem dúvida eles ouviram sua pregação e receberam o batismo das mãos dele nas águas do Jordão, naquele mesmo lugar. Vivem a expectativa de alguém que está prestes a chegar e é "maior do que João". O próprio João lhes havia dito: "No meio de vós está alguém que não conheceis". É preciso estar atento e abrir bem os olhos do coração.

De repente o Batista vê Jesus, que "está passando por ali", e imediatamente o comunica aos discípulos: "Este é o Cordeiro de Deus". Certamente os discípulos não conseguem entender grande coisa. Talvez pensem no "cordeiro pascal" cujo sangue havia libertado o povo da morte ao fugir do Egito. Mas o que eles estão esperando agora é um libertador definitivo que possa "tirar o pecado do mundo", purificar a vida e introduzir nos corações um Espírito novo.

Jesus continua sendo para eles um desconhecido; mas, ao ouvir o Batista, algo desperta em seu interior. Abandonam aquele que até agora foi seu profeta e mestre, e "seguem Jesus". Afastam-se do Batista e começam um caminho novo. Ainda não sabem aonde este desconhecido pode levá-los, mas já estão seguindo seus passos. Quase sempre começa assim o seguimento de Jesus. De alguma forma também nós estamos começando assim este caminho. Aonde Jesus nos levará?

Durante algum tempo caminham em silêncio. Ainda não houve um verdadeiro contato com Jesus. Apenas expectativa. Jesus rompe o silêncio e lhes faz uma pergunta não muito fácil de responder: "O que procurais?" O que esperais de mim? Por que seguis precisamente a mim? Existem coisas que convém esclarecer desde o início: O que procuramos ao orientar nossa vida em direção a Jesus?

Os dois discípulos lhe respondem com outra pergunta: "Mestre, onde moras?", qual é o segredo de tua vida, o que é para ti viver? Jesus não permanece no deserto junto com o Batista. Ele os está encaminhando para um lugar novo: Onde Ele mora? Ao que parece, eles não andam procurando em Jesus novas doutrinas. Querem aprender um modo diferente de viver. Aprender a viver como Ele.

Jesus lhes responde diretamente: "Vinde e vede". Fazei vós mesmos a experiência. Não procureis informação externa de outros. Vinde viver comigo e descobrireis como eu vivo, a partir donde oriento minha vida, a que me dedico e o que é que me faz viver assim. Só convivendo com Jesus aprenderemos a viver como Ele. É este o passo decisivo que precisamos dar. É isso entrar no caminho de Jesus.

Os discípulos ouvem Jesus e tomam a decisão que mudará para sempre suas vidas: "Eles foram com Ele, viram onde Ele morava e permaneceram aquele dia com Ele". Esquecem o Batista, deixam outros caminhos e se vão com Jesus. Entram em contato com o lugar onde Ele mora. Introduzem-se em seu mundo. Estão passando para a zona da luz, da vida e da liberdade que Jesus irradia. Esta experiência direta os leva a "permanecer" com Ele.

O evangelista João dá muita importância ao que está acontecendo. Assinala inclusive a hora: "Eram quatro horas da tarde". Está nascendo o pequeno grupo de Jesus. Estamos ouvindo as primeiras palavras que Jesus pronuncia neste Evangelho: o primeiro diálogo que Ele trava com os que começam a segui-lo. Em poucas palavras nos é dito o essencial melhor do que com muitas palavras complicadas. O que é decisivo ao tomar a decisão de seguir Jesus?

A primeira coisa é *procurar*. Quando uma pessoa não procura nada e se conforma com "ir levando", repetindo sempre a mesma coisa, é difícil ela encontrar algo de grande na vida. Numa postura de indiferença, apatia ou ceticismo não é possível seguir Jesus.

O importante não é procurar algo, mas *procurar alguém*. O decisivo não é conhecer mais coisas sobre Jesus, possuir mais dados, penetrar com mais clarividência na doutrina cristã, mas encontrar-nos com sua pessoa viva. É o contato pessoal com Ele que nos atrai a segui-lo e que transformará nossa vida.

Dito de maneira mais concreta: precisamos *experimentar* que Jesus nos faz bem, que Ele reaviva nosso espírito, que Ele introduz em nossa vida uma alegria diferente, que Ele nos infunde uma força desconhecida para viver com responsabilidade e esperança. Se fizermos esta experiência, começaremos a perceber que acreditávamos pouco nele e que até agora havíamos entendido mal muitas coisas.

Mas o elemento decisivo para seguir Jesus é *aprender a viver* como Ele vive, ainda que seja de maneira pobre e simples. Acreditar naquilo em que Ele acreditou, dar importância àquilo a que Ele dava importância, interessar-nos por aquilo pelo qual Ele se interessou. Olhar a vida como Jesus a olha, tratar as pessoas como Ele as trata, acolher, ouvir e acompanhar como Ele o faz. Confiar em Deus como Ele confia, rezar como Ele reza, transmitir esperança como Ele a transmite.

⇨ **Para aprofundar-se:** *João*, p. 41-47; *Creer, para qué?*, p. 106-112.

Conversão pessoal

• O que ando procurando na vida? Segurança, tranquilidade, amor, bem-estar...? Qual a primeira coisa que procuro cada manhã? Parece-me suficiente? Preciso de algo mais?

• O que procurei em Jesus durante estes anos? E neste momento, o que procuro nele? O que espero dele? Tenho isto claro dentro de mim? Posso nestes dias colocar-me sinceramente diante de Jesus para concretizar melhor minha decisão de procurá-lo neste grupo?

• **Conversa com Jesus.** Fale com Jesus sobre aquilo que você procura neste momento de sua vida.

Compromisso com o projeto de Jesus

• O que as pessoas de nosso ambiente geralmente procuram em sua vida de cada dia? Conhecemos pessoas cuja vida nos parece um acerto? O que é que elas procuram?

• Onde aprendemos a viver nós, homens e mulheres de hoje? Quem são os guias que inspiram o estilo de vida na sociedade moderna? Conhecemos pessoas que pensam no que fazer na vida para viver sua própria missão?

• Em nossos lares, grupos, comunidades ou paróquias, aprende-se a viver com um estilo mais parecido com o de Jesus? Assinale aspectos positivos e negativos. O que precisamos cultivar neste grupo para que seja um lugar onde se possa aprender a viver como Jesus?

Sugestões para a oração

• Jesus está aqui no meio de nós, vendo que queremos segui-lo. Ele pergunta a todos nós: "O que procurais?" Depois de meditar sua pergunta, vamos respondendo em silêncio ou em voz alta, expondo concretamente o que queremos procurar neste grupo seguindo os passos de Jesus.

• Meditamos em silêncio as invocações seguintes, tomadas ou inspiradas nos salmos. Depois escolhemos alguma frase e a pronunciamos devagar em voz alta:

>Jesus, Tu és meu Deus, por ti madrugo;
>minha alma tem sede de ti;
>minha carne por ti anseia;
>como terra ressequida, esgotada, sem água...
>Tua graça vale mais de que a vida (Salmo 63).
>
>Não ocultes de mim tua face...
>Faze-me ouvir teu amor,
>pois confio em ti.
>Mostra-me o caminho que devo seguir,
>pois a ti elevo a minha alma (Salmo 143).

Mostra-me, Senhor, o teu caminho,
para que eu siga tua verdade (Salmo 86).

- Para rezar no silêncio do coração:

   Jesus, nossa paz,
   Tu nos chamas
   a seguir-te por toda a nossa vida.
   Por isso, com humilde confiança,
   compreendemos
   que nos convidas a acolher-te
   agora e sempre (H. Roger de Taizé).

- Podemos pronunciar juntos a seguinte oração:

   Desperta, Senhor, nossos corações,
   que adormeceram em coisas triviais
   e já não têm força para amar com paixão.
   Desperta, Senhor, nossa esperança,
   que se apagou com pobres ilusões
   e já não tem razões para esperar.
   Desperta, Senhor, nossa sede de ti,
   porque bebemos águas de sabor amargo,
   que não saciam nossos anseios diários.
   Desperta, Senhor, nosso silêncio vazio,
   porque precisamos de palavras de vida para viver
   e só escutamos propagandas da moda e do consumo
   (F. Ulíbarri).

6 Ide para a Galileia. Lá o vereis (Marcos 16,1-7)

Passado o sábado, Maria Madalena, Maria mãe de Tiago e Salomé compraram perfumes para embalsamar Jesus. No primeiro dia da semana, bem cedo, ao raiar do sol, foram ao sepulcro. Iam comentando entre si:

– Quem nos vai remover a pedra da entrada do sepulcro?

> Mas, ao olhar, observaram que a pedra já havia sido removida, e era uma pedra muito grande. Quando entraram no sepulcro, viram um jovem sentado à direita, vestido com uma túnica branca. Elas se assustaram. Mas ele lhes disse:
>
> – Não vos assusteis! Procurais Jesus de Nazaré, o crucificado? Ele ressuscitou, não está aqui. Olhai o lugar onde o puseram. Mas ide dizer a seus discípulos e a Pedro: "Ele vai à frente de vós para a Galileia. Lá o vereis, como Ele vos disse".

Guia de leitura

Estamos aqui reunidos por causa de Jesus. Queremos ver "onde Ele mora". Desejamos aprender a viver como Ele: ser seus discípulos e seguidores. Mas, onde podemos vê-lo? Sabemos que Ele morreu executado numa cruz. Cremos que Deus o ressuscitou. Mas onde e como podemos vê-lo hoje?

Aproximação ao texto evangélico

• **O projeto das mulheres.** O que você pensa do amor fiel a Jesus, mostrado por estas mulheres, enquanto os varões fugiram para salvar sua vida? Como pôde ocorrer-lhes a ideia de embalsamar Jesus quando estava enterrado há mais de trinta horas? Na sua opinião, é enriquecedora a presença das mulheres no grupo de discípulos? Por quê?

• **A pedra do sepulcro.** Por que se insiste na pedra que fecha a entrada do sepulcro? O que sugere a você esta pedra "muito grande" que bloqueia o sepulcro? Terá algo a ver com o poder da morte? Quem pode remover esta pedra?

• **A mensagem do jovem.** O que sugere a você a presença do jovem tal como é descrita por Marcos? Qual o elemento mais importante de sua mensagem? Em que consiste o erro das mulheres?

- **"Vós o vereis na Galileia."** Por que os discípulos precisam ir para a Galileia a fim de "ver" o Ressuscitado? Que lembranças despertava nos discípulos a região da Galileia? Os textos evangélicos que leremos durante nossa caminhada nos ajudarão a "voltar para a Galileia". Poderemos viver algo daquilo que os primeiros seguidores e seguidoras viveram?

- **"Ele vai à frente de vós".** Não temos Jesus fisicamente conosco. Sentiremos que Ele "vai à frente de nós"? Você pensou alguma vez que crer praticamente em Cristo ressuscitado é segui-lo, porque Ele vai à sua frente alentando a sua vida com seu Espírito?

Comentário

Voltar para a Galileia a fim de seguir Jesus Cristo

Este relato é de uma importância excepcional. Não apenas se anuncia a Boa Notícia de que o Crucificado foi ressuscitado por Deus. Além disso, Marcos explica aos leitores que quiserem encontrar-se com Ele o caminho que devem percorrer para vê-lo e segui-lo.

As protagonistas são três mulheres admiráveis: Maria Madalena, Maria mãe de Tiago e Salomé. Elas seguiram Jesus pelos caminhos da Galileia, junto com outros discípulos e discípulas. Ao chegar o momento da execução de Jesus não fugiram covardemente, como os varões. Contemplaram angustiadas como os soldados romanos crucificavam seu querido Jesus. Observaram também onde o sepultaram e agora elas vêm ao sepulcro para prestar-lhe o último gesto de carinho e de piedade.

Não conseguem esquecer Jesus. Elas o amam como ninguém. A primeira, como sempre, é Maria Madalena. No coração delas despertou um projeto absurdo que só pode nascer de seu amor apaixonado por Jesus. "Compram perfumes para embalsamar" seu cadáver e afugentar o mau cheiro da morte. Não podem fazer mais nada por Ele. Não se dão conta de que é absurdo embalsamar um corpo que está morto há muitas horas; não reparam que é um horror aproximar-se do cadáver torturado de um crucificado. Não importa. Elas nunca esquecerão Jesus. Sua morte deitou por terra todas as esperanças que elas haviam depositado nele, mas não conseguiu apagar seu amor.

Pelo caminho, as mulheres se lembram que uma "pedra" fecha a entrada do sepulcro. Elas se sentem impotentes para removê-la. Quem a poderá remover? A insistência do evangelista, assinalando que a pedra era "muito grande", sugere o poder da morte. Diante dela é preciso perder toda a esperança. As mulheres não poderão nunca libertar Jesus da morte.

O surpreendente é que, ao chegar ao sepulcro, observam que "a pedra fora removida". Não se diz quem o fez, mas o sepulcro está aberto. Será que a morte pode ser vencida? Será que o sepulcro não é nosso final definitivo? Certamente, não pode ser coisa de homens; nenhum ser humano tem poder sobre a morte; a pedra é "muito grande". Será que Deus interveio para ressuscitar Jesus dentre os mortos?

A surpresa e o sobressalto crescem ainda mais quando, ao entrar no sepulcro, "veem um jovem sentado à direita, vestido com uma túnica branca". Sem dúvida é um mensageiro enviado por Deus, mas é descrito com traços que falam de vida e ressurreição. É um "jovem" na flor dos anos. Está "sentado", irradiando segurança e autoridade. Está colocado no lado "direito", lugar que promete felicidade. Veste uma "túnica branca", cor que simboliza a vida gloriosa de Deus. As mulheres se assustam, porque onde esperavam encontrar o cadáver de Jesus só veem sinais de vida, juventude, luz branca... Será que Jesus estará vivo, ressuscitado para a vida de Deus, sentado à direita do Pai?

O jovem as tranquiliza: "Não vos assusteis". Não há outras saudações nem palavras que possam distrair as mulheres. O enviado de Deus lhes anuncia diretamente sua mensagem: "Procurais Jesus de Nazaré, o crucificado?" É um erro procurá-lo no mundo da morte. Jesus não é um defunto a mais. Não é o momento de prestar-lhe homenagens nem de chorar por Ele recordando piedosamente sua vida admirável. Ele "não está aqui". Não pertence ao reino da morte. Está vivo para sempre. Nunca poderá ser encontrado no mundo do que é morto, inerte, extinto... "Olhai o lugar onde o puseram". Gravai em vosso coração esta "ausência". Ele não está no lugar onde seus adversários o depositaram. "Ele ressuscitou". O Crucificado está vivo. O Pai o ressuscitou.

O jovem deseja confiar uma incumbência às três mulheres tão fiéis a Jesus. Elas devem sair daquele lugar de morte para comunicar "aos discípulos e a Pedro" algo sumamente importante. A mensagem é para todos os discípulos, também para Pedro, o discípulo que renegou Jesus diretamente. A mensagem é a seguinte: "Ele vai à frente de vós para a Galileia. Lá o vereis, como Ele vos disse". Sem dúvida, a mensagem encerra um sentido mais profundo do que o meramente geográfico. Por que é preciso voltar para a Galileia?

Na Galileia foi ouvida, pela primeira vez e em toda a sua pureza, a Boa Notícia de Deus e o projeto humanizador do Pai. Se não voltarmos a ouvi-lo hoje com coração simples e aberto, nos alimentaremos de tradições e doutrinas veneráveis, mas não conheceremos a alegria do Evangelho, capaz de "ressuscitar" nossa vida. Neste nosso grupo voltaremos para a Galileia a fim de ouvir dos lábios de Jesus a Boa Notícia de Deus. Viveremos a mesma experiência que os primeiros discípulos viveram.

Às margens do lago da Galileia Jesus começou a chamar seus primeiros seguidores e seguidoras, a fim de ensiná-los a viver com seu estilo de vida e colaborar com Ele na grande tarefa de tornar a vida mais humana. Hoje Jesus continua chamando. Neste grupo ouviremos seu chamado a segui-lo. Ele irá também hoje "à frente de nós", como ia em outros tempos pelos caminhos da Galileia.

Pelos caminhos da Galileia foi se gestando a primeira comunidade de seguidores de Jesus. Junto a Ele viveram uma experiência única. Com Ele foram aprendendo a viver acolhendo, perdoando, aliviando o sofrimento, curando a vida e despertando a confiança de todos no amor insondável de Deus. Em nossa caminhada, nós também viveremos a mesma experiência. Aprenderemos a viver segundo o estilo de Jesus.

Os textos evangélicos que ouviremos durante nossa caminhada nos ajudarão a caminhar pela Galileia "vendo" que Jesus ressuscitado vai à frente de nós. Ao lermos os relatos, sua presença invisível adquirirá para nós traços humanos. Ao ouvirmos seus chamados e suas palavras de alento, sua presença silenciosa se transformará em voz concreta.

Ir para a Galileia seguindo os passos do Ressuscitado é viver sempre caminhando. Não podemos parar, não podemos viver olhando para o passado, porque o Ressuscitado "vai à frente". Nós, os discípulos de Jesus, não somos apenas membros de uma grande instituição religiosa; somos seguidores do Ressuscitado. Ele vai também hoje "à frente de nós".

⇨ **Para aprofundar-se:** *Mateus*, p. 335-341.

Conversão pessoal

• O que é para mim crer na ressurreição de Jesus? Confessar algo que aconteceu há muito tempo e que não tem muito a ver com minha vida diária? Experimentar que Cristo vive em mim? Saber que Ele me guia e acompanha todos os dias?

• Onde procuro o Cristo ressuscitado? No mundo do que está morto; numa religião apagada, numa fé rotineira, no cumprimento da letra, no egoísmo que sufoca minha vida? Estou disposto a começar de novo meu seguimento de Jesus? Aprenderei neste grupo a ver Jesus ressuscitado alentando minha vida?

• **Conversa com Jesus.** Escuto em silêncio meu coração. Desabafo com Jesus. Ele me ouve. Sinto sua paz.

Compromisso com o projeto de Jesus

• Muitos cristãos se sentem membros da Igreja porque foram batizados quando crianças; mas você conhece crentes preocupados em seguir Jesus de perto? Aponte aspectos positivos, dificuldades que eles encontram, apoio de que precisam.

• Nossa melhor contribuição para reavivar hoje na Igreja o movimento de seguidores de Jesus é nossa própria conversão. Estamos dispostos a "ir para a Galileia" a fim de reavivar nosso seguimento mais fiel de Jesus? Comprometemo-nos a trabalhar neste grupo aprendendo a viver como Jesus, com sua própria entrega ao reino de Deus, com suas atitudes básicas e com seu Espírito? O que podemos fazer para ouvir melhor Jesus neste grupo?

Sugestões para a oração

• A pessoa designada pronuncia devagar três vezes as palavras do jovem no sepulcro: "Ele vai à frente de vós para a Galileia. Lá o vereis". Meditamos todos em silêncio esta promessa que Jesus dirige a todo o grupo. Em seguida, todos juntos pronunciamos a seguinte oração; ou então, cada um seleciona algumas palavras para dizê-las em voz alta.

> Senhor, somos fracos, covardes, lerdos...
> No entanto, queremos caminhar.
> Queremos começar de novo.
> Tu irás à frente de nós.
> Teu Espírito vive em nós e nos guia.
> Tu continuas a nos falar e perdoar.
> Ensina-nos a trabalhar pelo reino do Pai.
> Dá-nos a graça de seguir-te fielmente. Amém
> (Oração inspirada em K. Rahner).

• Para rezar no silêncio do coração:

> Jesus, paz de nossos corações,
> embora não sintamos nada
> de tua presença,
> Tu estás aqui.
> Tua presença é invisível,
> mas teu Espírito
> está sempre em nós (H. Roger de Taizé).

• Podemos pronunciar nossos desejos diante de Jesus. Primeiro todos juntos devagar. Depois cada um pronuncia alguma das frases.

> Viver amando.
> Amar esperando.
> Esperar acolhendo.

> Acolher cantando.
> Cantar semeando.
> Semear sonhando.
> Sonhar construindo.
> Construir compartilhando.
> Compartilhar bendizendo.
> Bendizer acompanhando.
> Acompanhar caminhando.
> Caminhar vivendo...
> e viver amando.
> Todos os dias no-lo sussurras.
> E mesmo assim o esquecemos, Senhor (F. Ulíbarri).

7 Este é meu Filho amado. Escutai-o (Mateus 17,1-8)

Seis dias depois, Jesus tomou consigo Pedro, Tiago e seu irmão João e os levou a sós para um monte alto. E transfigurou-se diante deles. Seu rosto brilhava como o sol e suas vestes se tornaram brancas como a luz. Nisso, apareceram Moisés e Elias conversando com Jesus. Pedro tomou a palavra e disse a Jesus:

– Senhor, como é bom estarmos aqui! Se quiseres, armarei três tendas: uma para ti, outra para Moisés e outra para Elias.

Ele ainda estava falando quando uma nuvem luminosa os envolveu e da nuvem saiu uma voz que dizia:

– Este é o meu Filho amado, de quem me agrado. Escutai-o.

Ao ouvir isto, os discípulos caíram de bruços, tremendo de medo. Jesus se aproximou, tocou-os e lhes disse:

> *– Levantai-vos, não tenhais medo.*
> *Ao levantar os olhos não viram mais ninguém, a não ser Jesus.*

Guia de leitura

Decidimos "ir para a Galileia" a fim de conhecer e seguir Jesus de perto. Queremos aprender a pensar, sentir, agir e amar como Ele. Não podemos fazer esta caminhada de qualquer maneira. Precisamos viver atentos a Ele. Precisamos escutar a Ele e só a Ele. Ele é o Filho amado de Deus. Ele é nosso único Mestre.

Aproximação ao texto evangélico

• **Subida ao monte alto.** Quem toma a iniciativa? Como se forma o grupo de discípulos e se inicia a subida? O que sugere a você este encontro de Jesus a sós com seus discípulos mais íntimos num monte alto? Pode ser tão importante a ponto de você abandonar seu trabalho diário no meio das pessoas?

• **Transfiguração de Jesus.** O que diz a você o rosto radiante de Jesus e suas vestes brancas como a luz? Por que aparecem Moisés e Elias? O que representa sua presença junto a Jesus? Por que têm o rosto apagado?

• **Intervenção de Pedro.** É normal que Pedro sinta alegria por estar ali. Mas, você acha correto [**normal**] o que ele diz? É o mais acertado instalar-se no monte? Ele não está esquecendo alguma coisa? É acertado erguer uma tenda para Jesus, outra para Moisés e outra para Elias?

• **A voz de Deus.** Na tradição bíblica, a "nuvem luminosa" é símbolo da presença de Deus. E para nós, Deus é luz ou sombra? Por quê? É possível escutar a voz de Deus entre luzes e sombras? Reconhecemos em Jesus o Filho amado de Deus? Você está convencido de que ser cristão é "escutar somente Jesus"?

- **Medo dos discípulos e atuação de Jesus.** É normal o terror que invade os discípulos? Você sente medo em pensar a vida ouvindo somente Jesus? O que sentimos ao ver os discípulos prostrados no chão?

- **"Levantai-vos. Não tenhais medo."** O que faz Jesus para tirar-lhes o medo? Observe detalhadamente o que diz o narrador. Precisamos em nosso grupo escutar estas mesmas palavras? Como podemos entender que os discípulos "não veem mais ninguém, a não ser Jesus somente"?

Comentário

Escutar somente Jesus

A cena é conhecida tradicionalmente como a "transfiguração" de Jesus. Não é possível reconstruir a experiência que deu origem a este relato surpreendente. Só sabemos que os evangelistas lhe atribuem uma importância central. Isso não é estranho. Não se narra aqui mais um episódio da vida comum de Jesus com seus discípulos, mas uma experiência muito especial, na qual estes podem entrever algo da verdadeira identidade de Jesus.

Também para nós é um relato de grande importância, porque nos convida a despertar nossa fé e recordar que este Jesus que vai à frente de nós nesta caminhada é o Filho de Deus encarnado.

Tudo se deve à iniciativa de Jesus. É Ele quem "toma consigo" Pedro, Tiago e João, certamente seus discípulos mais queridos. É Ele quem "os leva para um monte alto". Este pequeno grupo, reunido e conduzido por Jesus a um monte alto, irá viver, "a sós" com Ele, uma experiência muito especial. Assim o sugere o evangelista, porque, para os judeus, um "monte alto" é um lugar de encontro com Deus. Os cumes silenciosos das montanhas são o espaço sagrado no qual se pode captar melhor o mistério de Deus e ouvir sua voz com mais clareza.

Em nenhum momento Jesus esquece as pessoas que ficam lá embaixo, sofrendo naquelas aldeias. Logo descerão e continuarão curando e anunciando a Boa Notícia de Deus. Agora se afastam por algumas horas. Os discípulos irão viver uma experiência que iluminará com luz nova sua adesão a Jesus. Ao descer do monte o seguirão com uma força e um amor mais profundos. Não precisamos nós viver experiências semelhantes?

De repente, Jesus "transfigurou-se diante deles". O evangelista Lucas diz que isso ocorreu "enquanto rezava". O rosto de Jesus mudou e começou a "brilhar como o sol"; "suas vestes se tornaram brancas como a luz", que, de acordo com a tradição bíblica, é a veste de Deus. O narrador não sabe que recursos empregar para expressar o que os discípulos estão vivendo. Aquele Jesus simples, humilde e próximo, que se abaixa para abraçar as crianças e se adianta para tocar os leprosos, se revela agora a eles transfigurado, cheio de luz e glória divina. Com quem eles estão caminhando por aquelas aldeias da Galileia?

Nisto eles veem Moisés e Elias conversando com Jesus. De acordo com as Escrituras, os dois tiveram o privilégio de subir a montanha (Sinai = Horeb) para falar com Deus e entrever algo de sua glória. Talvez Moisés represente a lei e Elias represente os profetas. Se for assim, sua conversa com Jesus sugere que a lei e os profetas chegam a seu cumprimento e plenitude em Jesus.

Seduzido pelo que está vivendo, Pedro intervém espontaneamente: "Senhor, como é bom estarmos aqui!" Ele chama Jesus de "Senhor", o mesmo nome com que os primeiros cristãos designavam o Ressuscitado. E depois expressa sua alegria: é bom para os discípulos viver com Jesus experiências que nos confirmam no seguimento fiel de sua pessoa.

Mas Pedro não entendeu direito as coisas: ele quer erguer três tendas, "uma para Jesus, outra para Moisés e outra para Elias". Seu primeiro erro consiste em querer instalar-se na experiência do monte; esquece as pessoas que precisam deles; não deseja voltar à vida cotidiana; não quer descer para seguir o caminho que leva à cruz. Seu segundo erro está em colocar Jesus no mesmo plano e no mesmo nível de Moisés e Elias: a cada um sua tenda. Jesus ainda não ocupa um lugar único e absoluto em seu coração.

A voz de Deus vai corrigi-lo, revelando a verdadeira identidade de Jesus. Pedro está ainda falando quando uma "nuvem luminosa" os cobre. Deus é assim: um mistério que se nos revela e, ao mesmo tempo, se nos oculta. Uma presença que envolve nossa vida com luzes e sombras. Um mistério a partir do qual nos chega uma voz que orienta nossa vida para Jesus.

As palavras do Pai são claras: "Este é o meu Filho amado", aquele que tem seu rosto transfigurado. Não devemos confundir seu rosto com os de Moisés ou Elias, que estão apagados. "Escutai-o". Só a Ele e a ninguém mais. Ele é o Filho amado de Deus. É nosso Mestre, Profeta e Senhor. Sua voz é a única que devemos escutar. As outras só nos devem levar a Jesus.

Os discípulos intuem que Deus está ali e se dirige a eles. Diante de seu Mistério sentem como nunca sua própria pequenez. "Caem de bruços, tremendo de medo". Invade-os o terror do sagrado, mas também o medo de viver doravante escutando somente Jesus. Conseguirão algum dia viver assim? A cena que o evangelista descreve é insólita: os discípulos mais íntimos de Jesus, caídos por terra, cheios de medo, sem atrever-se a reagir diante da voz de Deus.

O relato descreve com todos os detalhes como Jesus trata seus discípulos. Ele "se aproxima", porque sabe que precisam dele. Ele "os toca" como tocava os enfermos e caídos para infundir-lhes força e confiança. E dirige-lhes algumas palavras cheias de compreensão e carinho: "Levantai-vos. Não tenhais medo". Ponde-vos de pé e segui-me sem temor. Não tenhais medo de viver escutando a mim.

A conclusão encerra uma mensagem iluminadora. Animados pela proximidade de Jesus, os discípulos "levantam os olhos" e já "não veem mais ninguém, a não ser Jesus somente". Moisés e Elias desapareceram. A lei, as instituições, os oráculos proféticos não têm outro objetivo senão levar-nos a "ver Jesus somente". Ele é o Filho amado de Deus, no qual chega à sua plenitude a manifestação do amor do Pai. Que presente maior para um grupo de discípulos do que abrir um dia os olhos do coração e ver "Jesus somente", enchendo toda a nossa vida com sua palavra e sua presença?

Só o rosto de Jesus irradia luz. Todos os outros profetas, mestres, teólogos e doutores têm o rosto apagado. Só Jesus tem a última Palavra. Escutá-lo até o fundo é uma experiência às vezes dolorosa, mas sempre curadora e gratificante. Jesus não é aquilo que havíamos imaginado a partir de nossos esquemas, preconceitos ou lugares-comuns. Seu mistério ultrapassa os nossos limites. Seu rosto adquire cada vez mais luz. Sua vida, sua morte e sua ressurreição nos atraem cada vez mais.

Quase sem percebermos, Jesus está transformando nossa vida. Ele nos arranca de seguranças muito caras para atrair-nos a uma vida mais autêntica e prazerosa. Nele descobrimos alguém que conhece a verdade última. Alguém que sabe por que e para que viver. Alguém que nos ensina as chaves para construir um mundo mais justo e humano e uma Igreja mais fiel à sua missão e mais feliz. Ele será sempre o centro de nosso grupo.

⇨ **Para aprofundar-se:** *Mateus*, p. 215-221.

Conversão pessoal

• Preciso de momentos de retiro e recolhimento para encontrar-me a sós com Jesus? Tenho tempos e lugares reservados para assegurar regularmente estes encontros? Basta-me a prática religiosa comum para descobrir a novidade de Jesus?

• Ocupa Jesus um lugar único e insubstituível em minha vida? Em que isto se nota? O Cristo que eu invoco, no qual eu creio, o que sustenta minha vida, será que irradia luz ou foi se apagando em meu coração? Sinto medo de organizar minha vida unicamente a partir do Evangelho?

• **Conversa com Jesus.** Você pode confiar a Ele seus medos e suas dúvidas. Ele diz a você: "Levanta-te. Não tenhas medo".

Compromisso com o projeto de Jesus

• Será que nos parece necessário interromper em alguns momentos nossa vida de atividade, pressas e dispersão, para ter encontros ou retiros de oração, sem finalidade prática imediata, só para reavivar nossa adesão a Jesus Cristo? Podemos promover algo nesta linha em nossas paróquias e comunidades?

• Você observa entre os cristãos o risco de seguir costumes, normas, tradições... à margem ou contra os critérios e o espírito de Jesus? Você pode assinalar fatos concretos? Você acredita que temos medo de escutar Jesus até o fundo? De que temos medo?

• Como podemos contribuir para que Cristo seja o centro das comunidades cristãs com mais força e verdade? Podemos comprometer-nos a defender os critérios e as atitudes de Jesus em situações concretas? Podemos chegar a algum acordo no grupo?

Sugestões para a oração

• Um dos membros lê devagar: "Jesus tomou consigo Pedro, Tiago e seu irmão João e os levou a sós para um monte alto. E transfigurou-se diante deles. Seu rosto brilhava como o sol e suas vestes se tornaram brancas como a luz". Durante cinco minutos permanecemos em silêncio contemplando interiormente o rosto de Jesus. Podemos recitar em silêncio:

> Olhar-te lentamente,
> isto é tudo.
> Olhar-te lentamente.
> E assim,
> algo se move dentro de mim.
> Olhar-te lentamente,
> nada mais, isto é tudo,
> olhar-te lentamente.
> Porque eu de mim o que tenho,
> se Tu não me concedes
> teu fogo, teu amor,
> teu ar, teu vento? (J. Zubiaurre).

• A pessoa designada lê devagar: "Uma nuvem luminosa os envolveu e da nuvem saiu uma voz que dizia: 'Este é o meu Filho amado, de quem me agrado. Escutai-o'". Escutamos em silêncio esta voz ressoando em cada um de nós e em todo o grupo. Depois de alguns minutos podemos expressar-nos diante do grupo, dar graças a Deus: "Senhor, como é bom estarmos aqui!"; invocar Jesus com diversas preces: "Senhor, que eu escute somente tua Palavra"; "Senhor, levanta-nos, porque temos medo"; "Senhor, que vejamos unicamente a ti"...

• Para rezar no silêncio do coração:

>Jesus, mistério de Deus encarnado,
>às vezes ficamos surpresos
>ao descobrir quão perto
>Tu te manténs de nós.
>E nos dizes a cada um:
>"Entrega-te com toda a simplicidade a Deus,
>basta tua pouca fé" (H. Roger de Taizé).

• Podemos recitar juntos a seguinte oração. Em seguida, cada um destaca uma das frases:

>Tu, Senhor, me conheces.
>Conheces minha vida e minhas entranhas,
>minhas veredas e meus rodeios, minhas dúvidas de sempre.
>Tu és, apesar de meus erros,
>o Senhor de minhas alegrias e de minhas penas.
>Deixa-me estar em tua presença.
>Tranquiliza-me. Serena meu espírito.
>Abre meus sentidos.
>Lava-me com água fresca (F. Ulíbarri).

8 Abre-te! (Marcos 7,31-37)

>*[Jesus] deixou o território de Tiro, passou por Sidônia, e foi para o lago da Galileia, atravessando o território da Decápole. Trouxeram-lhe um homem surdo e tartamudo, pedindo que*

lhe impusesse a mão. Jesus levou-o à parte, longe da multidão; e, a sós com ele, colocou-lhe os dedos nos ouvidos e lhe tocou a língua com saliva. Depois levantou os olhos para o céu, suspirou e lhe disse:

– Effetá (que significa: "Abre-te").

E imediatamente seus ouvidos se abriram, soltou-se a trava da língua e ele começou a falar sem dificuldade. Jesus ordenou-lhes que não dissessem isso a ninguém; mas, quanto mais ordenava, tanto mais divulgavam o fato. E, muito admirados diziam:

– Fez bem todas as coisas. Faz os surdos ouvir e os mudos falar.

Guia de leitura

Para viver escutando Jesus precisamos dar um passo decisivo: abrir nosso coração, nossa mente e a vida inteira ao trabalho que Jesus já está fazendo em nós. Se nos reunimos com coração bloqueado, "surdos" a seus chamados e sem uma comunicação aberta entre nós, então a palavra que precisamos ouvir de Jesus é esta: "Abre-te".

Aproximação ao texto evangélico

• **Situação do surdo-mudo.** O que faz o surdo-mudo para aproximar-se de Jesus? Quem torna possível seu encontro com Ele?

• **A desgraça da pessoa surda-muda.** Você pensou o que pode ser viver sem escutar a mensagem dos outros e sem poder comunicar a nossa? É possível seguir Jesus sem "escutar" sua mensagem e sem "comunicá-la" a ninguém? Conhecemos cristãos "surdos" para escutar Jesus e "mudos" para confessá-lo?

• **O trabalho curador de Jesus.** O que chama nossa atenção na descrição feita pelo evangelista? Entendemos a dedicação e a entrega intensa de Jesus a curar o enfermo? Você crê na força curadora de Jesus para sanar a sua vida?

- **O grito de Jesus.** O que podemos intuir neste olhar de Jesus levantando os olhos para o céu? O que Ele pede ao surdo-mudo? É tão necessária a colaboração do enfermo?
- **A admiração das pessoas.** Como as pessoas resumem o que veem em Jesus? Nós nos identificamos com seus sentimentos? Jesus está fazendo bem a você?

Comentário

Deixar-nos trabalhar por Jesus

O evangelista Marcos situa o episódio na margem oriental do lago da Galileia, numa região habitada majoritariamente por pagãos. Seu objetivo não é só recolher as recordações conservadas entre os seguidores de Jesus sobre a cura do surdo-mudo. O relato sugere algo mais.

Os profetas de Israel usavam com frequência a "cegueira" e a "surdez" como metáforas para falar do fechamento e da resistência do povo a seu Deus. Apesar de viver sua religião como uma "aliança" estreita com Deus, Israel é um povo que "tem olhos, mas não vê" o que Deus quer fazer com ele; "tem ouvidos, mas não ouve" o que Deus lhe está dizendo. Por isso um profeta convida, em nome de Deus, o povo com estas palavras: "Surdos, ouvi e escutai. Cegos, abri os olhos e enxergai" (Isaías 42,18).

Neste marco, a cura do surdo-mudo, narrada por Marcos, sugere que Jesus é capaz de "abrir os ouvidos" para que os "surdos" possam escutar e entender a Boa Notícia de Deus. Por isso mesmo, o relato se converte num chamado a abrir-nos a Jesus para deixar-nos trabalhar por Ele. Não é precisamente disto que temos necessidade?

De acordo com o relato, a situação do surdo-mudo é lamentável. Ele vive como que alheio a tudo. Não parece estar consciente de seu estado. Não faz nada para aproximar-se de Jesus. Nunca sairia de seu isolamento por suas próprias forças. Para sorte do enfermo, alguns desconhecidos se interessam por ele e o "trazem" a Jesus. Move-os um único desejo: suplicam a Jesus que "imponha a mão sobre ele" para transmitir-lhe sua força curadora.

A desgraça do surdo consiste em que ele só se ouve a si mesmo. Não consegue escutar seus familiares e vizinhos. Não consegue conversar com seus amigos e amigas. Também não escuta as parábolas de Jesus nem entende sua mensagem. Vive isolado em sua própria solidão. Sua situação se agrava ainda mais quando, não podendo ouvir, atrofia-se sua capacidade de falar. O surdo de nosso relato quase não consegue falar de maneira inteligível e clara. Assim transcorre sua vida: sem escutar a mensagem dos outros e sem poder comunicar-lhes a sua própria mensagem.

Existe ainda algo mais doloroso na mentalidade daquele povo tão religioso. A pessoa surda-muda não pode escutar a Palavra de Deus proclamada aos sábados na sinagoga nem o canto dos salmos nos pátios do templo. E, por conseguinte, não pode transmitir a seus filhos a mensagem da Aliança nem bendizer e louvar a Deus com hinos e cânticos. Sua vida no seio do povo de Deus é marginal. Nos escritos da comunidade de Qumran se diz que "quem não vê nem ouve não sabe praticar a lei".

Quando ouve o pedido que lhe fazem para curar aquele homem, Jesus age sem tardar. Como não irá aliviar o sofrimento daquele enfermo? Toma-o consigo, afasta-o das pessoas e se concentra no surdo-mudo. Não busca o sensacionalismo. Vive aquela cura como que recolhido diante do Pai do céu, que quer o melhor para seus filhos e filhas.

O evangelista se detém a descrever com detalhes Jesus trabalhando cuidadosamente o enfermo. Primeiramente introduz seus dedos nos ouvidos para vencer as resistências e eliminar os obstáculos que o impedem de "escutar". Depois umedece com sua saliva aquela língua paralisada para dar fluidez à sua palavra.

Não é uma cura fácil. Os "dedos" de Jesus estão atuando. Sua "saliva", que segundo a crença popular é como "alento condensado" e tem eficácia curadora, está estimulando a língua enferma. Mas, ao que parece, o surdo não colabora e continua fechado em si mesmo. Jesus faz um último esforço. "Levanta os olhos para o céu", procurando associar o Pai ao seu trabalho, e depois, respirando profundamente, grita para o enfermo a primeira palavra que ele irá escutar em seu mundo fechado de surdo: "Abre-te!"

O surdo sai de seu isolamento. Deixa-se trabalhar por Jesus. E, no momento em que Jesus e o enfermo se fundem numa mesma fé e se abrem à ação de Deus, amigo da vida, a cura se torna realidade. Pela primeira vez, aquele pobre enfermo começa a conhecer o que é viver escutando os outros e conversando abertamente com todos. Ele escutou a ordem de Jesus, abriu-se e agora é capaz de viver escutando sua Boa Notícia e comunicando-a a outros. Não é esta a experiência que nós precisamos viver?

As pessoas ficam surpresas e admiradas. E, embora Jesus insista em que não divulguem o fato, elas proclamam: "Fez bem todas as coisas. Faz os surdos ouvir e os mudos falar". Jesus lhes lembra Deus, que, de acordo com o livro do Gênesis, depois de criar a vida "viu tudo quanto havia feito e tudo era bom" (Gênesis 1,31). Jesus é assim. Vive fazendo o bem.

Precisamos deixar-nos trabalhar por Ele para ser seus discípulos e seguidores. Se vivermos surdos à sua mensagem, se não entendermos bem seu projeto nem captarmos seu amor aos que sofrem, não escutaremos a vida como Ele a escutava nem chegará até nós o clamor dos que sofrem como chegava até ao fundo do seu coração. Mas então não seremos capazes de anunciar sua Boa Notícia, porque deformaremos sua mensagem. Não devemos esquecer isso em nossa caminhada. Se nos mantivermos "surdos" às palavras de Jesus, seremos como "tartamudos" ao anunciar sua Boa Notícia. Para muitos se tornará difícil entender nosso "evangelho".

Ao que parece, em algumas comunidades cristãs se lia e interpretava a vida e a atuação de Jesus à luz das promessas recolhidas no livro de Isaías. Numa de suas páginas podemos ler estas palavras: "Coragem, não temais! Eis o vosso Deus! [...] Ele vem em pessoa para vos salvar. [...] os ouvidos dos surdos se abrirão [...] a língua do mudo cantará" (Isaías 35,4-6). Esta salvação nos chegou em Jesus. Poderemos experimentá-la neste grupo? Poderemos conhecê-la na Igreja de Jesus? Iremos anunciá-la na sociedade atual?

⇨ **Para aprofundar-se:** *Marcos*, p. 153-159; *Creer, para qué?*, p. 106-112.

Conversão pessoal

• Tenho a impressão de viver sem ouvir, do fundo de meu ser, a voz de Jesus? O que é que mais me impede de estar aberto ao seu Evangelho e ao seu espírito?

• Sei confessar minha fé em Jesus Cristo com minha palavra e com meu estilo de vida ou sou um cristão mudo? Calo e oculto às vezes minha identidade cristã? Por quê? Por respeito, por covardia, por temer a rejeição...? Posso colaborar mais ativamente para que neste grupo nos abramos cada vez mais a Jesus?

• **Conversa com Jesus.** Fale a Ele sobre as suas resistências ao seu chamado. Ele escuta e entende você.

Compromisso com o projeto de Jesus

• Observamos, em nosso ambiente, falta de comunicação, ausência de diálogo, solidão... nos lares, nos casais, entre amigos, companheiros de trabalho? Acontece algo parecido em nossas paróquias e setores cristãos?

• Conhecemos pessoas das quais ouvimos frases como estas: "Não creio em ninguém", "deixem-me sozinho", "não quero saber nada de ninguém", "não me fale da Igreja, nem de Deus, nem de Cristo... não quero ouvir falar de nada disto"? Como costumamos reagir nestes momentos?

• Queremos que este grupo de Jesus seja um "grupo aberto"? Quais seriam os traços mais característicos de um grupo aberto ao Espírito de Jesus? Como podemos nós contribuir para dar passos concretos rumo a uma Igreja mais de Jesus?

Sugestões para a oração

• Escutamos em silêncio a reação daquelas pessoas simples que conheceram Jesus às margens do lago da Galileia: "Fez bem todas as coisas. Faz os surdos ouvir e os mudos falar". Lembramos em silêncio o bem que Jesus nos fez em momentos concretos de nossa vida. Pensamos em pessoas concretas que Jesus transformou, dando-lhes luz, força, companhia, presença de amigos crentes. Os que o desejarem dão graças a Deus porque sentimos Jesus como "Amigo bom" para todos.

• Contemplamos Jesus no meio de nós, "levantando seus olhos para o céu" e dizendo a todo o nosso grupo: "Abre-te!" Escutamos em silêncio seu chamado, pensamos em nossas covardias, medos, resistências, inconstâncias...

• Pedimos em silêncio uns pelos outros e os que assim o desejarem invocam a Deus em voz alta.

• Podemos ler em silêncio a seguinte oração antes de pronunciá-la em voz alta:

> Estás perto,
> estás sempre,
> estás esperando
> e eu não me detenho.
> Respeitas minha liberdade,
> caminhas junto a mim,
> sustentas minha vida
> e eu não tomo conhecimento.
> Tu me ajudas a conhecer-me,
> me falas como a um filho,
> me animas a ser eu mesmo

e eu não te presto atenção.
Tu me amas com ternura,
queres o melhor para mim,
me ofereces tudo o que é teu
e eu não te agradeço (F. Ulíbarri).

Segunda etapa

O caminho de Jesus

Terminamos a primeira etapa. Queremos ser um grupo de buscadores que, chamados por Jesus, iremos fazer uma caminhada para arraigar nossa fé com mais verdade em sua pessoa, em sua mensagem e em seu projeto.

Começamos uma nova etapa. Antes de pôr-nos a caminho seguindo os passos de Jesus pelos caminhos da Galileia, escutando sua Boa Notícia de Deus, descobrindo seu estilo de vida e aprendendo a colaborar com Ele no projeto do reino de Deus, vamos dedicar algum tempo a situar o caminho de Jesus em sua verdadeira perspectiva.

9) *Impulsionado pelo Espírito de Deus.* Precisamos captar muito bem o Espírito que dirige e impulsiona toda a vida de Jesus. Assim conheceremos o Espírito que precisamos cultivar entre nós e dentro de nosso coração se quisermos seguir Jesus fielmente.

10) *Fiel ao Pai.* Veremos em seguida as tentações que espreitam Jesus em seu caminho e que Ele deve superar com firmeza para manter-se fiel ao Pai. Assim tomaremos consciência das tentações e provações que também hoje nós, seus seguidores, precisamos superar.

11) *Enviado aos pobres.* Por último, ouviremos o programa de Jesus e conheceremos a orientação de fundo de tudo o que Ele faz. É o nosso programa, o programa dos que nos sentimos seus seguidores e queremos "reproduzir" hoje sua atuação.

9 Impulsionado pelo Espírito de Deus
(Marcos 1,9-11)

> *Naqueles dias, Jesus veio de Nazaré da Galileia para ser batizado por João no Jordão. Quando saiu da água, viu os céus se abrirem e o Espírito descer sobre Ele como uma pomba. Ouviu-se então uma voz vinda dos céus.*
> *– Tu és o meu Filho amado, de ti eu me agrado.*

Guia de leitura

Ao sair do Jordão, Jesus vive uma experiência que muda radicalmente sua vida, marcando-a para sempre. Por um lado, experimenta o Espírito de Deus, que desce sobre Ele: movido por este Espírito, Ele percorrerá a Galileia oferecendo perdão, saúde e vida nova a todos. Por outro lado, escuta o Pai, que o declara "Filho amado": doravante Jesus o chamará de *Abba* e viverá com uma confiança total nele e com uma docilidade incondicional à sua vontade. É esta a experiência que nós precisamos atualizar e da qual precisamos viver também hoje, seguindo seus passos.

Aproximação ao texto evangélico

• **O batismo de Jesus.** Como tantos outros, também Jesus vem ao Jordão para ser batizado por João. O que seu gesto sugere a você? Por que o atrai ver seu povo em atitude de conversão?

• **"Os céus se abrem."** Há momentos na vida das pessoas e dos povos em que "os céus" parecem estar "fechados". Com a vinda de Jesus, "os céus se abrem"; o que nos diz esta imagem? Você sentiu alguma vez a experiência de que Jesus abre um caminho para o mistério de Deus?

• **O Espírito desce sobre Jesus.** De acordo com a mentalidade hebraica, o Espírito é o "alento" de Deus, sua "força criadora", seu "amor vivificador". Quando no relato evangélico vemos Jesus atuando, temos consciência de que Ele o faz movido pelo Espírito de Deus? Quando você se aproxima de Jesus, você o sente "cheio de Deus"?

- **"Tu és o meu Filho amado."** Alegra-nos que Jesus seja o Filho predileto de Deus? Temos consciência de que também a nós Ele dirige as mesmas palavras?
- **Atuação filial de Jesus.** Como Jesus chama a Deus? Você se lembra de algum momento especial em que se vê Jesus atuar com a confiança e docilidade próprias de Filho de Deus?

Comentário

A experiência decisiva de Jesus

Os evangelistas coincidem em afirmar que a atividade profética de Jesus pelas aldeias da Galileia começou a partir de uma experiência intensa de Deus, vivida por Jesus depois de ser batizado por João no rio Jordão. Esta experiência mudou radicalmente sua vida. Não permaneceu mais por muito tempo junto ao Batista. Também não voltou ao seu trabalho de artesão na aldeia de Nazaré. Movido por um impulso irresistível, começa a percorrer a Galileia anunciando a todos o projeto de Deus e despertando uma nova esperança nos mais pobres e desventurados.

É surpreendente observar como Marcos descreve a primeira aparição de Jesus em seu relato. Não diz nada sobre seu nascimento nem sobre sua infância; também não menciona nenhuma genealogia. Jesus aparece como mais um no meio das pessoas que vêm ao Jordão para receber o batismo de João. Nada nos é dito que possamos destacar a respeito dele. Apenas que "veio de Nazaré da Galileia", uma aldeia pequena e insignificante, com pouco mais de duzentos habitantes, perdida numa região montanhosa e cujo nome nunca é mencionado nos livros sagrados de Israel.

Jesus chega para "ser batizado por João". Isto significa que Jesus compartilha sua visão sobre a situação crítica que Israel está vivendo:

o povo precisa de uma conversão radical para acolher seu Deus, que já está prestes a chegar. Compartilha também a esperança do Batista: logo todos conhecerão a irrupção salvadora de Deus; Israel será restaurado, a Aliança será renovada, as pessoas poderão viver uma vida digna, própria do povo de Deus. Encanta Jesus o fato de colaborar nesta acolhida de todo o povo ao Deus que já está prestes a chegar.

Ao sair da água, Jesus irá viver uma experiência difícil de expressar e que Marcos procura evocar para seus leitores empregando diversos recursos literários. De acordo com o relato, Jesus vê que "os céus se abrem". Há muito tempo o povo tinha a impressão de que os céus estavam "fechados". Uma espécie de muro impedia Deus de comunicar-se com seu povo. Já não havia profetas. Ninguém era capaz de escutar a Palavra de Deus. Israel sofria a mais dura das secas. Já não chovia sobre o povo a Palavra consoladora de Deus. Talvez alguns recordassem a súplica do profeta Isaías: "Quem dera que rasgasses os céus e descesses" (Isaías 63,19).

Agora "os céus se abrem". Deus já não pode conter-se por mais tempo. Irá comunicar-se de maneira direta com Jesus. No relato se fala de uma dupla experiência. Em primeiro lugar, Jesus "vê o Espírito descer sobre Ele próprio como uma pomba". Em seguida ouve uma voz do céu que lhe diz: "Tu és o meu Filho amado, de ti eu me agrado". Se quisermos compreender em toda a sua profundidade a atuação de Jesus, precisamos aprofundar-nos um pouco nesta dupla experiência.

O "Espírito" que desce sobre Jesus é o "alento" de Deus que cria e sustenta a vida, a "força vivificadora" que cura e anima todo ser vivente, o "amor" de Deus que renova e transforma tudo. Por isso Jesus, cheio deste Espírito de Deus, não se dedicará a condenar e destruir, mas a curar, libertar de "espíritos malignos" e dar vida. O evangelho de João põe em seus lábios as seguintes palavras que resumem de maneira admirável sua atuação: "Eu vim para que tenham vida e a tenham em abundância" (João 10,10).

Ao longo de nossa caminhada iremos vendo como o Espírito de Deus sempre leva Jesus a introduzir vida e saúde, a lutar contra o sofrimento, o mal e a desgraça, a libertar as pessoas do medo e da desconfiança, a acolher os leprosos e excluídos da convivência, a oferecer o perdão aos pecadores, a abençoar as crianças, a defender as mulheres...

No relato se diz que este Espírito "desce como uma pomba". Não sabemos o que se quer evocar com esta expressão. Talvez queira destacar a força criadora do Espírito de Deus, que já no começo da criação "pairava sobre as águas" (Gênesis 1,2). Talvez queira dizer-nos que o Espírito desce suavemente sobre Jesus, como fazem as pombas, porque, movido por este Espírito, Jesus acolherá a todos com simplicidade e grande respeito, "sem quebrar o caniço rachado nem apagar a mecha que ainda fumega" (Mateus 12,18-21).

Imediatamente, cheio do Espírito de Deus, Jesus ouve uma voz. Assim como o Espírito, também a voz vem destes céus que ficaram abertos para sempre. Dirige-se diretamente a Jesus e lhe diz: "Tu és o meu Filho amado, de ti eu me agrado".

Tudo é diferente da vivência de Moisés no monte Horeb, quando o jovem pastor se aproxima temeroso da sarça ardente. Deus não diz a Jesus: "Eu sou aquele que sou", mas: "Tu és o meu Filho". Não se mostra a Ele como Mistério inefável, mas como Pai íntimo e próximo: "Tu és meu Filho. Todo o teu ser está brotando de mim. És meu. Eu sou teu Pai". O relato destaca a maneira prazerosa e afetuosa com que Deus fala: "És meu Filho querido, de ti eu me agrado. Eu te amo afetuosamente. Enche-me de alegria o fato de seres meu Filho".

Jesus responderá ao longo de toda a sua vida com uma única palavra: *Abba*, Pai querido. Doravante não o chamará com outro nome quando se comunicar com Ele. É o nome que lhe nasce a partir de dentro: *Abba*. Uma expressão que, nas famílias da Galileia, evocava habitualmente o carinho, a intimidade e a confiança da criança para com seu pai.

Ao seguir os passos de Jesus, iremos descobrindo nele duas atitudes fundamentais diante de Deus, seu Pai: uma confiança total e uma docilidade incondicional. Jesus atua sempre confiando espontaneamente em Deus. Busca sua vontade sem receios, cálculos ou estratégias. Esta confiança o leva a viver de maneira criativa, inovadora e audaz.

Livre de qualquer tradição, costume ou norma que o impeça de abrir caminhos ao reino de Deus.

Por outro lado, vê-lo-emos atuar com uma docilidade incondicional. Para Ele, a primeira coisa é o projeto do Pai: uma vida digna e feliz para todos, a começar pelos últimos. Nada nem ninguém o afastará deste caminho. Vê-lo-emos sempre identificado com seu Pai, encarnando sua compaixão para com todos. Vendo Jesus atuar, iremos aprendendo quem Deus é, como Ele é, como Ele nos percebe, como Ele nos busca, o que Ele quer para todos nós. Ao aprofundar-nos em seus gestos concretos poderemos dizer: assim Deus se preocupa com as pessoas, assim Ele se aproxima dos que sofrem, assim Ele busca os perdidos, assim Ele abençoa os pequenos, assim Ele acolhe, assim Ele compreende, assim Ele perdoa, assim Ele nos ama.

⇨ **Para aprofundar-se:** *Marcos*, p. 25-31; *Mateus*, p. 39-45; *Lucas*, p. 61-67; *Jesus – Aproximação histórica*, p. 370-375.

Conversão pessoal

• Estou aprendendo, pouco a pouco, a viver com o Espírito de Jesus? Este grupo está me ajudando a viver em contato mais vivo e pessoal com Ele?

• Como posso crescer em confiança e em docilidade diante de Deus Pai? A que é que preciso prestar mais atenção?

• **Conversa com Jesus.** Também dentro de você está o Espírito de Deus. Você também é filho querido ou filha querida de Deus.

Compromisso com o projeto de Jesus

• Foi dito que o maior pecado da Igreja é a "mediocridade espiritual". O que pensamos nós? Apresente sua impressão sem ressentimentos nem juízos desnecessários sobre pessoas.

- Que sinais de renovação espiritual é possível perceber na Igreja neste momento? Como podemos contribuir para criar um clima mais aberto ao Espírito de Jesus e ao seu Evangelho?
- Estamos cultivando, em nosso grupo, a confiança em Deus e a docilidade a seu projeto do reino? Podemos ser mais positivos e esperançosos em nossas reflexões e mais fiéis em nossos compromissos? O que precisamos cultivar melhor em nosso grupo?

Sugestões para a oração

- Recolhemo-nos em silêncio. Sentimo-nos uma pequena família. Nosso Pai é Deus. Jesus está no meio de nós. Ele nos comunica seu Espírito. Depois de rezar todos juntos, podemos ir pronunciando cada um em voz alta as palavras que queremos destacar:

>Estamos aqui, Senhor, em família,
>em torno de ti,
>que nos convocaste,
>como sempre, a viver em ti.
>Se Tu não te fazes presente,
>tudo resultará em nada.
>Dá-nos a força de teu Espírito,
>o prazer de tua amizade,
>a alegria transbordante
>de saber-nos irmãos,
>filhos de um mesmo Pai,
>família de Deus.
>Se Tu não vens
>e não compareces imediatamente,
>tudo ficará em palavras,
>em projetos, em ideias sem vida.

- Pronunciamos juntos a seguinte oração. Em seguida, cada um pode repetir devagar uma frase.

>Dá-nos teu Espírito, Senhor:
>Onde não há Espírito surge o medo.

Onde não há Espírito a rotina invade tudo.
Onde não há Espírito a esperança murcha.
Onde não há Espírito não podemos reunir-nos em teu nome.
Onde não há Espírito esquece-se o essencial.
Onde não há Espírito introduzem-se normas.
Onde não há Espírito o futuro se obscurece.
Onde não há Espírito não pode brotar a vida.
Dá-nos teu Espírito, Senhor (F. Ulíbarri).

- Para rezar no silêncio do coração:

Jesus, Filho querido do Pai,
queremos permanecer
à escuta do teu Espírito
com tal confiança
que possamos abandonar-nos a ti
em qualquer situação (H. Roger de Taizé).

10 Fiel ao Pai (Mateus 4,1-11)

Então Jesus foi levado pelo Espírito ao deserto, para ser posto à prova pelo diabo. Depois de jejuar quarenta dias e quarenta noites, sentiu fome. O tentador se aproximou e lhe disse:

– Se és Filho de Deus, manda que estas pedras se transformem em pães.

Jesus lhe respondeu:

– Está escrito: Não só de pão vive o homem, mas de toda palavra que sai da boca de Deus.

Em seguida, o diabo o levou para a cidade santa, colocou-o no pináculo do templo e lhe disse:

– Se és Filho de Deus, lança-te daqui para baixo, porque está escrito: Dará ordens a seus anjos para que cuidem de ti e te carreguem nos braços, de modo que teu pé não tropece em alguma pedra.

Jesus lhe disse:

– Também está escrito: Não tentarás o Senhor teu Deus.

Novamente o diabo o levou a um monte muito alto, mostrou-lhe todos os reinos do mundo com seu esplendor e lhe disse:

– Tudo isso te darei se, prostrado, me adorares.

Então Jesus lhe disse:

– Afasta-te, satanás, porque está escrito: Adorarás o Senhor teu Deus, e só a Ele prestarás culto.

Então o diabo se afastou dele e anjos se aproximaram e o serviam.

Guia de leitura

Jesus vive movido pelo Espírito de Deus, que orienta toda a sua vida. Mas sua fidelidade ao Pai nem sempre será fácil, porque estará sujeita a provações, tentações e conflitos. Vamos tomar consciência dos caminhos equivocados que Jesus poderia ter tomado, pervertendo sua missão. Desta maneira conheceremos melhor sua fidelidade ao Pai e poderemos estar mais atentos às tentações que podem desviar-nos hoje de seu caminho.

Aproximação ao texto evangélico

• **As tentações de Jesus.** Estamos convencidos de que Jesus precisou superar graves tentações para manter-se fiel a seu Pai? O que você sente ao ver que o "Filho de Deus" foi tentado como nós? As "tentações" turvam sua condição divina ou revelam melhor sua encarnação e proximidade aos seres humanos?

• **A cena.** Por que os evangelistas situam o relato das tentações antes de começar a narrar a atividade de Jesus? É um episódio isolado em sua vida ou um resumo impressionante das provações que Ele precisou ir superando ao longo de sua vida?

- **As respostas de Jesus.** Lemos devagar as três respostas de Jesus ao tentador. Você capta a força com que Jesus defende sua fidelidade a Deus? São propriamente tentações de ordem moral ou experiências onde está em jogo a trajetória de toda a sua vida?
- **"Não só de pão vive o homem."** Em que consiste esta primeira tentação? Não é bom confiar em Deus para resolver nossas necessidades materiais? Do que nós precisamos além de pão? De que se alimenta Jesus?
- **"Não tentarás o Senhor, teu Deus."** Em que consiste esta segunda tentação? De acordo com Jesus, o que seria "tentar a Deus"? Como Jesus vive Deus? Pondo-se a serviço de sua glória ou pensando no sofrimento de seus filhos e filhas mais necessitados?
- **"Adorarás o Senhor teu Deus."** Em que consiste esta última tentação? Onde está a diferença entre viver "adorando o diabo" ou "adorando a Deus"? O que é que motiva e orienta Jesus? Seu desejo de poder para dominar ou seu amor para servir?

Comentário

As tentações de Jesus

Os cristãos da primeira geração interessaram-se muito cedo pelas "tentações de Jesus". Não queriam esquecer o tipo de provações, seduções e lutas que Ele teve que superar para manter-se fiel a Deus. A lembrança das tentações de Jesus lhes trazia luz e força para resistir às tentações de seu tempo, sem desviar-se de sua tarefa única: construir um mundo mais humano seguindo seus passos.

A cena está concebida como uma discussão exegética entre Jesus e o diabo. Os dois empregam a Palavra de Deus e citam textos da Bíblia, inclusive o "diabo" (!). Não é difícil perceber que este tipo de "jogos de letrados" não está descrevendo um episódio isolado, ocorrido num lugar e num momento concretos. Aqui se concentram as grandes tentações que Jesus experimentou durante toda a sua vida profética.

As tentações não são propriamente de ordem moral. Seu verdadeiro pano de fundo é mais profundo. O tentador põe à prova a atitude última de Jesus diante do Pai: Como Ele irá viver sua tarefa? Buscando seu próprio interesse ou ouvindo fielmente sua Palavra? Como irá atuar? Dominando os outros ou pondo-se a seu serviço? Como irá orientar sua vida? Buscando sua própria glória ou a vontade de Deus? As respostas de Jesus são breves e concisas. Jesus responde destacando a única coisa necessária e essencial: a fidelidade a Deus.

- A *primeira tentação* acontece no "deserto", ao nível do chão. Depois de um longo jejum dedicado à busca de Deus, Jesus sente fome. É então que se aproxima o tentador para sugerir-lhe algo bem inocente e bom. Se Ele é Filho de Deus, deverá confiar no Pai, porque este, sem dúvida, se preocupará em satisfazer as necessidades mais básicas de seu "Filho amado", inclusive de forma prodigiosa: "Se és Filho de Deus, manda que estas pedras se transformem em pães".

Jesus, enfraquecido, mas cheio do Espírito, reage com rapidez: "Não só de pão vive o homem, mas de toda palavra que sai da boca de Deus". Ele se dá conta de que o tentador está lhe sugerindo agir pensando em si mesmo e não no projeto de Deus. Jesus não seguirá este caminho. Não viverá buscando seu próprio interesse. Não utilizará seu Pai de maneira egoísta. Alimentar-se-á da Palavra viva de Deus. Só multiplicará pães quando enxergar as pessoas passando fome.

Sem dúvida, a primeira coisa de que uma pessoa precisa é comer. Mas as necessidades do ser humano não são satisfeitas apenas alimentando o corpo. As pessoas, nós, precisamos e almejamos muito mais. Precisamente, para libertar da fome, da miséria e da indignidade os que não têm pão, precisamos escutar a Deus, Pai de todos, para despertar no mundo fome de justiça, compaixão e solidariedade com os últimos.

Sempre que nós, seguidores de Jesus, procuramos nosso próprio interesse, esquecendo o projeto do reino de Deus, nos desviamos de Jesus. Sempre que nós, seus seguidores, antepomos nosso bem-estar às necessidades dos últimos, esquecemos a Palavra de Deus, que nos chama a viver como irmãos.

• A *segunda tentação* acontece "no pináculo do templo", provavelmente uma espécie de mirante, no muro externo do templo, que dava para o vale da torrente do Cedron. O tentador lhe propõe fazer sua entrada triunfal na cidade santa, descendo do alto como Messias glorioso. Pode haver um começo mais digno e solene para iniciar sua atividade de Filho de Deus? Ele não precisa ter medo de lançar-se no vazio. Deus é seu Pai. Jesus deve confiar nele. O tentador lhe recorda o Salmo 91. Os anjos "cuidarão dele" e "o carregarão nos braços". Ele não correrá nenhum perigo.

A resposta de Jesus é contundente: "Não tentarás o Senhor teu Deus". Ele não será um Messias triunfador. Nunca porá Deus ao serviço de sua glória. Não procurará "sinais do céu" para impressionar as pessoas. Porá seu poder curador a serviço dos enfermos e desventurados. Precisamente porque confia em seu Pai, assumirá todos os riscos e perigos que forem necessários. Quando estiver próxima sua execução, não pedirá ao Pai um exército de anjos que o livre da morte. Seguirá seu caminho até à cruz (Mateus 26,53-54).

É tentador utilizar Deus vivendo a religião como um sistema de crenças e práticas que proporcionam segurança no meio das dificuldades da vida. No entanto, não é este o caminho para seguir Jesus. Para colaborar em seu projeto do reino de Deus é necessário superar a tentação de refugiar-nos na religião para subir na vida e assumir compromissos às vezes arriscados, confiando no Pai como Jesus confiava.

Sempre que nós, seguidores de Jesus, colocamos Deus a serviço de nossa própria glória, buscando nosso êxito e superioridade sobre os outros, estamos nos desviando de Jesus. Quando pretendemos segui-lo pensando que a prática de nossos deveres religiosos nos dispensa do esforço e do compromisso por um mundo mais humano e justo, nos afastamos dele.

• Para a *terceira tentação*, o diabo leva Jesus a "um monte muito alto". Dali lhe mostra "todos os reinos do mundo com seu esplendor". Jesus pode intuir as guerras, injustiças, abusos e sofrimentos sobre os quais se assenta esta glória; por isso deseja tanto instaurar o reino da paz e da justiça de Deus. Mas de repente o diabo lhe diz que tudo está controlado por ele. Por isso lhe faz uma oferta assombrosa: dar-lhe-á todo o poder e toda a glória deste mundo com uma única condição: "se, prostrado, me adorares". Jesus terá que seguir os caminhos de abusos e injustiças que levam a obter poder mundano.

Jesus reage violentamente: "Afasta-te, satanás, porque está escrito: 'Adorarás o Senhor teu Deus, e só a Ele prestarás culto'". O Pai não o chama a dominar os reinos da terra no estilo do imperador de Roma, mas a servir os que vivem oprimidos pelos que detêm o poder. O reino de Deus não é imposto com poder, é oferecido com amor.

É muito tentador correr atrás do poder e da glória no estilo dos poderosos da terra. Mas, se pretendemos seguir Jesus por estes caminhos, viveremos "prostrados" diante do diabo; não adoraremos o verdadeiro Deus, ao qual Jesus serve. Buscar o poder e a glória esquecendo o sofrimento dos fracos, dos humilhados e dos vencidos leva às idolatrias mais ridículas,

Nós, seguidores de Jesus, precisamos afugentar qualquer tentação de poder, vanglória e dominação, gritando com Jesus: "Afasta-te, satanás". O poder mundano é sempre uma tentação diabólica. Quando caímos nela, estamos nos desviando seriamente de Jesus.

⇨ **Para aprofundar-se:** *Mateus*, p. 47-53; *Lucas*, p. 69-75.

Conversão pessoal

• Conheço bem as tentações que podem afastar-me do seguimento fiel de Jesus? O que é que mais pode me afastar do Evangelho no momento presente?

• Sinto Jesus próximo no momento da tentação? Como é minha relação com Ele no momento da provação ou da queda? É Jesus meu melhor estímulo para cultivar minha fidelidade ao Pai? Este grupo me ajuda a viver de maneira mais lúcida e responsável?

• **Conversa com Jesus.** Fale com Ele sobre as tentações e lutas que você enfrenta para segui-lo. Ele sabe por experiência o que você sente.

Compromisso com o projeto de Jesus

• Quais são as principais tentações que nos espreitam hoje a nós, cristãos? O que é que mais nos pode desviar de Jesus e de seu Evangelho na sociedade atual?

• Como podemos ajudar-nos mutuamente nós, leigos, religiosos, religiosas, presbíteros, bispos... para cultivar, antes de mais nada, a fidelidade ao Pai e a seu projeto do reino? Podemos apontar concretamente atitudes, gestos, reações, mudanças necessárias...?

• Podemos assinalar, todos juntos, quais podem ser as três tentações às quais precisamos estar mais atentos para não nos desviarmos de nosso projeto de seguir Jesus de perto?

Sugestões para a oração

• "Não só de pão vive o homem..." Lemos devagar a primeira tentação. Recordamos em silêncio os que não têm pão, trabalho, moradia, segurança... Pensamos, ao mesmo tempo, em nosso bem-estar... Escutamos Jesus: "Não só de pão vive o homem, mas de toda palavra que sai da boca de Deus"... Depois de meditar em silêncio, invocamos Jesus em silêncio ou em voz alta.

• "Não tentarás o Senhor teu Deus..." Lemos a segunda tentação. Recordamos nossa pretensão de pôr Deus a serviço de nossos próprios interesses, nossa resistência a correr riscos pelo reino de Deus, nossa falta de compromisso por um mundo melhor... Escutamos Jesus: "Não tentarás o Senhor teu Deus..." Depois de meditar em silêncio, invocamos Jesus em silêncio ou em voz alta.

• "Adorarás o Senhor teu Deus, e só a Ele prestarás culto". Lemos devagar a terceira tentação. Recordamos nossos desejos de poder e glória; a saudade que muitos cristãos têm de uma Igreja poderosa e com prestígio social; nosso empenho em ter sempre razão, dominar os outros, buscar nossa boa imagem. Escutamos Jesus: "Adorarás o Senhor teu Deus, e só a Ele prestarás culto". Ele diz isso a todo o grupo. Recordamos nossas "idolatrias". Invocamos Jesus em silêncio ou em voz alta.

• Meditamos em silêncio esta prece e depois a recitamos todos juntos:

> Senhor Jesus, supre nossas deficiências,
> ilumina nosso caminho.
> Dá-nos luz para descobrir os obstáculos,
> força para superá-los,
> audácia para buscar novos caminhos
> e fé para saber que existem.
> Dá-nos capacidade para aceitar os que seguem outras sendas,
> esperar os que caminham lentamente,
> apoiar os que se cansam,
> levantar os que caem
> e compreender os que vão embora.
> Assim seremos teus companheiros de caminho
> e Tu caminharás ao nosso lado. Amém (Anônimo).

11 Enviado aos pobres (Lucas 4,14-21)

> *Cheio da força do Espírito, Jesus voltou para a Galileia e sua fama estendeu-se por toda a região. Ensinava nas sinagogas e era elogiado por todos.*

> *Chegou a Nazaré, onde se criara. Segundo seu costume, entrou na sinagoga num sábado e levantou-se para fazer a leitura.*
>
> *Entregaram-lhe o livro do profeta Isaías. E, ao desenrolá-lo, encontrou a passagem onde está escrito:*
>
>> *O Espírito do Senhor está sobre mim,*
>>
>> *porque me ungiu para anunciar*
>>
>> *a boa notícia aos pobres;*
>>
>> *enviou-me para proclamar*
>>
>> *a libertação aos cativos*
>>
>> *e dar a visão aos cegos,*
>>
>> *para libertar os oprimidos*
>>
>> *e para proclamar*
>>
>> *um ano de graça do Senhor.*
>
> *Depois enrolou o livro, entregou-o ao assistente e sentou-se. Todos os que se encontravam na sinagoga tinham os olhos fixos nele. E começou a dizer-lhes:*
>
> *– Hoje se cumpriu diante de vós esta profecia.*

Guia de leitura

Impulsionado pelo Espírito de Deus e procurando sempre ser fiel ao Pai, Jesus irá começar sua atividade pela Galileia. Seguiremos de perto seus passos. Mas antes vamos conhecer seu programa. É o programa dos que nos sentimos seguidores de Jesus e queremos "reproduzir" hoje sua atuação. Juntos, vamos conhecer a orientação de fundo de tudo o que Jesus fazia. O Espírito o envia aos pobres e oprimidos.

Aproximação ao texto evangélico

• **Reunidos na sinagoga do povo.** É importante para um povo crente reunir-se para dar graças a Deus, escutar sua Palavra e invocar sua ajuda? O que você sente ao ver Jesus com seus familiares e concidadãos compartilhando a fé simples do povo?

- **Jesus na sinagoga.** Reparamos que Jesus lê um texto selecionado por Ele próprio? Por quê? Onde se pode ver que as palavras de Isaías se cumprem em Jesus? Na liturgia da sinagoga? Pelas aldeias da Galileia?

- **O Espírito do Senhor.** Jesus se sente "ungido" pelo Espírito de Deus? Sabemos o que significa esta palavra? Que dinâmica provoca em Jesus este Espírito de Deus? Quando ouvimos falar de uma pessoa "espiritual", imaginamos que sua vida está orientada para os pobres?

- **Os destinatários.** No relato fala-se de quatro grupos de pessoas aos quais Jesus se sente enviado pelo Espírito de Deus. Podemos apontá-los no texto? Você se alegra pelo fato de Jesus se sentir enviado precisamente a eles? Sentimo-nos incluídos em algum destes grupos?

- **Contribuição de Jesus.** Podemos ir comentando entre nós o que Jesus lhes traz. Que Boa Notícia Ele anuncia aos pobres? Que tipo de libertação Ele traz aos cativos? Que tipo de visão aos cegos? Que liberdade aos oprimidos? A partir de sua experiência, você pensa que Jesus pode trazer também hoje a mesma coisa às pessoas?

Comentário

O programa de Jesus

Antes de começar o relato detalhado da atividade de Jesus pelas aldeias da Galileia, Lucas apresenta de maneira clara qual é seu programa de atuação. Isto lhe interessa muito, porque é precisamente este o programa que devem ter diante dos olhos os seguidores Jesus. Não está orientado a adquirir poder, conseguir prestígio ou ganhar dinheiro. É um programa suscitado pelo Espírito de Deus, que empurra Jesus para os mais pobres e desventurados. Será um dia nosso programa?

De acordo com o relato, Jesus, "cheio da força do Espírito", começa a percorrer as aldeias da Galileia onde vivem as pessoas mais pobres e indefesas: os que precisam escutar a Boa Notícia de Deus que Jesus traz em seu coração. Logo Ele se faz presente em Nazaré, o pequeno povoado "onde se criou". Ali se encontra com sua querida mãe e com seus familiares mais próximos. Saúda também seus amigos e amigas de infância. Neste povoado desconhecido e sem nenhuma importância, Jesus irá proclamar solenemente seu programa.

Em Nazaré, Jesus se movimenta como mais um que compartilha a fé simples de seu povo. Por isso, ao chegar o sábado, entra na sinagoga "segundo seu costume", para reunir-se com todos a fim de pronunciar as preces do dia sagrado de descanso e escutar a Palavra de Deus, que alimenta a fé daquele povo.

Não sabemos com precisão como decorria esta reunião do sábado num povoado pequeno como Nazaré nos anos 30. Certamente não estava tudo tão regulamentado como anos mais tarde, mas provavelmente já se seguia o mesmo ritmo: no começo, um tempo dedicado à oração com preces como o *Shemá* e as "Dezoito bênçãos"; em seguida, uma leitura tomada de algum livro da Lei; por fim, a explicação do texto lido e, talvez, a apresentação de questões que afetavam a vida de todo o povoado (ajuda aos pobres, preparação da peregrinação a Jerusalém, conserto de estradas...).

Lucas descreve com todos os detalhes a atuação de Jesus segundo o ritual costumeiro. Chegado o momento, Ele se levanta para fazer a leitura, recebe o livro do profeta Isaías, desenrola-o, seleciona a passagem e faz a leitura. Ao terminar, enrola o livro, devolve-o ao assistente e senta. O fato surpreendente é que, depois de ler uma passagem longa do livro de Isaías, não se diz nada da explicação apresentada por Jesus. A verdadeira explicação Ele a irá dando com seus gestos de bondade e de solidariedade para com os últimos.

Até aqui tudo decorreu de maneira habitual, como todos os sábados; mas, ao terminar a leitura, Lucas cria um clima de tensão e expectativa: Jesus senta sem dizer uma única palavra; todos os que estão na sinagoga cravam os olhos nele. Sua pessoa é mais importante do que o texto. Por isso, Ele só diz: "Hoje se cumpre esta Escritura que acabamos de ouvir". Começa um novo tempo. Os que seguirem de perto a atuação de Jesus descobrirão que nele se cumpre o que foi anunciado por Isaías.

Qual é a passagem que Jesus lê aos seus concidadãos para que possam entender melhor o Espírito que o anima, as preocupações que traz em seu coração e a tarefa à qual quer dedicar-se de corpo e alma? Trata-se de um texto que, certamente, todos ouviram mais de uma vez e que contém algumas palavras pronunciadas para consolar os exilados ao voltarem do exílio na Babilônia (Isaías 61,1-2).

"O Espírito do Senhor está sobre mim. Ele me ungiu." Jesus se sente cheio do Espírito de Deus. "Ungido", quer dizer, encharcado, impregnado por sua força e seu amor. Por isso seus seguidores chamam Jesus de "o Cristo", ou seja, "o Ungido"; e por isso nós nos chamamos "cristãos", ou seja, "ungidos". Embora muitas vezes o esqueçamos, é uma contradição chamar-nos "cristãos" e viver sem o Espírito que anima Jesus.

O Espírito não deixa Jesus enclausurado em seus próprios interesses. Ele o empurra para quatro grupos de pessoas que sofrem: os "pobres", os "cativos", os "cegos" e os "oprimidos". Não devemos esquecer isto. O Espírito de Deus está em Jesus, mas não de qualquer maneira. Está enviando-o em direção aos mais necessitados.

O Espírito me enviou "para anunciar aos pobres a Boa Notícia". É esta a primeira tarefa de Jesus: comunicar aos "pobres" a Boa Notícia de que Deus quer introduzir no mundo sua justiça e sua compaixão. Os pobres, os mais indefesos e abandonados, são os prediletos de Deus e serão também os prediletos de Jesus. A eles Jesus se dedicará pelos caminhos da Galileia. Não temos escapatória. Nós, os discípulos de Jesus, ou somos dos pobres ou deixamos de ser seus discípulos.

Enviou-me "para proclamar a libertação aos cativos". O profeta falava da libertação dos cativos que haviam vivido como escravos no exílio; mas o termo "libertação" tem um sentido mais amplo e sugere também uma liberação integral, inclusive uma libertação da escravidão do pecado. Com efeito, na Galileia Jesus se dedicará a libertar as pessoas do pecado e de tudo o que as impede de viver com dignidade. Assim devemos ser nós, seus discípulos: libertadores e criadores de uma vida mais digna.

Enviou-me "para devolver a visão aos cegos". A expressão sugere metaforicamente a tarefa de ajudar as pessoas a recuperar a visão para voltar a enxergar a luz da salvação, depois de ter vivido encerradas em todo tipo de escuridão. É o que Jesus fazia ao libertar as pessoas de medos e desconfianças que não as deixavam ver a salvação de Deus. Também nós, seus discípulos, devemos viver trazendo esta luz salvadora de Deus.

Enviou-me "para libertar os oprimidos". Curiosamente, Lucas introduz aqui esta frase tomando-a de outra passagem (Isaías 58,6), onde se explica que o jejum que agrada verdadeiramente a Deus não consiste em fazer mortificações, mas em introduzir a justiça na sociedade, libertando os "oprimidos" dos abusos e injustiças que sofrem. Desta maneira, o texto que Jesus está lendo adquire um tom de busca de justiça social. Não podemos seguir Jesus sem trabalhar por uma sociedade mais justa.

A leitura termina com uma frase que tem um caráter mais abrangente. Ele me enviou "para proclamar um ano de graça do Senhor". Chama-se "ano de graça" o "ano jubilar", que era celebrado a cada quarenta e nove anos em Israel. Neste ano de graça eram perdoadas as dívidas aos que se haviam arruinado, eram devolvidas as terras aos que se viram obrigados a vendê-las e eram libertados os que se haviam vendido como escravos para pagar suas dívidas. Não sabemos se de fato se pôs em prática alguma vez este desejo de um ano jubilar; mas ele se transformou em símbolo deste grande ideal de manter a sociedade livre de injustiças e desigualdades insuportáveis.

A Jesus serve para explicar que sua vinda à Galileia quer inaugurar um tempo de graça, de perdão, de libertação, de chamado à justiça e à solidariedade fraterna. É importante assinalar que o texto que Jesus está lendo continuava assim: "Para proclamar um ano de graça do Senhor e um dia de vingança para nosso Deus". Mas, intencionalmente, Lucas omite esta última frase que fala de "um dia de vingança". O tempo de

Jesus é um tempo de graça, não de vingança; um tempo de perdão, não de condenação. Em Jesus Deus se encarna para oferecer seu perdão, não para pôr em funcionamento sua vingança.

⇨ **Para aprofundar-se:** *Lucas*, p. 77-83.

Conversão pessoal

• Deixo-me programar sempre a partir de fora (acontecimentos, ambiente social, costumes, modismos...)? Vou aprendendo a viver a partir do Espírito de Jesus? Aponte alguma pequena mudança, algum passo...

• Sinto que o Espírito de Jesus está me empurrando para os que sofrem? Que lugar ocupam em meu coração os necessitados que eu encontro em meu caminho? Posso trazer-lhes algo daquilo que Jesus comunicava?

• **Conversa com Jesus.** Fale com Ele dos pobres. Diga-lhe o que você sente: seus desejos e suas resistências. Tenha confiança nele.

Compromisso com o projeto de Jesus

• Conhecemos pessoas, famílias, comunidades, paróquias... cuja vida está marcada pelo Espírito de Jesus e por sua orientação para os que sofrem necessidade? Sabemos valorizar e agradecer estas vidas?

• É real o risco de promover uma espiritualidade, uma prática da oração ou um cuidado da vida interior, sem sentir que o Espírito de Jesus nos leva em direção aos mais necessitados?

• Como podemos contribuir, a partir deste grupo, para construir uma sociedade e uma Igreja mais orientadas para os que sofrem? Aponte ações possíveis: testemunho pessoal, conscientização, estilo de vida... Podemos, enquanto grupo, fazer algo concreto?

Sugestões para a oração

• O Espírito que desceu sobre Jesus está também em nós, movendo nossos corações e atraindo nossa vida para os que sofrem. Em silêncio tomamos consciência de sua presença em nós. Cheios de alegria damos graças:

> Nós te bendizemos, Pai,
> pelo dom do Espírito que,
> por meio de teu Filho Jesus,
> dás ao mundo inteiro.
> Nós te bendizemos por Jesus, teu Ungido,
> o melhor que recebemos de ti,
> o homem "espiritual" por excelência,
> que viveu evangelizando os pobres,
> libertando os cativos e oprimidos,
> oferecendo paz e perdão aos caídos.
> Que este Espírito nos dê força
> para lutar pela verdade, pela justiça e pelo amor;
> luz para compreender e perdoar a todos;
> coração para servir e amar;
> paciência e fé para esperar (Anônimo).

• Em nosso caminhar seguindo os passos de Jesus precisamos pedir perdão muitas vezes. Fazemo-lo com paz. Lemos em silêncio os seguintes pedidos e cada um pronuncia em voz alta algum deles. No final os pronunciamos todos juntos:

> Perdão, Senhor, porque somos *pessimistas* e reparamos quase sempre o negativo.
> Perdão, porque somos *covardes* e logo nos assustamos.
> Perdão, porque somos *autossuficientes* e confiamos só em nossas forças.
> Perdão, porque somos *céticos* e nos custa crer e confiar em ti.
> Perdão, porque *não olhamos para o futuro*, ocupados e preocupados apenas com o presente.
> Perdão, porque *nos queixamos de tudo*.
> Perdão, porque *fugimos do esforço* e logo nos cansamos.
> Perdão, porque queremos *tudo já* e não sabemos esperar.

- Recitamos juntos a seguinte oração:

  > Espírito de Deus, Espírito de Jesus,
  > Espírito da sinagoga de Nazaré,
  > Tu que és o Espírito dos pobres
  > e dos que foram ungidos para lutar com eles.
  > Vem.
  > Vem sem tardar.
  > Unge-nos com teu óleo santo.
  > Inunda nossos corações com teu amor.
  > E depois envia-nos os pobres,
  > para levar-lhes a alegria e a dignidade de Jesus,
  > para dar-lhes o que lhes devemos por justiça,
  > a fim de fazer um mundo novo à tua medida,
  > o mundo do Espírito (P. Loidi).

Terceira etapa

A Boa Notícia de Deus

Começamos a terceira etapa. A primeira coisa que vamos ouvir dos lábios de Jesus pelos caminhos da Galileia é sua Boa Notícia de Deus. Todos nós precisamos dela. O mundo precisa dela. A Igreja precisa dela. Entre tantas notícias más vamos ouvir a notícia de um Deus bom, próximo, amigo do ser humano e salvador de nossas vidas.

Nos próximos encontros escutaremos as parábolas mais comoventes de Jesus. As que Ele mais trabalhou no fundo de seu coração. Certamente as que Ele mais repetiu e mais impacto causaram em seus seguidores e seguidoras.

12) *O Pai bom*. É a parábola mais afetuosa de Jesus. Deus é um Pai bom que oferece sempre sua acolhida e seu perdão a todos. Esta parábola pode transformar radicalmente nossa relação com Deus e nossa convivência com os outros.

13) *Deus busca os perdidos*. A maior alegria de Deus consiste em procurar e encontrar os que vivem "perdidos" e não encontram o caminho certo na vida. Quando nos sentimos "perdidos", Deus está nos procurando. Quando nós rejeitamos alguém como indesejável e perdido, Deus o está procurando com amor.

14) *Deus é bom para com todos*. A bondade insondável de Deus está acima de nossos esquemas e cálculos. Não devemos pôr limites à sua bondade. Devemos deixar Deus ser bom para com todos.

15) *Deus escuta os que se entregam a Ele.* Deus é compaixão infinita. Diante dele precisamos aprender a viver, não apresentando nossos méritos, mas invocando sua misericórdia. A oração que nos justifica é sempre esta: "Ó Deus, tem compaixão de mim, porque sou pecador".

12 O Pai bom (Lucas 15,11-32)

[Jesus] também lhes disse:

– Um homem tinha dois filhos. O mais moço disse ao pai: "Pai, dá-me a parte da herança que me cabe". E o pai repartiu o patrimônio entre eles. Alguns dias depois, o filho mais moço reuniu suas coisas, partiu para um país distante e ali esbanjou toda a sua fortuna vivendo como um libertino. Quando havia gasto tudo, sobreveio uma grande carestia naquela terra e o rapaz começou a passar necessidade. Então ele se pôs a serviço de um homem daquele país, que o mandou para os seus campos cuidar dos porcos. Desejava encher o estômago com as alfarrobas que os porcos comiam, mas ninguém lhe dava. Então repensou e disse para si: "Quantos diaristas de meu pai têm pão de sobra, enquanto eu aqui morro de fome! Partirei, voltarei para a casa de meu pai e lhe direi: 'Pai, pequei contra o céu e contra ti. Já não mereço ser chamado teu filho; trata-me como um dos teus diaristas'".

Pôs-se a caminho e voltou para a casa de seu pai. Quando estava ainda longe, o pai o avistou, comoveu-se profundamente e, correndo ao seu encontro, o abraçou e cobriu de beijos. O filho começou a dizer-lhe: "Pai, pequei contra o céu e contra ti; já não mereço ser chamado teu filho". Mas o pai disse aos criados: "Trazei logo a melhor veste e vesti-o; ponde-lhe tam-

bém um anel no dedo e sandálias nos pés. Tomai o bezerro cevado, matai-o e celebremos um banquete festivo, porque este meu filho estava morto e tornou a viver, estava perdido e o encontramos". E puseram-se a celebrar a festa.

O filho mais velho estava no campo. Ao voltar, quando se aproximou da casa, ouviu a música e os cantos. Chamou um dos criados e lhe perguntou o que estava acontecendo. Ele respondeu: "Teu irmão voltou e teu pai matou o bezerro cevado, porque o recuperou são e salvo". Ele se aborreceu e não queria entrar. O pai saiu e insistiu com ele, mas o filho respondeu: "Já há muitos anos eu te sirvo sem jamais desobedecer às tuas ordens, e nunca me deste um cabrito para eu festejar com meus amigos. Mas chega este teu filho, que gastou teu patrimônio com prostitutas, e matas para ele o bezerro cevado". Mas o pai lhe respondeu: "Filho, tu estás sempre comigo e tudo o que é meu é teu. Mas precisamos alegrar-nos e festejar, porque este teu irmão estava morto e tornou a viver, estava perdido e foi encontrado".

Guia de leitura

Vamos ouvir a parábola mais cativante de Jesus. Sem dúvida Ele a trabalhou longamente em seu coração. Jesus nos convida a viver sua experiência de um Deus bom, que sempre oferece sua acolhida e seu perdão a todos. Esta parábola pode transformar radicalmente nossa relação com Deus e nossa convivência com os outros.

Aproximação ao texto evangélico

• **Introdução.** Quem é o verdadeiro protagonista da parábola? Por quê? Que título você daria a esta parábola? Qual é o problema do pai?

- **A atuação do filho mais moço.** Por que ele vai embora? Em que consiste seu verdadeiro pecado ou erro? Você compreende um filho que age assim?
- **Consequências de sua vida desregrada.** A parábola as descreve com traços muito vivos. Podemos comentar entre nós seu grau de humilhação, solidão e perda de liberdade?
- **Reação do jovem.** Na parábola apontam-se os passos concretos que o jovem dá até voltar para casa: reflexão, arrependimento, decisão, retorno... Podemos comentá-los entre nós? Qual a coisa mais importante em seu processo? Você acha que é uma decisão fácil?
- **Acolhida do pai.** Qual é a primeira reação do pai? Podemos ir comentando entre nós cada um de seus gestos? Você observa em algum momento uma ternura maternal, pouco habitual num patriarca da Galileia? O que ele faz para que seu filho recupere a dignidade perdida? Por que organiza um banquete para todo o povo? É esta a maneira habitual de acolher os filhos que fugiram de casa? Com que palavras o pai justifica sua atuação? O que dizem a você estas palavras?
- **Rejeição do filho mais velho.** A que pode dever-se uma rejeição tão frontal: Inveja de seu irmão, medo de perder a herança, desconfiança em relação ao pai...? O que você pensa de um filho que "obedece" a todas as ordens, mas não sabe "amar" nem o pai nem o irmão? Ele vive em família ou está longe do lar?
- **Acolhida do pai.** O que é que ele procura? Como responde à irritação de seu filho? Por que esta insistência em "fazer festa" com todos os seus filhos? Você imagina Deus organizando o banquete, a música e a dança para celebrar uma grande festa com todos os seus filhos e filhas? O que você sente?

Comentário

Deus oferece sempre seu perdão

Alguns continuam chamando esta parábola de "parábola do filho pródigo" ou esbanjador; mas o verdadeiro protagonista do relato é um pai bom que tem problemas para manter unida sua família. Uma vez porque o filho mais moço vai embora de casa para viver sua aventura; outra vez porque o filho mais velho não quer recebê-lo quando ele retorna. Será esta a tragédia da humanidade? Será Deus o mistério de um Pai que procura com amor construir uma família humana feliz?

Jesus conhecia bem os conflitos vividos nas famílias da Galileia: discussões entre pais e filhos, desejos de independência de alguns, rivalidades entre irmãos por direitos de herança. Quando Jesus começa seu relato, todos sabem do que Ele está falando.

"Um pai tinha dois filhos..." O conflito surge quando o filho mais moço apresenta uma exigência insólita: "Pai, dá-me a parte da herança que me cabe". O pai não diz nada, respeita a insensatez de seu filho e reparte os bens entre eles. Os camponeses que o ouvem devem ter ficado desconcertados: Que tipo de pai é este que não impõe sua autoridade? Como pode consentir no atrevimento de um filho que lhe pede para repartir sua herança antes de morrer? Como pode um pai perder assim sua dignidade?

Repartida a herança, o jovem se desliga do pai, abandona seu irmão e parte "para um país distante". Rapidamente uma vida desregrada o leva à ruína. Sem recursos para defender-se de uma grave penúria, sozinho num país estranho, sem família nem proteção alguma, termina como escravo de um pagão, cuidando de porcos. Sua degradação não pode ser maior: sem liberdade nem dignidade alguma, levando uma vida infra-humana no meio de animais impuros, sem poder nem sequer alimentar-se das alfarrobas com que se alimentam os porcos que estão aos seus cuidados.

Ao ver-se numa situação tão desesperada, o jovem reage. Lembra a casa de seu pai, onde o pão é abundante: aquele é seu lar. Ele não pode continuar por mais tempo longe de seu pai. Sua decisão é firme: "Voltarei para a casa de meu pai". Reconhecerá seu pecado. Perdeu todos os seus direitos de filho, mas talvez consiga ser contratado como diarista.

A acolhida do pai é insólita. Jesus a descreve com traços inesquecíveis. Aquele pai, que o havia visto partir de casa com tristeza, nunca o esqueceu. O filho poderá voltar para casa a qualquer momento sem nenhum temor. Quando um dia ele o vê aproximar-se faminto e humilhado, as entranhas do pai se comovem. Ele "sentiu compaixão por ele", perdeu o controle e correu ao encontro do filho.

A cena é incrível. Jesus a recriou, sem dúvida, mais de uma vez em seu coração a partir de sua experiência da bondade de Deus. O pai o abraça com ternura sem deixar que ele se lance a seus pés; beija-o efusivamente sem temer seu estado de impureza. Este pai não age como o patrão e patriarca de uma família da Galileia: estes abraços e beijos afetuosos diante de todo o povo são os gestos de uma mãe. Ele interrompe a confissão do filho para poupar-lhe mais humilhações. Este já sofreu bastante. O pai não precisa de mais explicações para acolhê-lo como filho.

Não lhe impõe nenhum castigo. Não exige dele um ritual de purificação. Não parece sequer sentir a necessidade de manifestar-lhe com palavras seu perdão. Não é necessário. Ele nunca deixou de amá-lo. Sempre buscou sua felicidade. A preocupação do pai agora é que o filho se sinta bem. Dá-lhe o anel de filho, a melhor veste da casa e as sandálias de homem livre. Matarão o bezerro cevado. Fará um banquete para todo o povo e música e danças na praça. O filho irá conhecer junto ao pai a festa boa da vida, não a diversão falsa que procurava entre prostitutas pagãs. Vê-se o pai feliz. Tudo é mais do que justificado, porque "este meu filho estava morto e tornou a viver, estava perdido e o encontramos". Finalmente poderão viver em família de maneira digna e feliz.

Infelizmente está faltando o filho mais velho. Ele chega do campo ao entardecer. Por mais um dia ele executou seu trabalho. Ao ouvir "a música e a dança", fica desconcertado. Não entende nada. A volta do irmão não desperta nele alegria, como em seu pai, mas raiva. Irritado, permanece fora, sem entrar na festa.

O pai sai para convidá-lo com o mesmo carinho com que saiu ao encontro do filho chegado de longe. Não grita com ele nem lhe dá ordens. Não age como o patrão de uma casa. Pelo contrário, novamente como uma mãe suplica-lhe repetidamente que entre para desfrutar a festa.

Então o filho mais velho explode e põe a nu sua ira. Passou toda a sua vida cumprindo as ordens do pai como um escravo, mas não soube desfrutar seu amor como um filho. Talvez sua vida de trabalho sacrificado tenha endurecido ainda mais seu coração. Nunca saiu de casa, mas nunca viveu em família; se seu pai lhe tivesse dado um cabrito, teria organizado uma festa, não com ele, mas com seus amigos. Agora só sabe humilhar seu pai tachando-o de ingrato e pouco generoso ("não me deste nem sequer um cabrito") e denegrir seu irmão denunciando sua vida libertina ("esbanjou teu patrimônio com prostitutas"). Este filho sabe "obedecer ordens", mas não sabe "amar". Não entende o amor de seu pai para com aquele miserável. Ele não acolhe nem perdoa.

O pai lhe fala com ternura especial. De seu coração de pai, ele vê as coisas de maneira diferente. Aquele desventurado que chegou de longe não é um depravado, mas "teu irmão", um filho "que estava morto e tornou a viver". E ele próprio, que não quer entrar na festa, não é um escravo, mas um filho querido que pode viver junto a seu pai, desfrutando e compartilhando tudo com ele. O desejo mais profundo de seu coração de pai é ver seus filhos sentados à mesma mesa, compartilhando amistosamente um banquete festivo.

Jesus interrompe aqui seu relato. O que sentiram os que ouviram pela primeira vez este relato? Certamente não era isso que se escutava no templo nem nas sinagogas. É possível que Deus seja assim? Como um pai que não guarda seus bens para si mesmo, que respeita inteiramente o comportamento de seus filhos, que não anda obcecado por sua moralidade, que só busca para eles uma vida digna, fraterna e feliz?

Será esta a melhor metáfora de Deus: um pai acolhendo com os braços abertos todos os que andam "perdidos" e suplicando aos ouvintes que se acolham mutuamente como irmãos? Será isto o "reino de Deus"? Um Pai que quer conduzir a história humana para uma festa final onde se celebre a vida, o perdão e a libertação definitiva de tudo quanto escraviza e degrada o ser humano?

Jesus fala de um banquete abundante para todos, fala de música e danças, de filhos perdidos que desencadeiam a ternura de seu pai e de irmãos chamados a acolher-se. Será esta a Boa Notícia de Deus? O que sentiram os pais que haviam fechado para sempre as portas a seus filhos fugidos de casa para viver sua própria aventura? O que experimentaram aqueles que passavam anos longe de Deus, à margem da Aliança? Em que pensaram os que viviam cumprindo fielmente os mandamentos da Lei, mas desprezavam pecadores, cobradores de impostos, prostitutas e indesejáveis? E o que sentimos nós, seguidores de Jesus, que estamos ouvindo esta parábola saída de seu coração?

⇨ **Para aprofundar-se:** *Lucas*, p. 255-261; *Creer, para qué?*, p. 121-123; *Jesus – Aproximação histórica*, p. 159-163.

Conversão pessoal

• O que sinto diante da experiência deste Deus Pai que Jesus quer introduzir em nosso coração e em nossa vida? Surpresa? Grande alegria? Agradecimento a Jesus? Pena por minha fé tão pequena e rotineira...?

• Quero que este Pai seja o Deus que alente minha vida inteira? O Deus que eu quero comunicar e transmitir aos outros com minhas palavras e atos? Como posso alimentar praticamente este desejo?

• **Conversa com Jesus.** Deixe que Ele fale a você do Pai. Expresse-lhe seu agradecimento. Diga-lhe que você falará a todos sobre este Deus.

Compromisso com o projeto de Jesus

• Nos ambientes que conhecemos, é este rosto de Deus Pai que está gravado no coração dos crentes, na educação cristã, na liturgia das paróquias, na pregação, no magistério da hierarquia...? Assinale aspectos positivos e negativos.

• Como olhamos os que abandonaram a Igreja? Qual é em geral nossa atitude interior, nossos juízos, nosso trato...? Será que eles conseguem ver em nós um pequeno reflexo da maneira como Deus os olha e os ama? Conseguimos aproximar-nos de algum deles de maneira mais acolhedora?

• Que eco pode encontrar em nossa sociedade, atravessada por enfrentamentos, conflitos e violências de todo gênero, o trabalho de atualizar a mensagem desta parábola do "pai bom"? O que pode ser hoje entre nós este Deus? Uma notícia má ou boa? Um Pai do qual não precisamos para nada ou um Deus ao qual nos faria bem voltar? Comprometemo-nos, a partir deste grupo, a comunicar este rosto do Pai bom que luta contra outras imagens falsas?

Sugestões para a oração

• Um leitor ou leitora lê devagar o relato da volta do filho mais moço à casa do pai. Em silêncio recordamos os momentos em que nos encontramos mais perdidos e afastados de Deus... Depois de um instante de silêncio e reflexão vamos dizendo, um a um, as palavras do filho ou outras parecidas: "Também agora, mais uma vez, vou pôr-me a caminho e voltarei para a casa de meu Pai".

• Escutamos em silêncio a leitura pausada da acolhida do pai ao filho mais moço. Depois de vinte séculos, o próprio Jesus em pessoa nos diz, aos homens e mulheres de hoje, como Deus nos acolhe e nos perdoa. Depois de meditar em silêncio sobre sua ternura, cada qual dá graças a Deus com estas palavras ou outras semelhantes: "Obrigado, Pai. Eu estava morto e voltei à vida. Eu me havia perdido e Tu me encontraste".

- Podemos recitar juntos a seguinte oração. Depois, quem quiser pronuncia devagar alguma das frases ou outras semelhantes:

> Meu Deus, às vezes penso que tudo mudaria em minha vida se eu te sentisse como meu melhor amigo. Mas ouvi tantas coisas a respeito de ti. No fundo estou certo de que és muito mais humano, mais compreensivo, mais bom do que me disseram. Que alegria se eu não tivesse essa espécie de "medo" que tanto me distancia de ti.
> Pai bom, grava bem em meu coração que Tu só sentes amor para comigo. Que eu nunca me esqueça que me aceitas tal como sou, que entendes minha fraqueza, que perdoas meu pecado e que me amas inclusive se eu não mudar. Que sorte que sejas assim!
> Às vezes penso que meu grande pecado é não crer inteiramente em ti e em teu amor. Por que não tenho uma confiança maior em tua bondade e em tua força salvadora? Onde poderia eu refugiar-me com minhas fraquezas e covardias senão em ti, Deus dos fracos e pequenos? Quem poderia me entender melhor do que Tu? (J.A. Pagola).

13 Deus busca os perdidos (Lucas 15,1-7)

> *Entretanto, todos os publicanos e pecadores se aproximavam de Jesus para ouvi-lo. Os fariseus e os mestres da lei murmuravam:*
>
> *– Este acolhe os pecadores e come com eles.*
>
> *Então Jesus lhes disse esta parábola:*
>
> *– Quem de vós, se tiver cem ovelhas e perder uma, não deixa as noventa e nove no deserto e vai em busca da extraviada até encontrá-la? E, quando a encontra, cheio de alegria a põe nos ombros, vai para casa, reúne os amigos e vizinhos e lhes diz: "Alegrai-vos comigo, porque encontrei a ovelha que se perdera!" Pois vos asseguro que também no céu haverá mais alegria por um pecador que se converte do que por noventa e nove justos que não precisam converter-se.*

Guia de leitura

Ninguém vive esquecido. Ninguém está só. Deus nos acompanha a todos com amor. Mas sua maior alegria consiste em procurar e encontrar os que vivem "perdidos" e não conseguem encontrar o caminho certo da vida. Escutemos atentamente Jesus. Quando nos sentimos "perdidos", Deus está mais do que nunca perto de nós. Quando nós damos alguém por "perdido", Deus o está procurando com amor.

Aproximação ao texto evangélico

• **Os que se aproximam para ouvir Jesus.** Parece-nos normal que os pecadores e as pessoas indesejáveis se aproximem para escutar Jesus? Por que o fazem? O que escutam de seus lábios? O que percebem nele?

• **Os que murmuram contra Ele.** Por que o criticam? O que pode molestá-los na atuação de Jesus? O que nos parece sua postura?

• **A parábola.** Quem é o protagonista da parábola? A ovelha perdida? O pastor que a procura? Que título você daria ao relato?

• **A pergunta de Jesus.** Jesus começa a parábola com uma pergunta. A quem é dirigida? Como você teria respondido? Na sua opinião, é sensato o comportamento do pastor, tal como Jesus o apresenta? Por que ele age assim?

• **A atuação do pastor.** Jesus a descreve em breves traços. Podemos comentá-la entre nós: Como ele busca a ovelha perdida? O que ele faz ao encontrá-la? O que ele sente? Como celebra o fato ao chegar em casa?

• **Conclusão de Jesus.** Surpreende você a alegria de Deus ao recuperar o pecador? O que sentiriam os pecadores que estavam ouvindo Jesus? O que podem sentir os fariseus e os mestres da lei? O que sente você diante da parábola de Jesus? Em que ela faz você pensar?

Comentário

Deus busca os perdidos

Jesus não só fala de um Deus bom, próximo e acolhedor, sempre disposto a perdoar e a oferecer a todos uma vida digna e feliz, mas Ele próprio é uma parábola viva deste Deus. Movido por seu Espírito, Ele é o primeiro a aproximar-se de pecadores e pessoas indesejáveis, a interessar-se por sua vida e a sentar-se à mesa com eles.

Os evangelhos falam de diversos grupos que Jesus acolhia amistosamente. Em primeiro lugar estão os "pecadores": são os que não cumprem a lei, rejeitam a Aliança e vivem longe de Deus, sem dar sinais de arrependimento; os dirigentes religiosos os consideram excluídos da salvação.

Junto com este grupo de pessoas fala-se mais concretamente dos "publicanos" ou cobradores de impostos; seu trabalho é considerado por todos uma atividade própria de ladrões e pessoas pouco honestas, que vivem roubando e sem devolver às suas vítimas o que roubaram; não têm perdão, são desprezados por todos. Como veremos mais adiante, Jesus acolhe também as "prostitutas", um grupo de mulheres do povo, às vezes vendidas como escravas por sua própria família, e humilhadas por todos. Estas pessoas constituem o refugo da sociedade, os "perdidos" e "perdidas" de Israel.

Lucas nos diz que "os publicanos e pecadores se aproximavam de Jesus para ouvi-lo". Certamente muitos deles o ouviam comovidos. Não era isto que ouviam nos encontros das sinagogas nem nas celebrações do templo. No entanto, eles precisavam deste Deus, Pai bom e acolhedor. Se Deus não os compreende e perdoa, como proclama Jesus, a quem irão recorrer?

No entanto, aos mestres da lei e aos setores fariseus não agrada o comportamento de Jesus. Sua acolhida amistosa a esta gente pecadora parece-lhes um escândalo intolerável. O que mais os irrita é o fato de Jesus "acolher pecadores" e "comer com eles". A atuação de Jesus é insólita. Nenhum profeta havia feito algo parecido. Como pode um homem de Deus aceitar os pecadores e pecadoras como amigos, sem exigir deles previamente algum sinal de arrependimento?

A atitude destes mestres da lei é diametralmente oposta. Um homem piedoso não deve misturar-se com pecadores. É preciso isolar os transgressores da lei. É preciso separá-los da comunidade santa de Israel. Eles não são dignos de conviver com os que são fiéis a Deus. Por que Jesus parece despreocupar-se dos que cumprem a lei e se dedica tanto a um pequeno grupo de perdidos e perdidas?

Jesus respondeu-lhes com uma parábola surpreendente. Queria gravar bem no coração de todos algo que trazia no seu íntimo: os "perdidos" pertencem a Deus. Ele os procura apaixonadamente e, quando os recupera, sua alegria é irrefreável. Todos nós deveríamos alegrar-nos com Ele. Também os fariseus e os mestres da lei.

Desta vez Jesus começa sua parábola com uma pergunta: Imaginem que vocês são um pastor, têm cem ovelhas e uma se perde. Vocês não deixariam as noventa e nove "no deserto", para ir à sua procura até encontrá-la? Os ouvintes duvidariam bastante antes de responder. Não é uma loucura arriscar assim a sorte de todo o rebanho? Será que a ovelha perdida vale mais do que as noventa e nove?

No entanto, Jesus lhes fala de um pastor que atua precisamente assim. Ao fazer a recontagem costumeira no fim da tarde, descobre que lhe falta uma ovelha. O homem não se perde em raciocínios e cálculos de sentido prático. Embora esteja perdida, a ovelha lhe pertence. É sua. Por isso não hesita em sair a procurá-la, mesmo que deva abandonar momentaneamente as noventa e nove.

O pastor não desiste de procurar sua ovelha até encontrá-la. Seu coração não o deixa descansar. E, quando a encontra, brota nele um gesto cheio de ternura e de cuidado amoroso. Com alegria põe a ovelha, cansada e talvez ferida, sobre seus ombros, ao redor do pescoço, e volta para a sua manada. Ao chegar, convoca seus amigos pastores e os convida a compartilhar sua felicidade: "Alegrai-vos comigo, porque encontrei a ovelha que se perdera!"

De acordo com Lucas, Jesus conclui sua parábola com as seguintes palavras: "Asseguro-vos que também no céu – ou seja, em Deus – haverá mais alegria por um pecador que se converte do que por noventa e nove justos que não precisam converter-se". Deus é assim. Não só procura apaixonadamente quem está perdido, mas celebra jubilosamente o encontro no mistério de seu coração.

Os fariseus e mestres da lei precisariam entender aquelas refeições alegres e festivas que Jesus celebra com os pecadores. Ele veio de Deus para "buscar e salvar o que estava perdido" (Lucas 19,10). Como não entendem que Ele viva acolhendo pecadores, cobradores de impostos e prostitutas? Como não entendem sua alegria ao poder encontrar-se com eles em torno de uma mesa? Todo o povo deveria somar-se à sua alegria, porque ela nasce da alegria do próprio Deus.

A parábola é breve, mas sua mensagem é de grande profundidade. Pode este pastor insensato ser realmente uma metáfora de Deus? Existe algo que todos os que estão escutando Jesus precisam reconhecer: os seres humanos são criaturas de Deus, pertencem a Ele. E já se sabe o quanto alguém faz para não perder algo que é seu e que ele aprecia realmente. Mas, pode Deus sentir os "perdidos" como algo tão seu e tão querido?

Talvez alguns dos que ouviam Jesus tenham lembrado o que dissera o profeta Ezequiel seis séculos antes: no povo de Deus existem ovelhas sem pastor; ovelhas "fracas" que ninguém conforta; ovelhas "enfermas" que ninguém cura; ovelhas "feridas" que ninguém enfaixa. Existem também ovelhas "extraviadas" das quais ninguém se aproxima e ovelhas "perdidas" que ninguém procura. Pois bem, assim diz o Senhor: "Eu mesmo procurarei a ovelha perdida, reconduzirei a extraviada, enfaixarei a ferida, fortalecerei a enferma..." (Ezequiel 34,16). Agora eles podem ver que Jesus, com sua atuação e suas palavras, está encarnando em sua vida este Deus que procura os perdidos.

A parábola se transforma assim num apelo a mudar. Se Deus não rejeita os "perdidos", mas os procura apaixonadamente, e se Jesus, cheio do Espírito de Deus, os acolhe e come com eles..., não deveremos nós mudar radicalmente algumas das nossas posturas? Continuaremos discriminando, condenando e desprezando os que nos parecem "perdidos"? A quem queremos seguir? Os fariseus e mestres da lei ou Jesus, nosso único Mestre e Senhor?

A parábola talvez sugira algo mais. A ovelha não faz nada para voltar ao redil. É o pastor quem a procura incansavelmente, a carrega nos ombros e a recupera. Não estaria Jesus sugerindo que o retorno do pecador não se deve aos seus esforços para converter-se, mas à iniciativa de Deus, que irrompe em sua vida com sua misericórdia insondável? Como não vamos alegrar-nos com este Deus de amor infinito e desconcertante? Como não vamos confiar neste Deus quando nos virmos perdidos e sem forças para transformar nossa vida? Como não vamos imitar Jesus, abrindo nosso coração e nossos braços aos que nos parecem afastados?

⇨ **Para aprofundar-se:** *Creer, para qué?*, p. 127-130; *Jesus – Aproximação histórica*, p. 176-179.

Conversão pessoal

• Vejo-me identificado com a "ovelha perdida"? Há momentos em que me sinto perdido? O que é que mais sinto? Meu pecado, meu erro, minha fraqueza, minha inconstância, minha impotência...? Doravante, quando eu me encontrar perdido, recordarei que Deus está me procurando?

- Agradar-me-ia celebrar o reencontro com Deus de alguma pessoa próxima e querida? Conseguiria eu aproximar-me de alguém com o espírito de Jesus? Consigo ser um humilde "pastor bom" para alguém?
- **Conversa com Jesus.** O que você quer agradecer-lhe? Por quais pessoas perdidas você quer interceder?

Compromisso com o projeto de Jesus

- Que atitude se adota geralmente entre os cristãos em relação aos afastados da Igreja, aos casais que vivem em situação irregular, aos homossexuais – homens ou mulheres – e a outros grupos...? Temos os sentimentos de Jesus ou nos parecemos com os fariseus e mestres da lei? Aponte atitudes positivas ou negativas.
- Conhecemos, em nosso ambiente, pessoas "afastadas" da prática religiosa e da moral cristã que se aproximariam de Jesus se alguém as ajudasse a conhecer sua pessoa e sua mensagem? Conseguem elas encontrar nas paróquias e comunidades cristãs o espírito e a mensagem de Jesus? Por quê? Aponte aspectos positivos e negativos.
- Como alimentar dentro de nosso grupo a lembrança, a compreensão e o afeto para com tantas pessoas que só Deus busca com amor? Podemos irradiar em algum ambiente o rosto de Deus, buscador incansável das pessoas perdidas?

Sugestões para a oração

- Escutamos as palavras de Jesus: "O pastor deixa as noventa e nove no deserto e vai em busca da ovelha perdida até encontrá-la. E, quando a encontra, cheio de alegria a põe nos ombros". Depois, em silêncio, fazemos todos juntos a seguinte oração:

>Vem, Jesus, procura-me,
>procura a ovelha perdida.
>Vem, pastor.
>Deixa as noventa e nove

e procura a que se perdeu de ti...
Procura-me, encontra-me, acolhe-me,
carrega-me.
Podes encontrar aquele que procuras,
tomá-lo nos braços
e carregá-lo.
Vem e leva-me a seguir tuas pegadas.
Vem Tu mesmo.
Haverá libertação na terra
e alegria no céu (Santo Ambrósio).

- Rezamos em silêncio a seguinte oração. Depois a pronunciamos todos juntos:

Tu não podes suportar, Senhor,
que um só dos teus se perca.
Tu nos procuras quando nos afastamos de ti.
Tu vais em busca dos que nós abandonamos.
E vais procurar aqueles dos quais ninguém sente falta.
Sempre te perdes entre os perdidos para encontrá-los.
Nós nos entregamos a esta certeza,
a esta promessa que rompe nossos esquemas,
a teu amor cheio de ternura e imaginação,
porque sentimos tua misericórdia e fidelidade
em nossa vida (F. Ulíbarri).

- Para rezar no silêncio do coração:

Deus de paz,
Tu nos amas e nos procuras
a cada um de nós.
Tu olhas todo ser humano
com infinita ternura
e profunda compaixão (H. Roger de Taizé).

14 Deus é bom para com todos (Mateus 20,1-15)

O reino dos céus é semelhante a um chefe de família que saiu de manhã para contratar operários para sua vinha. Depois de combinar com os operários um denário por dia, enviou-os para a sua vinha. Saiu pelas nove horas da manhã, viu outros que estavam na praça sem trabalho e lhe disse: "Ide também vós para a vinha, e vos pagarei o que for justo". E eles foram. Saiu novamente pelo meio-dia e pelas três da tarde e fez o mesmo. Por fim, saiu ao cair da tarde, encontrou outros que estavam sem trabalho e lhes disse: "Por que estais aqui o dia todo sem fazer nada?" Eles responderam: "Porque ninguém nos contratou". Ele lhes disse: "Ide também vós para a vinha". Pelo fim do dia, o dono da vinha disse ao seu administrador: "Chama os operários e paga-lhes a diária, começando pelos últimos até os primeiros". Vieram os contratados pelo cair da tarde e receberam um denário cada um. Quando chegaram os primeiros, pensavam que receberiam mais; mas também eles receberam um denário cada um. Ao recebê-lo, reclamaram com o dono, dizendo: "Estes últimos trabalharam só uma hora e lhes pagaste tanto quanto a nós que suportamos o peso do dia e do calor". Mas ele respondeu a um deles: "Amigo, não te faço nenhuma injustiça. Não combinamos um denário? Toma o que é teu e vai embora. Se eu quero dar a este último o mesmo que a ti, não tenho a liberdade de fazer o que quiser com os meus bens? Ou me olhas com maus olhos porque eu sou bom?"

Guia de leitura

Deus é bom conosco. Nós, seguidores de Jesus, não pomos isto em dúvida, mas às vezes imaginamos esta bondade à nossa maneira. Jesus quis deixar claro que a bondade de Deus está acima de nossos esquemas e cálculos. Deus não é como nós. Vamos ouvir seu convite para não amesquinhar nunca a bondade misteriosa de Deus.

Aproximação ao texto evangélico

• **Introdução.** Quem é o verdadeiro protagonista da parábola? Por quê? Saberíamos dar um título ao relato? Qual é o traço que melhor define o dono da vinha?

• **A contratação.** Parece normal a você o dono sair cinco vezes para contratar operários? O que é que o preocupa? Que a uva se perca? A situação daqueles diaristas sem trabalho? O que o relato sugere?

• **O pagamento prometido.** Quanto o dono promete pagar ao primeiro grupo? Quanto promete ao segundo grupo?... Quanto aos últimos?

•**A retribuição.** Parece-nos justa a atuação do dono pagando a todos uma quantia igual (um denário) por um trabalho tão desigual? Por que ele age assim?

• **O protesto.** Compreendemos o aborrecimento e o protesto dos que trabalharam o dia todo? Por que protestam, se receberam o denário prometido? Como teríamos reagido nós?

• **Resposta do dono.** Trata ele injustamente alguém? Por que ele dá a alguns o que não mereceram? Você acredita que este homem é bom? Em que consiste sua bondade? Será que Deus é como Jesus sugere?

Comentário

O amor de Deus rompe nossos esquemas

Tradicionalmente este relato é chamado "parábola dos operários da vinha", mas o verdadeiro protagonista é seu dono. Por isso alguns a chamam hoje de parábola do "contratador bom" ou do "patrão que queria trabalho para todos". Sem dúvida, é um dos relatos mais surpreendentes e provocativos de Jesus. Deixaremos que sua mensagem penetre em nosso coração?

Os grandes proprietários, como este "dono" da vinha, pertenciam às classes ricas e poderosas. Geralmente não viviam nas aldeias pobres da Galileia, mas em Séforis, Tiberíades ou em alguma cidade importante. Só iam à sua propriedade durante o tempo das colheitas ou das vindimas, para seguir de perto os trabalhos. Os "diaristas", por sua vez, pertenciam às camadas baixas da sociedade. Muitos eram camponeses despojados de suas terras, que levavam uma vida apertada e sem segurança alguma. Jesus e seus seguidores podiam vê-los sentados nas praças dos povoados esperando que alguém os contratasse.

A jornada começava bem cedo (pelas seis da manhã) e terminava ao pôr do sol (em torno das seis da tarde). Jesus vai comparar o reino de Deus ao que acontece, num dia de vindima, com o proprietário da vinha e seus diaristas.

"Um proprietário saiu de manhã para contratar operários para sua vinha." Assim Jesus começa seu relato. O rico proprietário chega em pessoa à praça do povoado à primeira hora da manhã. Aproxima-se de um grupo de diaristas, combina com eles o salário de um denário e os envia a trabalhar em sua vinha. Não é grande coisa, mas é o suficiente para satisfazer, ao menos durante um dia, às necessidades básicas de uma família camponesa. Provavelmente os ouvintes ficaram surpresos. Não era normal ver o dono de uma vinha na praça do povoado contratando os diaristas. Isso era tarefa de seus capatazes ou administradores. Quem era este proprietário? Por que agia assim?

O dono volta à praça às nove horas da manhã, ao meio-dia e às três da tarde. Contrata os que estão "sem trabalho". A estes já não fala de um denário; promete-lhes "o que for justo". Como irão exigir dele alguma coisa? Vão trabalhar confiando no que o dono lhes quiser pagar: provavelmente uma fração de denário. Assim pensavam também os que ouviam a parábola.

O proprietário volta ainda às cinco da tarde. Falta apenas uma hora para terminar a jornada. Encontra um grupo que continua na praça "sem trabalho". Ninguém os contratou. Apesar de já não ser muito o trabalho que poderão executar, lhes diz: "Ide também vós para minha vinha". A estes nem lhes fala de salário. O que lhes poderá pagar?

Os ouvintes não conseguem entender este ir e vir do dono para contratar operários. Não é normal ir tantas vezes até à praça. A contratação é feita à primeira hora da manhã, depois de calcular muito bem o número de diaristas que são necessários. Que tipo de patrão é este? Por que age assim? Ninguém sai a contratar operários na última hora. Estará tão sobrecarregado de trabalho com a vindima? O relato não diz nada sobre a colheita. Sugere, antes, que o dono não quer ver ninguém sem trabalho. Assim diz aos do último grupo: "Por que estais aqui parados o dia inteiro?"

Chegou a hora de pagar aos diaristas. Era preciso fazê-lo no mesmo dia, porque do contrário não teriam nada para pôr na boca. Assim o mandava a lei de Deus: "Dar-lhe-ás cada dia seu salário, antes que o sol se ponha, porque ele é pobre e deste salário depende sua vida" (Deuteronômio 25,14-15). O dono ordena que o pagamento seja feito começando pelos que acabam de chegar. Entre os diaristas surge uma grande expectativa, porque, embora estes tenham trabalhado apenas uma hora, recebem um denário cada um. Quanto será dado aos outros?

A decepção é enorme ao ver que todos recebem um denário, inclusive os que estiveram trabalhando o dia inteiro. Não é injusto? Por que dar um denário a todos, se o trabalho foi tão desigual? É o que dizem em seu protesto: "Estes últimos trabalharam só uma hora e lhes pagaste tanto quanto a nós que suportamos o peso do dia e do calor". Sem dúvida, os ouvintes de Jesus concordam com o protesto deles. Estes diaristas não se opõem a que os últimos recebam um denário, mas será que eles não têm o direito a que o dono seja generoso também com eles? É bom ver a generosidade para com os que só trabalharam por um pouco de tempo; mas a justiça não exige essa mesma generosidade para com os que trabalharam o dia inteiro?

A resposta do dono ao que faz de porta-voz é firme: "Amigo, não te faço nenhuma injustiça. Não combinamos um denário? [...] Será que não tenho a liberdade de fazer o que quiser com os meus bens? Ou me olhas com maus olhos porque eu sou bom?" Os que protestam pedem ao dono da vinha que os trate a todos de acordo com um esquema de estrita justiça, mas ele se move em outra esfera. Ele quer ser bom, e é precisamente sua bondade que rompe todos os esquemas. Ele não é injusto com ninguém. A todos dá o que precisam para viver: trabalho e pão. Não se preocupa em medir os méritos de uns e outros; preocupa-o que todos possam jantar nessa noite com suas famílias.

A surpresa dos crentes deve ter sido grande. O que Jesus está sugerindo? Que Deus não atua com os critérios que nós usamos para impor justiça e igualdade? Esta maneira de falar de Deus não rompe todos os nossos esquemas religiosos? O que podem dizer agora os mestres da lei? O que podem dizer os moralistas de todos os tempos? Será que Deus não trata seus filhos e filhas atendendo escrupulosamente aos seus méritos?

Não é fácil crer nesta bondade insondável de Deus que supera todos os nossos esquemas. Ela pode escandalizar a mais de um. Será verdade que Deus não está tão preocupado com os nossos méritos como às vezes pensamos, mas está atento antes a satisfazer às nossas necessidades? Que sorte se Deus é como Jesus sugere! Todos nós podemos confiar neste Deus, mesmo que nossos méritos sejam pequenos e pobres. Mas, não é perigoso abrir-se a este mundo insondável e infinito da misericórdia de Deus, que escapa a todo cálculo humano? Não é mais seguro e tranquilizador, sobretudo para os que se sentem fiéis cumpridores da lei, não sairmos de um esquema religioso onde os deveres, méritos e pecados estejam claramente definidos?

A mensagem de Jesus nos convida a deixarmos Deus ser Deus. Não devemos amesquinhar seu amor infinito com nossos cálculos e esquemas nem desvirtuar sua bondade misturando os traços autênticos que provêm de Jesus com outros traços de um Deus justiceiro, tomados do Antigo Testamento, ou com deformações que nascem de nossos próprios medos e egoísmos.

Deus é bom com todos. Ele nos olha com amor, quer o mereçamos ou não. Sua bondade misteriosa está além da fé dos crentes e do ateísmo dos incrédulos. Diante deste Deus, a única coisa que cabe é a alegria agradecida e a confiança total.

⇨ **Para aprofundar-se:** *Mateus*, p. 339-245; *Jesus – Aproximação histórica*, p. 164-168.

Conversão pessoal

• O que sinto ao pensar que, de acordo com Jesus, a atuação de Deus se parece com a do dono da vinha? Desconcerto? Incredulidade? Grande alegria? Agradecimento? É esta a imagem de Deus que trago gravada em meu coração?

• Alegro-me pelo fato de Deus tratar as pessoas de acordo com sua bondade insondável ou desejo às vezes que Ele lhes dê o que merecem (p. ex., aos que me prejudicaram)? Sei fazer o bem aos que não o merecem?

• **Conversa com Jesus.** Comente com Ele a parábola. Fale a Ele sobre a confiança que você tem em Deus.

Compromisso com o projeto de Jesus

• Nós, cristãos, interiorizamos a imagem do Deus "bom" que a parábola de Jesus sugere? Aponte aspectos positivos. Você observa, pelo contrário, ideias, pregações, práticas, devoções... que desfiguram a bondade de Deus, o amesquinham e o tornam menos humano do que nós? Aponte aspectos negativos.

• Você acredita que na consciência de alguns cristãos subjaz a ideia de um Deus ocupado em anotar os pecados ou méritos de cada pessoa, para um dia retribuir a cada um exatamente de acordo com suas obras? O que você pensa desta imagem de Deus? É humana? É digna de um Deus que é Amor?

• O que podemos fazer concretamente para mudar e melhorar a imagem de Deus nos ambientes em que nos movemos habitualmente? Como agir com tato, com respeito e com amor para aproximar as pessoas do "Deus bom" encarnado e revelado em Jesus?

Sugestões para a oração

• Um dos presentes lê as palavras do dono da vinha: "Irás me olhar com maus olhos porque eu sou bom?" Depois de alguns instantes de silêncio, todos juntos pronunciamos devagar o Salmo 103. Os que quiserem podem destacar alguma frase:

> O Senhor é compassivo e clemente,
> paciente e misericordioso;
> não está sempre acusando
> nem guarda rancor perpétuo.
> Não nos trata como merecem os nossos pecados
> nem nos paga de acordo com as nossas culpas;
> como o céu se eleva sobre a terra,
> assim se eleva sua bondade sobre seu fiéis;
> como o Oriente dista do Ocidente,
> assim afasta de nós as nossas culpas;
> como um pai sente ternura por seus filhos,
> o Senhor sente ternura por seus fiéis;
> porque Ele sabe do que somos feitos,
> lembra-se que somos pó.

Como Jesus rezaria este salmo? Cheios de seu espírito, cada um de nós pronuncia agora as palavras que mais nos comovem.

• Meditamos em silêncio as seguintes frases sobre o amor de Deus. Depois, quem desejar se expressa invocando a Deus ou agradecendo sua bondade:

"O amor de Deus é melhor do que se possa pensar" (São Boaventura).

"Seu exercício só consiste em amar" (São João da Cruz).

"Deus não sabe nem quer nem pode fazer outra coisa senão amar" (A. Torres Queiruga).

"O amor de Deus é gratuito, incondicional, desconcertante, incansável" (J.M. Mardones).

"Quem nos poderá separar do amor de Deus" (São Paulo).

• Para rezar no silêncio do coração:

> Jesus, mistério de Deus encarnado,
> Tu nos revelas esta realidade surpreendente.
> Deus não quer o sofrimento nem a aflição,
> não causa em nós nem medo nem angústia.
> Deus só pode amar-nos (H. Roger de Taizé).

15 Deus escuta os que se entregam a Ele (Lucas 18,9-14a)

Jesus contou a seguinte parábola a alguns que se consideravam justos e desprezavam os outros:

– Dois homens subiram ao templo para orar: um era fariseu e o outro publicano. O fariseu, de pé, rezava interiormente da seguinte maneira: "Meu Deus, eu te dou graças porque não sou como os outros: ladrões, injustos, adúlteros; nem como este publicano. Jejuo duas vezes por semana e pago os dízimos de tudo que possuo". O coletor de impostos, por sua vez, mantendo-se à distância, não se atrevia nem sequer a levantar os olhos ao céu, mas batia no peito

dizendo: "Meu Deus, tem compaixão de mim, porque sou pecador". Eu vos digo que este voltou para casa justificado, e o outro não.

Guia de leitura

Vamos escutar por fim outro relato de Jesus. É consequência das parábolas que viemos escutando. Se Deus é como diz Jesus, quem tem a última palavra da vida não é a lei, que julga nossas condutas, mas a misericórdia de Deus, que acolhe nosso pedido de compaixão. Existe algo que precisamos aprender e ensinar: diante de Deus devemos viver não apresentando nossos méritos, mas invocando sua misericórdia.

Aproximação ao texto evangélico

• **A quem se dirige a parábola?** Como Lucas os descreve? Comentamos entre nós os traços que os caracterizam. É fácil sentir-nos melhores do que os outros? Por quê?

• **O relato.** Que personagens aparecem em cena? O "fariseu" e o "coletor de impostos" nos mostram dois modos diferentes de orar. O que nos revela a maneira de reagir de "Deus"?

• **A oração do fariseu.** Com que atitude exterior ele se apresenta naquele lugar santo? Qual pode ser sua atitude interior diante de Deus? Segurança, orgulho, dignidade, agradecimento, satisfação consigo mesmo...?

• **Eu não sou como os outros.** Ao examinar sua vida, ele só descobre méritos. Por que ele fala só da lei, do jejum ou do pagamento de dízimos? Por que não diz nada sobre sua ajuda aos outros ou sobre sua compaixão para com os necessitados? O que você pensa de suas palavras: "Eu não sou como os outros"?

• **A oração do coletor de impostos.** Sua postura exterior é diferente da do fariseu. Podemos comentar as três indicações feitas pelo narrador? O que você sente diante de sua oração? Você sintoniza com sua atitude interior de humildade, confiança, necessidade de um Deus que salve sua vida?

- **A conclusão de Jesus.** Ela surpreende você? Parece-lhe justa? De acordo com Jesus, qual é a coisa decisiva diante de Deus? Esta parábola pode ter consequências sobre nossa maneira de entender e viver a religião?

Comentário

Deus escuta quem se entrega confiantemente à sua misericórdia

Esta foi, sem dúvida, uma das parábolas mais desconcertantes de Jesus. De acordo com Lucas, Jesus a dirigiu a alguns que se consideravam "justos", se sentiam seguros em sua própria religião e "desprezavam os outros". Sem dúvida, a parábola é uma crítica a pessoas que se comportam assim. Mas o relato não é apenas uma história exemplar sobre a oração, porque nos convida a descobrir a misericórdia insondável de Deus.

No relato aparecem em cena três personagens; um fariseu, um coletor de impostos e Deus, que habita no templo. Não se fala só de dois homens que sobem para orar, mas se diz algo muito importante sobre a maneira como Deus reage quando escuta sua oração. Como atuará Ele diante de duas pessoas de vida religiosa e moral tão diferente e oposta?

Os que ouvem a parábola haviam peregrinado mais de uma vez a Jerusalém. Conhecem o templo. Todos o chamam de "casa de Deus", porque ali habita o Deus santo de Israel. A partir dali ele protege e abençoa seu povo. Não é qualquer um que pode aproximar-se daquele lugar santo. Assim dizia um salmo que os peregrinos cantavam enquanto subiam ao templo: "Quem pode entrar no recinto santo? Aquele que tem mãos limpas e coração puro. [...] Este receberá a bênção do Senhor, o perdão de Deus, seu salvador" (Salmo 24,3-5). O relato de Jesus desperta imediatamente o interesse e a curiosidade. Sobem ao templo um piedoso fariseu e um desonesto coletor de impostos. O que irá acontecer ali?

Todos sabem como é habitualmente um "fariseu": um homem religioso que cumpre fielmente a lei, observa estritamente as normas de pureza e paga escrupulosamente os dízimos. Ele é um dos que sustentam o templo. Sobe ao santuário sem pecado: Deus não pode senão abençoá-lo. Todos sabem também como é um "coletor de impostos": um personagem que vive de uma atividade desprezível. Não trabalha para sustentar o templo, mas para arrecadar impostos e enriquecer. Sua conversão é impossível. Nunca poderá reparar seus abusos nem devolver às suas vítimas o que lhes roubou. Ele não pode sentir-se bem no templo. Não é seu lugar.

Jesus descreve em primeiro lugar a oração do fariseu. O homem ora de pé, seguro e sem temor algum. Sua consciência não o acusa de nenhum pecado. De seu coração brota espontaneamente o agradecimento: "Meu Deus, eu te dou graças". Não é um ato de hipocrisia. Tudo o que ele diz é real: cumpre fielmente todos os mandamentos da lei; jejua todas as segundas e quintas pelos pecados do povo, embora seja obrigatório fazê-lo só uma vez ao ano, no Dia da Expiação; não só paga os dízimos obrigatórios dos produtos do campo (cereais, azeite e vinho), mas inclusive de tudo o que ele possui. Com uma vida tão irrepreensível se sente seguro diante de Deus. Não pertence ao grupo dos pecadores, ao qual naturalmente pertence o coletor de impostos, e o diz com orgulho: "Não sou como os outros [...] nem como este coletor de impostos".

Ele tem razão. Sua vida é exemplar. Cumpre fielmente suas obrigações e até vai além. Não se atribui a si mesmo mérito algum; é Deus quem sustenta sua vida santa. Se este homem não é justo, quem o será? É um modelo de obediência a Deus. Quem poderá ser como ele? Ele pode contar com a bênção de Deus. Assim pensam certamente os que escutam Jesus.

A oração do "coletor de impostos" é diferente. Ele fica atrás. Sabe que não é digno de estar naquele lugar sagrado. Nem sequer se atreve a levantar os olhos do chão. Bate no peito, porque reconhece seu pecado e sua vergonha. Examina sua vida e não encontra nada de agradável para oferecer a Deus. Também não se atreve a prometer nada. Não pode restituir o que roubou a tantas pessoas cuja identidade ele desconhece. Não pode deixar seu trabalho de coletor de impostos nem mudar de vida. Não encontra saída melhor do que abandonar-se à misericórdia de Deus: "Meu Deus, tem compaixão de mim, porque sou pecador". O pobre homem não faz senão reconhecer o que todos sabem. Ninguém gostaria de estar em seu lugar. Deus não pode aprovar sua vida de pecado.

De repente Jesus conclui sua parábola com uma afirmação surpreendente: "Este coletor de impostos voltou para casa justificado, e aquele fariseu não". O homem religioso, que fez inclusive mais do que a lei pede, não encontrou favor diante de Deus. Pelo contrário, o coletor de impostos, que se abandona à sua misericórdia, sem comprometer-se sequer a mudar de vida, volta para casa reconciliado com Ele. Jesus pegou todos de surpresa. De repente abre-os para um mundo novo que rompe todos os esquemas. Não estará Jesus ameaçando todo o esquema religioso do templo? Que pecado cometeu o fariseu para não encontrar graça diante de Deus? E que méritos teve o coletor de impostos para sair justificado do templo? O Deus santo do templo teria confirmado o fariseu e reprovado o coletor de impostos. Não é fácil aceitar o que Jesus diz.

Será verdade que, diante de Deus, o fator decisivo não é a observância da religião, mas a invocação confiante da misericórdia insondável de Deus? Se é certo o que Jesus diz, já não há segurança para ninguém que confie apenas em seus méritos, por mais santo que ele se acredite. Todos nós precisamos recorrer à compaixão infinita de Deus. O coletor de impostos não pôde apresentar a Deus nenhum mérito, mas fez o mais importante: refugiar-se na sua misericórdia; por isso volta para casa transformado, reconciliado com Deus, "justificado". O fariseu, pelo contrário, decepcionou a Deus. Sai do templo como entrou: sem conhecer o olhar compassivo de Deus.

Quando alguém se sente bem consigo mesmo e diante dos outros, se apoia em sua própria vida e não precisa de nada mais, ele corre o risco de viver numa "falsa inocência". Pelo contrário, quando alguém se sente culpado e sem forças para mudar, não sente ele a necessidade de refugiar-se na misericórdia de Deus e somente na sua misericórdia?

Quando agimos como o fariseu, nós nos situamos diante de Deus a partir de uma religião na qual não há lugar para o coletor de impostos. Quando confiamos na misericórdia de Deus, como o coletor de impostos, nós nos situamos numa religião na qual cabem todos. Não será esta a verdadeira religião do reino de Deus? Existe algo de fascinante em Jesus: é tão desconcertante sua fé na misericórdia de Deus que não se torna fácil para nós crer nele. Provavelmente os que melhor podem entendê-lo são os que não têm forças para sair da sua vida imoral.

Depois de ouvir nos últimos encontros as parábolas de Jesus, não sentimos nós o chamado a comunicar a Boa Notícia de Deus na sociedade e na Igreja? Não é apaixonante viver como testemunhas deste Deus de misericórdia insondável? Isto não levaria todos nós a convivermos a partir de uma atitude de maior compaixão recíproca?

⇨ **Para aprofundar-se:** *Lucas*, p. 301-307; *Creer, para qué?*, p. 124-126; *Jesus – Aproximação histórica*, p. 168-172.

Conversão pessoal

• Qual é, habitualmente, minha atitude de fundo quando me apresento diante de Deus? Proximidade ou distanciamento? Confiança ou temor? Humildade ou autossuficiência? Abandono à sua misericórdia ou receio?

• Sintonizo com a oração do coletor de impostos? Sinto necessidade de um Deus que salve minha vida? Por que não faço minha a oração do coletor de impostos? Não me ajudaria a mudar minha atitude interior diante de Deus e diante dos outros?

• **Conversa com Jesus.** O que você quer dizer a Ele depois de escutar sua parábola? O que você sente agora diante de Deus?

Compromisso com o projeto de Jesus

• Num nível geral de Igreja, observamos posições, linguagens e atuações que nos levam inconscientemente a sentir-nos uma

"Igreja santa", enquanto o mundo vive em pecado? É esta a atitude mais real e mais fiel ao Evangelho de Jesus?

• Conhecemos neste momento reações e mudanças para reconhecer de forma mais sincera os pecados da Igreja e a necessidade de conversão eclesial? Que contribuição podemos dar a partir deste grupo?

• Muitas pessoas vivem a experiência do coletor de impostos: não conseguem viver de acordo com as exigências morais que a Igreja prega; não têm forças para mudar sua vida; já não se atrevem a fazer nenhum propósito... Podemos oferecer a alguém nossa proximidade e amizade? Podemos dar-lhe a conhecer o espírito e a oração do coletor de impostos? Podemos ser testemunhas do Deus da misericórdia?

Sugestões para a oração

• Ouvimos a oração do fariseu e a do coletor de impostos ou publicano. Conhecemos a parábola de Jesus. Com que palavras queremos apresentar-nos diante de Deus? Quem quiser pode escrever em casa uma breve oração para recitá-la no grupo. Quando terminar, todos nós repetimos: "Ó Deus, tem compaixão de mim, porque sou pecador".

• Muitos salmistas de Israel compuseram súplicas a Deus pedindo compaixão, com sentimentos muito parecidos com os do publicano. Podemos orar com suas próprias palavras:

> Misericórdia, meu Deus, por tua bondade,
> por tua imensa compaixão;
> purifica-me de meu pecado (Salmo 51).

> Das profundezas clamo a ti, Senhor:
> Senhor, escuta minha voz...
> Se levares em conta as culpas,
> quem poderá subsistir?
> Mas de ti procede o perdão (Salmo 130).

> Sinto-me oprimido por minhas culpas;
> são um peso superior às minhas forças...
> Vem depressa em meu socorro,
> Senhor, minha salvação (Salmo 38).

- Aqui terminamos um conjunto de encontros nos quais ouvimos dos lábios de Jesus a Boa Notícia de Deus. Agradecidos, recitamos todos juntos a seguinte oração, tomando consciência de nossa missão evangelizadora:

> Senhor, não tens mãos,
> tens apenas as nossas mãos
> para construir um mundo novo
> onde floresça a paz e a justiça.
> Senhor, não tens pés,
> tens apenas os nossos pés
> para pôr em marcha os oprimidos
> pelo caminho da liberdade.
> Senhor, não tens lábios,
> tens apenas os nossos lábios
> para proclamar aos pobres
> a boa notícia de Deus.
> Senhor, não tens rosto,
> tens apenas o nosso rosto
> para alegrar os tristes
> e serenar fracassados e perdidos.
> Senhor, nós somos teu Evangelho,
> o único Evangelho que nossos irmãos podem ler
> se em nossa vida há palavras e atos solidários
> para todos os que sofrem esquecimento e necessidade.
> Senhor, aqui tens nossas mãos, nossos pés, nossos lábios,
> nosso trabalho, nosso tempo, nossa vida...
> tudo o que somos e temos.
> Aqui estamos, Senhor, conta conosco! (Anônimo).

Quarta etapa

Traços característicos de Jesus

Como os primeiros discípulos e discípulas, também nós vamos seguir Jesus pelos caminhos da Galileia. Seguindo-o de perto, iremos descobrindo como Jesus é, como Ele se aproxima das pessoas e como torna mais humana a vida delas, introduzindo saúde, perdão, amizade e esperança. Em sua atuação sanadora e libertadora iremos descobrindo o projeto salvador de Deus: o que Jesus chama de "reino de Deus".

Pouco a pouco iremos conhecendo alguns traços inconfundíveis de Jesus. Nós o veremos como curador da vida, amigo de pecadores, defensor dos pobres e amigo da mulher. Não são apenas os traços de um grande profeta. Nestes traços nos vai sendo revelado o rosto e o coração de um Deus humano, fonte de vida e de perdão.

Por último, não devemos esquecer que somos discípulos e seguidores deste Jesus. Dele precisamos aprender a viver, a Ele queremos seguir. Ele nos chama a atualizar sua presença e sua ação salvadora no mundo de hoje. Ele nos convida à conversão de nossos grupos e comunidades cristãs, caminhando para uma Igreja mais fiel ao seu Espírito.

Curador da vida

Os três primeiros temas irão nos ajudar a descobrir Jesus como curador da vida. Ele pode libertar-nos daquilo que nos impede de viver de maneira sadia e criativa na sociedade e na Igreja de hoje.

16) *O homem curado num sábado.* Começamos vendo como Jesus cura um desconhecido, interrompendo a liturgia da sinagoga num dia de sábado. Jesus nos quer mostrar que, para Deus, o que vem em primeiro lugar não é a religião, mas a vida.

17) *O paralítico curado de seu pecado.* Jesus cura a vida a partir de sua raiz. Por isso oferece o perdão de Deus a um paralítico, libertando-o de seu pecado e despertando nele a força de que precisa para enfrentar a vida.

18) *O leproso curado da exclusão.* Jesus cura a vida tornando possível uma convivência sadia. O Deus de Jesus não exclui ninguém de seu amor. Precisamos eliminar da vida toda discriminação.

Amigo de pecadores

Chamaram Jesus de "amigo de pecadores" e Ele nunca o desmentiu, porque era verdade. Ele os acolhia à sua mesa, os defendia e lhes oferecia a salvação de Deus.

19) *Amigo de pecadores.* Seu costume de comer com pecadores e pessoas indesejáveis é o gesto mais expressivo e também o mais escandaloso de Jesus. Ele quer deixar claro que Deus não exclui ninguém de seu amor.

20) *A prostituta acolhida por Jesus.* Um incidente provocado por uma prostituta nos ajuda a descobrir como Jesus defende os pecadores contra aqueles que os condenam sem respeitar sua dignidade.

21) *O rico procurado por Jesus.* Jesus procura o rico Zaqueu e pede par ser acolhido em sua casa, enquanto todos se escandalizam com seu gesto. Jesus quer deixar claro que Ele "vem procurar e salvar o que está perdido".

Defensor dos últimos

Para Jesus "os últimos serão os primeiros" em nossa atenção, porque são os prediletos de Deus. Eles devem ocupar o centro de nossas comunidades cristãs.

22) *Felizes os pobres.* Eles são os prediletos de Deus. Jesus os traz bem no fundo de seu coração de profeta. Eles interpelam nossas vidas satisfeitas nos ricos países do bem-estar.

23) *O rico indiferente e o mendigo faminto.* A parábola de Jesus põe a descoberto o abismo de egoísmo e de insolidariedade que nos separa a nós, os ricos e poderosos, dos pobres e famintos.

Amigo da mulher

Os dois temas seguintes nos ajudarão a entender melhor a atuação de Jesus como libertador da mulher. Em seu projeto do reino de Deus não cabe a dominação da mulher por parte do varão.

24) *Jesus olha para a mulher encurvada.* Numa sociedade dominada pelo varão, Jesus olha a mulher "encurvada", liberta-a de suas amarras, põe-na de pé e devolve-lhe sua verdadeira dignidade. Esta cena nos ajudará a descobrir Jesus como amigo e libertador da mulher.

25) *A defesa da mulher adúltera.* A atuação de Jesus diante de uma adúltera prestes a ser apedrejada nos revela sua vontade radical de libertar a mulher de sua injusta submissão ao varão.

16 O homem curado num sábado (Marcos 3,1-6)

> *[Jesus] entrou novamente numa sinagoga e havia ali um homem que tinha a mão atrofiada. Os fariseus estavam observando para ver se Ele o curava no sábado e ter assim um motivo para acusá-lo. Jesus disse então ao homem da mão atrofiada:*
>
> *– Levanta-te e vem aqui para o meio.*
>
> *E perguntou a eles:*
>
> *– É permitido num sábado fazer o bem ou o mal? Salvar uma vida ou destruí-la?*

Eles permaneceram calados.

Olhando-os com indignação e entristecido por causa da dureza de seu coração, disse ao homem:

– Estende a mão.

Ele a estendeu e sua mão ficou curada.

Aos sair, os fariseus deliberaram com os herodianos para planejar a maneira de acabar com Ele.

Guia de leitura

Jesus cura um homem que tem a mão atrofiada. Não é mais um relato. Jesus o cura no interior de uma sinagoga, lugar sagrado onde o povo está reunido, e o faz precisamente num sábado, dia consagrado a Deus. Jesus quer deixar claro que, para Deus, o que vem em primeiro lugar é a vida e não a religião. Nós, seguidores de Jesus, precisamos aprender que, inclusive no centro de nossa prática religiosa, precisamos ter bem presentes os que não podem viver de maneira digna.

Aproximação ao texto evangélico

• **Introdução.** Quem são os personagens que irão protagonizar o episódio? Onde acontece a cura? Em que dia da semana? Terão alguma importância estes detalhes?

• **Atitude dos fariseus.** Interessa-lhes a saúde do homem da mão doente? O que é que os preocupa? Qual é sua postura diante de Jesus?

• **Atuação de Jesus.** O que Ele diz ao homem? É importante colocá-lo no centro da sinagoga? Que perguntas dirige aos fariseus? O que preocupa Jesus? A observância do sábado ou a vida do enfermo?

• **Resposta dos fariseus.** Por que eles se calam? Qual é sua atitude final? Por que é tão dura sua oposição a Jesus? Conseguimos entendê-la?

- **Cura.** Como Jesus reage diante do silêncio dos fariseus? Quais são os sentimentos que o evangelista lhe atribui? Por que Jesus se indigna tanto? Como Jesus cura o enfermo? Você capta toda a força da ordem de Jesus?

Comentário

Em primeiro lugar vem a vida, não a religião

Este episódio da cura de um homem num dia de sábado tem uma importância especial. O evangelista Marcos apresenta Jesus atuando de uma maneira que surpreende a todos: não se preocupa em reafirmar a observância da religião ou do culto a Deus, mas se dedica a curar enfermos e perdoar pecadores. Para Deus, a primeira coisa não é a religião, mas uma vida digna e saudável para todos. E, quando os setores fariseus condenam sua atuação, pouco respeitosa em relação a certos preceitos, Jesus responde com palavras inesquecíveis: "Deus criou o sábado por amor ao homem e não o homem por amor ao sábado" (Marcos 2,27). A religião deve estar a serviço do homem e não o contrário. Aprenderemos nós, os seguidores e seguidoras de Jesus, a cultivar uma religião a serviço da vida tal como Ele a queria?

Antes de mais nada, precisamos registrar que a cura acontece em "uma sinagoga", e precisamente num dia de "sábado". Estes dois dados têm grande importância. Na "sinagoga" se reúne o povo para louvar a Deus e escutar sua Palavra: é o lugar sagrado onde se alimenta a religião judaica. O "sábado" é um dia consagrado totalmente a dar graças a Deus por ter criado a vida e libertado o povo da escravidão. Um dia instituído para celebrar a vida, o descanso e a liberdade.

No tempo de Jesus, o sábado era um dos principais sinais de identidade do povo judeu. Ao descanso do sábado se atribuía tanta importância que, ao longo dos anos, foi sendo elaborado todo um conjunto de normas e prescrições que, de acordo com os setores fariseus, deviam ser observadas rigorosamente. Podia-se curar um enfermo ou cuidar dele se corresse perigo de vida; caso contrário, era estritamente proibido.

Jesus "entra numa sinagoga". Não tem medo de fazer-se presente naquele lugar onde se promove uma religião que não liberta as pessoas, mas as prejudica, porque, vivida a partir de uma estrutura legal interpretada de maneira rigorista, não as ajuda a viver. O assunto é importante demais para Ele ficar fora sem intervir. Por isso, Jesus entra na sinagoga e Ele próprio provoca o conflito.

Na sinagoga encontra-se "um homem que tem a mão atrofiada". Este personagem anônimo não fala nem age por iniciativa própria. Sua mão ressequida e sem vida é figura de uma pessoa impedida de desenvolver uma vida plena e digna. Este homem incapacitado parece representar todo o povo que se reúne na sinagoga e que vive frustrado por uma forma de entender e viver a religião de maneira equivocada e prejudicial.

Os fariseus "o estão observando para ver se Ele o cura no sábado". Aferrados à sua posição legalista, procuram motivos para acusar Jesus. Querem ver se Ele se atreverá a violar o sábado diante deles. Lembremos que este homem não corre perigo de morte e, por isso, é proibido curá-lo. Não lhes importa a vida daquele pobre homem, mas que as normas sejam respeitadas. É preciso cuidar da legalidade. Isto é que é importante.

No meio de uma tensa expectativa, Jesus toma a iniciativa. Ele se preocupa com a vida daquele homem. Por isso, dirige-se a ele com as seguintes palavras: "Levanta-te e vem aqui para o meio". A ordem de Jesus tem um significado profundo. "Levanta-te": Deus quer ver as pessoas assim, de pé, erguidas, não paralisadas, mas cheias de vida. "Vem para o meio": Este homem precisa de atenção, ajuda e amor. Não deve ficar marginalizado. Precisa ocupar o centro da sinagoga e da religião. A celebração do sábado deve servir para ajudá-lo a viver de maneira mais plena e digna.

Depois de atrair a atenção de todos para aquele homem necessitado, Jesus lhes dirige uma dupla pergunta. A primeira é esta: "É permitido num sábado fazer o bem ou o mal?" Os fariseus, preocupados com a celebração legal do sábado, só pensam se "curar" aquele homem é permitido ou proibido pela lei. Jesus, pelo contrário, preocupado com a vida daquele homem, pensa no que é melhor para ele: Fazer-lhe o bem e devolver-lhe a saúde ou, pelo contrário, fazer-lhe o mal e deixá-lo abandonado sem prestar-lhe nenhuma ajuda?

Com sua segunda pergunta, Jesus radicaliza ainda mais seu enfoque ao fazê-lo em termos de vida ou morte: "O que se deve fazer no sábado: Salvar uma vida ou destruí-la?" É preciso dar vida à mão morta daquele homem, curá-lo, potencializar sua vitalidade, torná-lo mais capaz de viver de maneira digna ou, pelo contrário, deixar-lhe a mão morta, abandoná-lo à sua desgraça, não libertá-lo de sua atrofia? Para Jesus, não colocar-se a favor da vida já é colocar-se a favor da morte. A questão é esta: A religião está a serviço da vida ou da morte? Se no centro da religião não está o amor e a ajuda à vida das pessoas, que sentido tem ela diante de Deus, Pai solícito de seus filhos e filhas?

Os fariseus "permanecem calados". Seu silêncio é rejeição hostil. Não sabem como responder e não querem dialogar. Todos sabem que a coisa mais importante é fazer o bem e defender a vida. Mas, como irão contra as normas que regulam o sábado? No íntimo de seu coração continuam prestando culto a um Deus mais preocupado com a observância religiosa do que com a vida de seus filhos e filhas. Para eles, "bem" e "mal" significam "observância" e "não observância". Em sua religião está ausente a fé num Deus amigo da vida. Em sua vida falta amor às pessoas. Corremos também nós o perigo de viver assim a religião cristã?

Jesus reage com dureza. O evangelista faz duas observações. Primeiramente, Jesus "olhou-os com indignação": seu olhar expressa sua indignação profética diante dos que não estão a favor da vida plena e digna dos que sofrem, porque não entendem que é precisamente isto o que Deus quer antes de mais nada. Depois o evangelista indica que o fez "entristecido por causa da dureza de seu coração": Jesus sentia tristeza diante da cegueira incurável deles e da sua resistência à verdadeira vontade de Deus. No coração de Jesus só existe amor: a indignação brota de seu amor aos que sofrem, a tristeza nasce de seu amor aos fariseus.

Jesus irá demonstrar com seu gesto curador aquilo que Deus quer que nunca seja esquecido na religião. Diz ao enfermo: "Estende a mão", expande tua vitalidade, desenvolve tuas potencialidades, enche-te de vida e não vivas de forma atrofiada. "O homem a estendeu e a mão ficou curada". O evangelista não diz mais nada. Ninguém se admira, ninguém louva a Deus. Os fariseus "saem" e tramam com os herodianos a maneira de eliminar Jesus.

A atuação de Jesus é um chamado a viver como Ele: fazendo o bem, promovendo a vida, curando feridas, aliviando o sofrimento, ajudando os que são vítimas da desgraça a recuperar sua dignidade.

A verdadeira religião, como Jesus a entende, é aquela que ajuda a viver de maneira mais sadia, mais íntegra e digna. Nunca aquela que escraviza, humilha, paralisa ou impede as pessoas de desenvolver suas qualidades e sua criatividade.

No centro de nossos encontros cristãos e de nossas celebrações devem estar sempre bem presentes os enfermos, os que sofrem, os que precisam de nossa ajuda. Se vivermos com o espírito de Jesus, a prática religiosa não nos levará nunca a esquecer os problemas e sofrimentos dos outros. Pelo contrário, se transformará no melhor estímulo para viver bem atentos aos que sofrem.

⇨ **Para aprofundar-se:** *Marcos*, p. 81-88.

Conversão pessoal

• Para mim o que é mais importante? Fazer o bem ajudando os que passam necessidade ou cumprir bem meus deveres religiosos?

• Como é minha relação religiosa com Deus? Só me serve para preocupar-me com meus problemas, meus pecados, minha família... ou me ajuda a abrir-me a problemas, necessidades e sofrimentos dos outros? Em que devo mudar?

• **Conversa com Jesus.** Fale com Ele da sua prática religiosa. O que Ele lhe diz? Você o sente próximo?

Compromisso com o projeto de Jesus

• Como é percebida a Igreja nos setores que você conhece? Como uma religião preocupada em fazer o bem e ajudar os mais necessitados a viver ou como uma instituição interessada em seus próprios problemas? O que há de verdade nas críticas feitas à Igreja?

• Em que se nota em nós, cristãos, nossa identidade de seguidores de Jesus? Em nossas práticas religiosas? Em nossa ajuda aos necessitados? Em nossa vida moral...?

• Queremos que no centro deste grupo religioso esteja Jesus. Estão junto com Ele também os pobres e desvalidos, que Ele tanto amava? O que podemos fazer para aumentar nossa sensibilidade para com os que sofrem?

Sugestões para a oração

• A pessoa designada lê devagar: "Jesus entrou numa sinagoga e havia ali um homem que tinha a mão atrofiada. Os fariseus estavam à espreita para ver se Ele o curava no sábado para poder acusá-lo. Jesus diz ao homem que tinha a mão atrofiada: 'Levanta-te e vem para o meio'". Depois de alguns momentos de silêncio, aqueles que desejarem vão se pondo de pé para lembrar pessoas que estão sofrendo e as pessoas que eles querem ajudar de alguma maneira: "Ponho-me de pé aqui, neste grupo de Jesus, para lembrar..."

• Podemos cantar ou pronunciar a seguinte canção: "Senhor, Tu és nossa luz".

> Senhor, Tu és nossa luz.
> Senhor, Tu és a verdade.
> Senhor, Tu és nossa paz.
> Querendo acompanhar-nos
> te fizeste peregrino;

> compartilhas nossa vida,
> nos mostras o caminho.
> Não basta rezar a ti,
> dizendo que te amamos;
> devemos imitar-te,
> amar-te nos irmãos.
> Tu pedes que tenhamos
> humilde confiança;
> teu amor saberá encher-nos
> de vida e esperança.

- Podemos meditar e proclamar a seguinte Boa Notícia de Jesus:

Que poderosa manifestação de vida

quando pronunciaste aquela proclamação de liberdade:

não é o homem para o sábado, mas o sábado para o homem!

E te condenaram à morte!

O que aconteceria, Senhor, no mundo

se todos os teus discípulos nos puséssemos a praticar

tua poderosa proclamação de liberdade?

Não é o homem para a lei, mas a lei para o homem.

Não é o homem para o Estado, mas o Estado para o homem.

Não é o homem para a Igreja, mas a Igreja para o homem.

Não é o homem para Deus, mas Deus para o homem (P. Loidi).

17 O paralítico curado de seu pecado (Marcos 2,1-12)

> *Depois de alguns dias, Jesus entrou novamente em Cafarnaum e correu a notícia de que Ele estava em casa. Acorreram tantos que não cabiam nem diante da porta. Jesus começou a anunciar-lhes a Palavra. Trouxeram-lhe então um paralítico carregado por quatro pessoas. Mas, como não conseguiam chegar até Ele por causa da multidão, descobriram o teto em cima*

do lugar onde Ele estava, abriram um buraco e desceram a maca em que jazia o paralítico.

Vendo a fé que eles tinham, Jesus disse ao paralítico:

– Filho, os teus pecados estão perdoados.

Estavam ali sentados alguns mestres da lei, que começaram a pensar consigo mesmos: "Como este homem pode falar assim? Ele está blasfemando! Quem pode perdoar pecados a não ser Deus somente?"

Jesus, percebendo imediatamente o que estavam pensando, lhes disse:

– Por que pensais isto em vosso interior? O que é mais fácil? Dizer ao paralítico: "Teus pecados estão perdoados"? Ou dizer-lhe: "Levanta-te, toma tua maca e anda"? Pois bem! Vereis que o Filho do homem tem na terra poder para perdoar os pecados.

Voltou-se então para o paralítico e lhe disse:

– Levanta-te, toma tua maca e vai para casa.

O paralítico se pôs de pé, e imediatamente pegou sua maca e saiu à vista de todos, de modo que todos ficaram maravilhados e davam glória a Deus, dizendo:

– Nunca vimos coisa igual.

Guia de leitura

Quando Jesus cura a vida, Ele o faz a partir de sua raiz. É o que iremos ver no relato do paralítico perdoado de seus pecados. Jesus reconstrói o enfermo, libertando-o do pecado que o bloqueia a partir de dentro e despertando nele novas forças para enfrentar seu futuro de maneira digna e responsável. Não precisamos nós hoje acolher e celebrar de maneira mais viva o perdão de Deus, para libertar-nos do pecado que paralisa nossa vida e bloqueia a criatividade dos seguidores de Jesus?

Aproximação ao texto evangélico

• **Introdução.** O evangelista nos apresenta diversos detalhes sobre o cenário do episódio: Qual é o mais significativo? É fácil chegar até Jesus e escutar sua mensagem?

• **O paralítico.** Como é descrito este personagem? Notamos que ele não diz nem faz nada? O relato insiste até quatro vezes na "maca". Por que esta insistência? Terá algum significado?

• **Os amigos do paralítico.** Lemos devagar sua atuação, descrita com todos os detalhes. O que pensamos da atitude deles? O que os move? Consideramos importante ajudar outros a aproximar-se de Jesus?

• **O perdão concedido por Jesus.** Por que Jesus atua? Pedem-lhe alguma coisa? Você se surpreende com o que Ele diz ao paralítico? O que pode ter sentido aquele enfermo ao ouvir Jesus: Alegria, decepção, confiança...? É do perdão que mais necessitamos?

• **Os mestres da lei.** Por que eles são os únicos que estão sentados? O que podemos pensar de seu silêncio? Eles se importam com o paralítico? É grave o que eles pensam de Jesus?

• **O raciocínio de Jesus.** Entendemos o que Ele diz aos mestres da lei? Na realidade, o que é mais fácil: Perdoar ou curar? O que Jesus quer demonstrar?

• **A cura.** Jesus dá três ordens ao paralítico. Podemos comentar a força de suas palavras? Como reagem as pessoas? Por que dão glória a Deus? Você sintoniza com seu elogio?

Comentário

Curar a vida a partir da raiz

Ao curar o homem da mão atrofiada, vimos que Jesus revela que Deus busca, antes de mais nada, uma vida digna e sadia para seus filhos e filhas: inclusive a religião deve estar a serviço da vida do ser humano. Agora, na cura do paralítico, vamos descobrir que Deus quer curar nossa vida libertando-nos do pecado, que arruína nossa vida a partir da raiz.

O episódio acontece em Cafarnaum, na casa de Pedro, onde, ao que parece, Jesus mora depois de ter abandonado sua família de Nazaré. No entanto, Marcos apresenta alguns traços estranhos: a casa se transformou num lugar de reunião; as pessoas acorrem a ela como se fosse uma sinagoga; dentro está Jesus "pregando a Palavra"; ali estão sentados também alguns mestres da lei; a aglomeração é tanta que não é possível chegar até Jesus.

Trazem a Jesus um "paralítico". Trata-se de um homem anônimo e sem voz, mergulhado na invalidez e passividade total. Não fala nem diz nada: nem sequer para pedir ajuda a Jesus. Não consegue mover-se por si mesmo. Não tem iniciativa alguma. Vive amarrado a uma "maca", da qual não consegue levantar. Seu mal é protótipo de incapacidade para aproximar-se de Jesus. Se não houver ninguém que o ajude, nunca se encontrará com Ele. Não é esta a situação de muitas pessoas que conhecemos e amamos?

Em contraste com a imobilidade do paralítico, quatro amigos que lhe querem bem de verdade se mobilizam com todas as suas forças e seu talento para aproximá-lo de Jesus. Não se detêm diante de nenhum obstáculo. Não podem chegar pela porta, porque está obstruída. Não importa. Farão o que for necessário para levar o paralítico até "onde está" Jesus pregando a Boa Notícia de salvação. Sabem que Jesus pode ser o começo de uma nova vida para seu amigo.

Tudo começa com um olhar de Jesus, que "vê", no fundo dos esforços dos amigos que trazem o paralítico, "a fé que eles têm em sua pessoa". E imediatamente, sem que ninguém lhe tenha pedido nada, pronuncia estas palavras que podem mudar para sempre uma vida: "Filho, os teus pecados estão perdoados". Deus te compreende, te ama e te perdoa.

Jesus o chama afetuosamente de "filho", porque na verdade ele é filho deste Deus Pai que não exclui ninguém de seu amor: nem mesmo um filho pecador. Jesus vai diretamente ao fundo da realidade. O que está na raiz de seu mal, paralisando sua vida e bloqueando sua liberdade, é o pecado. É este o obstáculo que o separa da vida que Deus quer para ele. Por isso Jesus lhe oferece seu perdão gratuitamente, de maneira incondicional e imerecida.

Marcos nos diz que havia ali alguns "mestres da lei". Em contraste com os quatro amigos, movidos por sua fé simples a ajudar o paralítico, eles estão "sentados". Não se preocupam com aquele enfermo e não têm fé alguma em Jesus. Consideram-se mestres e juízes. Falam com segurança absoluta: sabem tudo acerca de Deus. Não questionam sua própria maneira de pensar: Jesus "está blasfemando". Eles o sabem porquê, de acordo com a teologia oficial, para receber o perdão de Deus é necessário subir ao templo e oferecer os sacrifícios de expiação prescritos pela lei.

Jesus intui "o que eles pensam em seu interior". Não entra em discussões teóricas sobre Deus. Não é necessário. Ele vive cheio de Deus. E este Deus, que é só Amor, o impele a perdoar gratuitamente os pecadores, libertando sua vida do pecado. Mostrará aos letrados seu poder invisível de perdoar os pecados, fazendo-lhes ver seu poder visível de curar aquele paralítico: "O que é mais fácil? Dizer ao paralítico: 'Teus pecados estão perdoados'? Ou dizer-lhe: 'Levanta-te, toma tua maca e anda'?" Jesus realizará diante de seus olhos aquilo que, de um ponto de vista superficial, pode parecer mais difícil. Curará o paralítico para que creiam que seu perdão não é uma palavra vazia.

Os letrados conhecem as Escrituras e sabem que no livro de Daniel se fala de um personagem extraordinário que é chamado "Filho de homem" (humano). O profeta diz que a este "Filho de homem" Deus deu "poder, glória e reino" e que "seu poder é eterno e nunca passará" (Daniel 7,14). Jesus os convida a crer que Ele é precisamente este Filho de homem a quem Deus concedeu o poder de perdoar gratuitamente o pecado. Nós, que queremos seguir Jesus, devemos crer nisto com uma confiança inquebrantável, porque sabemos que nos está sendo oferecido dia após dia, de maneira gratuita e imerecida, o perdão de Deus que cura nossa vida.

Depois deste longo preâmbulo, Jesus passa à ação. Dá ao paralítico três ordens: "Levanta-te", põe-te de pé, recupera tua dignidade, liberta-te do que paralisa tua vida. "Toma tua maca", enfrenta a vida com fé renovada, não tenhas medo de carregar o teu passado, estás perdoado. "Vai para casa", aprende a conviver de maneira criativa e responsável com os teus. Estás perdoado de teus pecados e curado de tua paralisia.

O paralítico não diz nada, mas "se põe de pé, imediatamente pega sua maca" e vai para sua casa. Todos podem vê-lo cheio desta vida nova que Jesus lhe infundiu com suas palavras. Enquanto o paralítico se põe de pé, a acusação de "blasfemo" cai por terra. Nada nos é dito sobre a reação dos mestres da lei. As pessoas, pelo contrário, ficam admiradas e "dão glória a Deus, dizendo: 'Nunca vimos coisa igual'".

Não louvam a Deus por alguma doutrina que ouviram de Jesus, mas por algo que eles próprios puderam "ver". Deus não é alguém longínquo e distante, que vive irado, ofendido por nossa vida cheia de pecados. Pelo contrário, está em Jesus, oferecendo-nos continuamente seu perdão. O amor perdoador de Jesus está sempre ali, penetrando todo o nosso ser por dentro e por fora. Incompreensível, insondável, infinito. Só amor.

Uma coisa é clara. Não podemos seguir Jesus por causa de nosso pecado, que nos faz viver como "paralíticos" que não sabem erguer-se do imobilismo, da inércia ou da passividade. Não precisamos reavivar entre nós a acolhida do perdão que nos é oferecido em Jesus? Este perdão pode pôr-nos de pé, libertar-nos daquilo que nos bloqueia interiormente e devolver-nos a alegria, a vida e a capacidade de comprometer-nos a fazer um mundo mais fraterno, mais sadio e mais digno do ser humano. Com Jesus tudo é possível. Nossa vida pode mudar. Nossa fé pode ser mais livre, criativa e audaz.

⇨ **Para aprofundar-se:** *Marcos*, p. 65-71.

Conversão pessoal
- Existem em minha vida pecados que me deixam bloqueado e me impedem de seguir Jesus com liberdade? Quais?

• Sei buscar o perdão de Deus? Como? Aproximo-me do sacramento da reconciliação? Ele me dá forças para reavivar meu seguimento de Jesus? Preciso aprender a viver do perdão de Deus? O que posso fazer?

• **Conversa com Jesus.** Você o sente como fonte de perdão contínuo? Você sabe acolhê-lo?

Compromisso com o projeto de Jesus

• Quais são os pecados que mais paralisam os cristãos no momento atual? O que é que cria mais obstáculos à inovação e à criatividade na Igreja?

• Podemos nós introduzir mais criatividade em nossas paróquias e comunidades? Como trazer um espírito de maior liberdade, responsabilidade e compromisso?

• Como é celebrado o sacramento do perdão em nossas paróquias e comunidades cristãs? Apresente aspectos positivos e negativos. Como se pode melhorar? Que contribuição podemos dar?

Sugestões para a oração

• Podemos celebrar a acolhida do perdão recordando que todos nós vivemos do perdão que Deus nos concede sem cessar.

Tu estás perto, Senhor.
Estás sempre nos oferecendo teu amor.
Perdão por nossa falta de fé.
Respeitas nossa liberdade, caminhas conosco,
sustentas nossa vida e não nos damos conta.
Perdão por nossa mediocridade.
Tu nos ajudas a conhecer-nos,
nos falas como a filhos,
nos animas a viver, e não te escutamos.
Perdão por nossa falta de acolhida.
Tu nos amas com ternura,
queres o melhor para nós,

e não te agradecemos.
Perdão por nossa ingratidão.

- Depois, um membro do grupo vai recordando a cada um as palavras de perdão de Jesus, chamando-o por seu próprio nome: "Filho, os teus pecados estão perdoados".

- Podemos reavivar a fé do grupo pronunciando a seguinte oração:

>Senhor, Tu sempre me destes a força necessária
>e, embora eu seja fraco,
>*creio em ti.*
>Senhor, Tu sempre colocas paz em minha vida
>e, embora eu viva perturbado,
>*creio em ti.*
>Senhor, Tu sempre me proteges na provação
>e, embora eu sofra,
>*creio em ti.*
>Senhor, Tu sempre iluminas as minhas trevas
>e, embora eu não tenha luz,
>*creio em ti.*

- Para rezar no silêncio do coração:

>Espírito Santo de Jesus,
>concede-nos voltar para ti
>em todo momento.
>Frequentemente esquecemos
>que Tu habitas em nós.
>Tua presença em nós
>é confiança e contínuo perdão (H. Roger de Taizé).

18 O leproso curado da exclusão (Marcos 1,40-45)

Aproximou-se dele um leproso e, de joelhos, suplicou:

– Se queres, podes limpar-me.

Jesus se compadeceu, estendeu a mão, tocou-o e lhe disse:

– Eu quero, fica limpo.

No mesmo instante a lepra desapareceu e ele ficou limpo.

Com uma severa advertência, logo o despediu dizendo-lhe:

– Não digas nada a ninguém. Vai, apresenta-te ao sacerdote e oferece por tua purificação o que foi prescrito por Moisés, para que conste contra eles.

Mas ele, logo que saiu, começou a divulgar aos gritos o ocorrido, de modo que Jesus já não podia entrar publicamente em nenhuma cidade. Precisava ficar fora, em lugares despovoados e, mesmo assim, continuavam acorrendo a Ele de todas as partes.

Guia de leitura

Não é possível viver de maneira humana sem conviver dignamente com os outros. No relato do leproso "limpado" por Jesus vamos ver que Ele não só cura a vida; cura também a convivência do dano produzido pelas exclusões. Deus não discrimina nem exclui ninguém de seu amor. Nós, os seguidores de Jesus, somos chamados a trabalhar por uma Igreja e uma sociedade onde ninguém seja excluído nem marginalizado.

Aproximação ao texto evangélico

• **O leproso.** Sabemos algo a respeito da exclusão social e religiosa dos leprosos na Galileia? Podemos ler o que foi prescrito pela lei no Levítico 13,45-46. O que achamos da atuação deste leproso? Por que ele se põe de joelhos? O que exatamente ele pede a Jesus?

• **Atuação de Jesus.** Qual é sua primeira reação? Você sintoniza com sua compaixão? Ela o atrai? Na sua opinião, parece-lhe um traço importante em Jesus? Entendemos bem seus dois gestos? Por que Ele estende a mão? Por que o toca? Era necessário?

• **As palavras de Jesus.** Você considera importante o que Ele diz ao leproso? O que é que Jesus quer? Apenas curar um enfermo ou algo mais?

• **Despedida do enfermo.** Causa-nos surpresa o fato de Jesus pedir ao leproso para guardar silêncio? Qual pode ser o motivo? Por que Ele o manda apresentar-se a um sacerdote? Para que era necessária a intervenção do sacerdote? Observamos o contraste que existe entre a atuação compassiva de Jesus e a intervenção ritual do sacerdote?

• **Conclusão do relato.** Você percebe o tom irônico do narrador? Por que Jesus se vê obrigado a "ficar fora, em lugares despovoados"? Não parece Ele um leproso?

Comentário

Curar a vida dos excluídos

Jesus anda pregando sua mensagem por toda a Galileia. De maneira inesperada, um "leproso", rompendo as normas religiosas e sociais que o obrigam a viver excluído de todo contato, "se aproxima" de Jesus. Seu desejo de sair da miséria e da marginalização é, sem dúvida, maior do que seu temor de infringir a lei. Ele precisa de Jesus!

Estes leprosos mencionados nos relatos evangélicos não são vítimas da "lepra" que conhecemos hoje (enfermidade de Hansen ou hanseníase). São pessoas afetadas por diversas doenças da pele (micose, psoríase, sarna, eczemas) que, ao estender-se por todo corpo, produzindo descoloração, erupções e chagas purulentas, resultam especialmente repugnantes. O leproso não era só um enfermo, mas um ser estigmatizado, sem lugar na sociedade, sem acolhida em lugar nenhum.

Uma vez declarado impuro, o leproso ficava excluído do acesso ao templo do Deus santo e, portanto, da convivência com seu povo. Os leprosos não eram separados por medo de contágio (sua doença não era necessariamente contagiosa), mas por serem considerados "impuros" que podem contaminar os que pertencem ao povo santo de Deus. A prescrição da lei era cruel: "O afetado pela lepra [...] irá gritando: 'Impuro, impuro'. Durante todo o tempo em que durar a lepra, será impuro e viverá isolado, fora dos povoados?" (Levítico 13,45-46).

O comportamento, sancionado pelas Escrituras, era claro: a sociedade deve excluir os leprosos, porque são impuros diante de Deus. Numa sociedade como a da Galileia, onde o indivíduo só pode viver integrado em sua família e em sua aldeia, esta exclusão significa uma tragédia. O leproso se sente como um ser amaldiçoado por Deus, sujo e repugnante para todos. Sua maior angústia é pensar que talvez nunca poderá voltar para os seus, casar, ter filhos, participar das festas e peregrinações. Abandonados por Deus e pelos homens, excluídos da convivência religiosa e social, estes enfermos constituem o setor mais marginalizado da Galileia. Mas, estão realmente abandonados por Deus ou têm um lugar privilegiado em seu coração?

De acordo com o relato, o leproso se aproxima de Jesus, mas imediatamente se prostra a seus pés e, de joelhos, lhe faz seu pedido a partir do chão. Ele sabe que está transgredindo a lei. Apresenta-se como um ser indigno e culpado. Talvez tema que Jesus se aborreça por causa de sua ousadia. Seu gesto está suplicando piedade aos gritos.

Seu pedido é breve e simples: "Se queres, podes limpar-me". Sua confiança no poder salvador de Jesus é total. Não duvida que Jesus possa limpá-lo, mas não está seguro de que Ele queira fazê-lo. Aquele homem de Deus atrever-se-á a ir contra o que foi prescrito pela lei, pela religião do templo e pela sociedade inteira? O leproso não pede para ser curado, mas para ficar "limpo", ou seja, que Jesus elimine o obstáculo que o separa de Deus e o exclui de seu povo santo. Será que Ele o fará?

Jesus não recua horrorizado. Ao que parece, está sozinho. Talvez as pessoas e os discípulos fugiram da presença do leproso. De acordo com o evangelista, Jesus "se compadece". O texto diz literalmente que "suas entranhas estremeceram". A expressão indica a comoção profunda de Jesus. Ele sente compaixão não só por aquele leproso que se encontra a seus pés, mas pela situação de miséria e exclusão de tantos enfermos marginalizados pela religião e por aquela sociedade que se considera "povo santo" de Deus.

Ao gesto do enfermo Jesus responde com dois outros gestos: "estendeu a mão" e "o tocou". Estende a mão para transmitir-lhe sua força curadora. Toca sua pele repugnante para libertá-lo de medos e tabus, mas também para convidar todos a superar a exclusão, entrando em contato com os que parecem malditos. O leproso havia violado a lei ao aproximar-se de Jesus. Agora Jesus completa a transgressão de maneira mais grave com seu contato físico. A atuação de Jesus diz tudo: a lei religiosa, que marginaliza estes infelizes, não expressa a verdadeira vontade de Deus. Deus acolhe a todos, sem excluir ninguém. Assim deve atuar também seu povo.

Às palavras do leproso Jesus responde com as suas: "Eu quero, fica limpo". O leproso precisa saber o que Jesus quer: a lei não tem piedade dos leprosos; Ele, pelo contrário, se comove até às entranhas por causa da situação deles; a lei não pensa nos que ficam excluídos; Jesus, pelo contrário, põe sempre o bem da pessoa acima da lei. O evangelista diz que "no mesmo instante a lepra desapareceu e ele ficou limpo". Acontece o contrário do que diz a lei: o contato físico com o leproso não contamina Jesus, mas limpa o leproso. Em Jesus, Filho de Deus encarnado, nos é revelado que a exclusão não vem de Deus, mas dos homens: quem marginaliza não é Deus, mas a instituição religiosa. Aprenderemos nós, seus seguidores, a viver sem excluir nem marginalizar ninguém?

Ao despedir o leproso, Jesus lhe pede encarecidamente que guarde silêncio e não conte a ninguém o ocorrido. Não é fácil interpretar esta proibição. Sabemos que o evangelho de Marcos apresenta Jesus proibindo que seus discípulos falem dele. Ao que parece, Ele teme que o povo seja levado a graves mal-entendidos, vendo nele um Messias de caráter político e revolucionário (segredo messiânico). Neste caso, Jesus talvez tema que o leproso curado o apresente como mais um curandeiro, desvirtuando toda a novidade que Jesus introduz ao suprimir a exclusão religiosa, revelando a verdadeira vontade de um Deus que acolhe a todos.

Mas Jesus lhe pede que se apresente a um sacerdote para que o declare oficialmente "limpo" e ele possa integrar-se no povo de Deus. Era competência dos sacerdotes levar a cabo um minucioso exame do leproso e um conjunto de ritos de purificação antes de autorizá-lo a incorporar-se novamente na convivência. Este ritual tinha como objetivo fazer constar diante do povo a cura do enfermo. Mas Jesus pede ao curado que se submeta ao que está prescrito para que conste "como prova contra eles". A expressão é enigmática e admite diversas leituras. Possivelmente se quer reafirmar que a cura levada a cabo por Jesus, movido por sua compaixão e sem requisitos nem purificações rituais, deverá servir de prova "contra" a dureza daquele sistema religioso que não ajuda os excluídos, mas deles exige complicadas condições rituais para sair da exclusão.

O relato culmina com um final bastante enigmático e cheio de ironia. O leproso, que estivera incomunicável, "começa a divulgar aos gritos" o ocorrido. Pelo contrário, Jesus, que o libertou da exclusão, se vê obrigado a "ficar fora, em lugares despovoados", como se fosse um leproso. Por que não pode entrar publicamente em nenhuma cidade? Quer evitar as aclamações das pessoas? Será que o consideram um homem impuro? O evangelista termina seu relato dizendo que, apesar de permanecer em lugares despovoados, "continuavam acorrendo a Ele de todas as partes".

De maneira inconsciente vivemos cativos de uma rede invisível de barreiras e preconceitos, tão profundamente interiorizados pela sociedade e pela religião que são eles que nos ditam a quem acolher e a quem rejeitar, com quem tratar e a quem evitar. Parece-nos a coisa mais normal pensar que nossa raça é superior a outras, que nossa pátria é mais nobre, que nossa religião é mais respeitável, que nossos direitos são mais exigíveis. Sem dar-nos conta levantamos muros e barreiras para excluir os que podem pôr em perigo nosso bem-estar ou "contaminar" nossa tranquilidade: pessoas de outras raças, imigrantes, indigentes, doentes mentais, delinquentes que passaram pela prisão, prostitutas, grupos homossexuais... Inclusive, a partir da Igreja, podemos reforçar estas marginalizações ou produzir outras de caráter religioso: membros de outras religiões, cristãos afastados a Igreja, casados de maneira irregular, mulheres que abortaram...

Seguir Jesus é comprometer-se com este "movimento de compaixão" que Ele iniciou, para introduzir na história humana um "amor não excludente", que vá eliminando barreiras de natureza racial, religiosa, social, cultural, econômica, sexual...

⇨ **Para aprofundar-se:** *Marcos*, p. 57-63.

Conversão pessoal

• Vivo em atitude aberta e acolhedora ou tenho tendência a discriminar as pessoas de acordo com sua ideologia política, sua atuação religiosa, sua condição econômica, sua origem, sua fama moral, sua enfermidade...?

• Sinto compaixão pelos setores marginalizados pela sociedade ou pela religião, ou os olho com indiferença? Posso fazer algo mais para eliminar o sofrimento de alguns marginalizados?

• **Conversa com Jesus.** Dialogue com Ele. Lembre tantas pessoas excluídas. O que elas dizem a você?

Compromisso com o projeto de Jesus

• Quais são os grupos mais marginalizados e excluídos em nossa sociedade? Observamos uma tendência a eliminar marginalizações ou, pelo contrário, a endurecê-las? Tomamos consciência da exclusão social entre nós.

• Conhecemos pessoas concretas ou grupos que se sentem marginalizados pela Igreja? Como vivem sua marginalização? Como reagimos nós, os outros crentes?

• De quais marginalizados podemos aproximar-nos para compartilhar seu sofrimento, defender seus direitos e acompanhá-los para recuperar sua dignidade social?

Sugestões para a oração

• Rezamos juntos a seguinte oração. Depois destacamos algumas frases:

> Nos pobres e marginalizados de sempre,
> nos emigrantes e desempregados sem horizonte,
> nos viciados e alcoólicos sem presente
> nas mulheres maltratadas,
> nos anciãos abandonados,
> nas crianças indefesas,
> nas pessoas machucadas,
> em todos os feridos à beira do caminho,
> queremos buscar-te e encontrar-te,
> ver-te, descobrir-te, acolher-te, abraçar-te (F. Ulíbarri).

• Para tomar mais consciência de nossa responsabilidade diante dos marginalizados, rezamos todos juntos este "salmo do emigrante". Terminamos a oração com alguns minutos de silêncio.

> Dos confins da terra clamo a ti,
> volta para mim teus olhos.
> Sê Tu, meu Deus, minha torre inexpugnável,
> a balsa que não naufraga,
> o alambrado que cede diante de meus pés.
> Refugia-me dentro de ti e torna-me
> invisível para que ninguém me alcance
> nem possa perseguir-me;
> para que ninguém possa abusar
> de minha pobre condição
> nem me arrebate a vida.
> Sê Tu meu escudo e fiador,
> Porque precisei abandonar
> minha casa por causa da fome;
> precisei fugir da injustiça
> criada pela justiça dos ricos.
> Sê Tu meu passaporte, porque
> lá onde chegam as mercadorias
> eu não sou recebido...

Quem me dera ser sempre teu protegido!
Mas eu percorrerei a terra
que fizeste para todos
e plantarei minha tenda lá onde
encontrar leite e pão para o meus (C. Ruiz de Alegría).

- Para rezar no silêncio do coração:

Deus de misericórdia,
o Evangelho dá a entender
esta boa notícia.
Ninguém está excluído
nem de teu amor
nem de teu perdão (H. Roger de Taizé).

19 Amigo de pecadores (Marcos 2,13-17)

Jesus voltou para a beira do lago. Toda a multidão acorria a Ele e Ele os ensinava. Ao passar, viu Levi filho de Alfeu, que estava sentado em sua banca para recolher impostos e lhe disse:

– Segue-me.

Ele se levantou e o seguiu.

Mais tarde, enquanto Jesus estava sentado à mesa na casa de Levi, muitos publicanos e pecadores se sentaram com Ele e seus discípulos, pois já eram muitos os que o seguiam. Os mestres da lei do partido dos fariseus, ao ver que Jesus comia com pecadores e publicanos, diziam a seus discípulos:

– Por que Ele come com publicanos e pecadores?

Ouvindo isto, Jesus lhes disse:

– Os que têm saúde não precisam de médico, e sim os enfermos. Eu não vim chamar justos, mas pecadores.

Guia de leitura

Jesus foi chamado de "amigo de pecadores", e nunca o desmentiu, porque era verdade. Por isso tinha o costume de comer com pecadores e pessoas indesejáveis, sem excluir ninguém de sua mesa. Estas refeições eram o gesto mais expressivo e também mais escandaloso do grande projeto do Pai: uma comunidade humana que não exclua ninguém do perdão. Nós, seguidores de Jesus, devemos ser conhecidos por nossa capacidade de compartilhar a mesa com todos, sem excluir sequer os pecadores.

Aproximação ao texto evangélico

- **O publicano Levi chamado por Jesus.** Quem eram os "publicanos" ou cobradores de impostos? Que fama tinham? Qual era sua situação na sociedade religiosa de Israel? Intuímos o escândalo que Jesus pode provocar ao associar Levi ao seu grupo de seguidores?

- **Jesus come com "pecadores".** Quem era designado com este qualificativo? O que você sente ao ver Jesus e seus discípulos celebrando um banquete, misturados com um grupo numeroso de "pecadores"? Imaginamos hoje uma cena semelhante numa igreja cristã?

- **Crítica dos mestres da lei.** A quem eles se dirigem? Por que pedem explicações? O que os incomoda? Preocupam-se com os pecadores ou consigo mesmos?

- **Resposta de Jesus.** Lemos devagar o refrão lembrado por Jesus: Como Ele olha os pecadores? Como entende sua acolhida aos pecadores? Alguma vez você sente Jesus como médico? Quando? Lemos agora as palavras de Jesus sobre sua missão: Por que Ele não vem chamar os justos? Eles não precisam? Por que chama os pecadores? Estão mais bem dispostos?

Comentário

Compartilhar a mesa com pecadores

Jesus anda pregando sua mensagem à beira do lago, nos arredores de Cafarnaum. Era um de seus lugares preferidos para anunciar a Boa Notícia de Deus. As pessoas acorrem a Ele de todas as partes. Seu olhar penetrante observa tudo. Ao passar, vê Levi filho de Alfeu, sentado em sua banca para coletar impostos, e lhe diz: "Segue-me". As pessoas devem ter ficado surpresas e escandalizadas: Como pode aquele Profeta de Deus chamar um coletor de impostos para segui-lo a fim de fazer parte de seu grupo mais próximo?

Quem são estes cobradores de impostos chamados tradicionalmente de "publicanos"? Não devemos confundi-los com os arrecadadores dos tributos do Império sobre as terras e os produtos do campo: Roma confiava esta tarefa a famílias poderosas e bem selecionadas, que respondiam com sua fortuna por sua cobrança eficaz. Os "publicanos" que aparecem nos relatos evangélicos são os arrecadadores que cobram impostos de mercadorias ou direitos de trânsito nas fronteiras das províncias, nas pontes ou na entrada de cidades importantes. Neste grupo estão os "chefes de publicanos", homens ricos e poderosos, como Zaqueu, que controlam e exploram as bancas de impostos de uma determinada região, e os "subalternos", que se sentam em suas bancas de cobrança, como Levi.

Estes últimos formavam um grupo de pessoas que não haviam conseguido encontrar um meio melhor para subsistir. Seu trabalho, considerado uma atividade própria de ladrões e indivíduos pouco honrados, era tão desprezado socialmente que às vezes se recorria aos escravos para cobrar os impostos. Os publicanos eram provavelmente o protótipo de pecadores, privados da bênção de Deus e excluídos de seu povo santo. Sua conversão era considerada algo praticamente impossível, porque não podiam restituir o que fora roubado a tantas pessoas em trânsito.

Sem dúvida, Levi era um homem conhecido em Cafarnaum no grupo de publicanos, que certamente devia ser bastante numeroso. Não devemos esquecer que Cafarnaum era uma cidade fronteiriça entre a Galileia de Antipas e o território governado por seu irmão Filipe. Por seus arredores passava uma estrada comercial importante, chamada *Via Maris*, onde se cobravam os impostos das ricas mercadorias provenientes do Extremo Oriente.

Jesus não se importa com a má reputação que Levi possa ter entre seus vizinhos. Rompendo mais uma vez as discriminações sociais e religiosas, Ele o chama a segui-lo. Seu chamado significa para Levi uma mudança total de vida. Não se dedicará mais ao seu negócio. Aprenderá a viver a partir de Jesus e colaborará em seu projeto. Não importa seu passado à margem das leis religiosas. Nem sua conduta mais ou menos imoral. Começa para ele uma vida nova. Com Jesus tudo é possível.

Cheio de alegria e agradecimento, provavelmente é ele quem organiza em sua casa um banquete para celebrar sua nova vida. A cena descrita pelo evangelista é insólita. Os setores religiosos de Cafarnaum não podem admitir um escândalo semelhante. Jesus está sentado à mesa, presidindo uma estranha refeição. Por um lado, sentam-se à mesa os "discípulos" que o seguem. Mas sentam-se também "muitos publicanos e pecadores", convidados sem dúvida por Levi. Todos compartilham o mesmo banquete. Em torno de Jesus está começando um movimento libertador no qual caem as barreiras e preconceitos que os homens erguem em nome de Deus.

Levi não convidou apenas seus amigos "publicanos". Junto com eles acorreu também um grupo de indesejáveis, designados com o nome de "pecadores". Jesus acolhe todos eles à sua mesa. A quem se aplicava este grave qualificativo? Os "pecadores" compõem um grupo socialmente reconhecível de pessoas que vivem à margem da lei de Moisés sem dar sinais de arrependimento: usurários, trapaceiros, ladrões, arrecadadores de impostos, prostitutas e delinquentes de todo tipo. Vivem fora da Aliança e são considerados excluídos da salvação. São "os perdidos". Jesus provavelmente fala deles em suas parábolas da "ovelha perdida".

Os mestres da lei, pertencentes ao setor fariseu, não podem suportar aquele espetáculo: Como um homem de Deus se permite acolher amistosamente "publicanos" e "pecadores" ao ponto de compartilhar a mesa com eles? Dirigem-se diretamente aos discípulos, mas sua hostilidade é contra Jesus. Seu tom é depreciativo. Nem sequer pronunciam o nome de Jesus. Sentem-se no direito de pedir explicações: "Por que Ele come com publicanos e pecadores?" Por que não observa a devida separação?

O que mais escandaliza não é ver Jesus em companhia de gente pecadora e pouco respeitável, mas observar que Ele se senta à mesa com eles. Este costume é um dos traços mais surpreendentes e originais de Jesus, talvez o que mais o diferencia de todos os seus contemporâneos e de todos os profetas e mestres do passado. É difícil encontrar algo parecido em alguém considerado por todos como "um homem de Deus".

O assunto é explosivo. Sentar-se à mesa com alguém é sempre uma prova de respeito, confiança e amizade. Não se come com qualquer um. Compartilhar a mesma mesa quer dizer que se pertence ao mesmo grupo. Por isso os setores judeus que querem observar a santidade própria do povo eleito excluem os pecadores. Por que Jesus não faz o mesmo? Por acaso Ele pertence ao grupo de pecadores?

Jesus surpreende a todos. Sua mesa está aberta a qualquer um. Ninguém deve sentir-se excluído. Podem compartilhar sua mesa pessoas de má fama ou moralidade duvidosa, inclusive pecadores que vivem à margem da Aliança. Jesus não exclui ninguém. O reino de Deus é uma mesa aberta, onde todos podem sentar-se, inclusive os pecadores. Por isso a identidade de Jesus e de seus seguidores consiste precisamente em não excluir ninguém.

Quando Jesus ouve a crítica dos letrados fariseus, não deixa que seus discípulos respondam. Ele mesmo intervém, porque quer deixar claro o significado profundo de sua atuação. Em primeiro lugar, recorda-lhes um refrão conhecido provavelmente por todos: "Os que têm saúde não precisam de médico, e sim os enfermos". Desta maneira tão simples Ele muda por completo a perspectiva da formulação: o que preocupa os fariseus é manter intacta sua própria identidade santa, sem contaminar-se com pecadores; o que preocupa Jesus é que os pecadores podem ter necessidade dele para sentir-se acolhidos por Deus.

Com poucas palavras Jesus mostra sua maneira de olhar os que, por razões diferentes, não vivem à altura moral dos que observam as prescrições da lei. Mais do que "pecadores" são "enfermos", mais do que culpados são vítimas do mal. Precisam de ajuda mais que de condenações; precisam de acolhida mais que de exclusão.

Ao mesmo tempo, Jesus revela seu modo de acolhê-los. Aquelas refeições têm para Ele um caráter terapêutico. Ao oferecer-lhes sua confiança e amizade, Ele os liberta da vergonha e da humilhação, os resgata da exclusão, os acolhe como amigos e amigas. Pouco a pouco sua acolhida amistosa os vai curando por dentro. Pela primeira vez se sentem acolhidos por um homem de Deus. Jesus não atua como um mestre que os condena em nome da lei, mas como um médico amigo que quer para eles uma vida mais sadia, digna e feliz. Junto a Jesus, eles começam a intuir que Deus não é um juiz sombrio e perigoso que os espera irado; é um amigo que os procura para oferecer-lhes sua amizade. Não têm nada a temer. Junto a Ele podem beber vinho e cantar canções. Com sua acolhida amistosa, Jesus não está justificando o pecado, a corrupção ou a prostituição. Está rompendo o círculo diabólico da discriminação e abrindo um espaço novo e acolhedor para o encontro deles com Deus.

Jesus termina sua intervenção explicando solenemente sua missão: "Eu não vim chamar justos, mas pecadores". Com sua atuação Jesus provoca uma verdadeira "subversão": os que se acreditam com direito de pertencer ao povo santo de Deus e não sentem necessidade de mudança alguma, porque observam fielmente a lei, são excluídos; os que, por sua condição de pecadores, não podem fazer outra coisa senão reconhecer sua exclusão, são chamados e acolhidos.

⇨ **Para aprofundar-se:** *Mateus*, p. 103-109; *Jesus – Aproximação histórica*, p. 240-252.

Conversão pessoal

• Qual é minha primeira reação diante de pessoas de moralidade duvidosa ou má fama? Rejeição, condenação, exclusão... compreensão, trato normal, acolhida, ajuda? Preciso mudar minha atitude?

• Tive alguma experiência desagradável com delinquentes, viciados...? Como reagi? Tive familiares, amigos ou conhecidos que foram presos? Como agi?

• **Conversa com Jesus.** O que você sente ao meditar sobre a atuação de Jesus com os pecadores? O que esta atuação diz a você?

Compromisso com o projeto de Jesus

• Qual é a atitude mais comum na sociedade diante de grupos como delinquentes, encarcerados, viciados, prostitutas...? O que nos preocupa? Sua vida, sua dignidade e direitos? A segurança cidadã? Fazer justiça...?

• É diferente a atitude dos crentes? Conhecemos pessoas e grupos comprometidos com os problemas dos excluídos (prisão, drogas, prostituição...)? Oferecemos a eles apoio e colaboração?

Sugestões para a oração

• Um membro do grupo lê devagar o texto que segue. Depois fazemos um silêncio um pouco prolongado para pedir a Deus que cure o nosso coração.

Teu pobre filho
O mundo o chama:
　　　　maldito, ladrão, viciado, prostituta,
　　　　bêbado, demente, esquizofrênico, vagabundo,

> terrorista, perdido, preguiçoso, louco, estuprador.
>
> Nós, justos e bons, o chamamos:
> perdido, desastre, maltrapilho, desestruturado, inadaptado,
> melhor esquecê-lo, gastar forças em vão,
> resto de naufrágio, pecador sem remédio
>
> Para ti, Deus:
> Tu, seu Pai sempre.
> Ele sempre teu filho.
> Teu pobre filho, enfermo de amor (J. Zubiaurre).

• Podemos meditar em silêncio a seguinte oração. Depois a recitamos todos juntos:

> Não vieste, Senhor, para julgar,
> mas para procurar o que estava perdido,
> para abraçar com ternura
> o que estava enfermo e frio,
> para libertar de culpas e temores
> o que estava cansado e deprimido.
> Tu, que sabes que somos barro,
> aceita-nos como somos:
> com nosso passado de pecado,
> com o pecado do mundo,
> com nossos pecados pessoais,
> com nossas ambiguidades... (F. Ulíbarri).

20 A prostituta acolhida por Jesus (Lucas 7,36-50)

Um fariseu convidou Jesus para comer com ele. Jesus entrou, pois, na casa do fariseu e reclinou-se à mesa. Então uma mulher, pecadora pública, ao saber que Jesus estava comendo na casa do fariseu, apareceu com um frasco cheio de perfume e colocou-se por trás de Jesus, a seus pés. Chorando, começou a banhar-lhe os pés com suas lágrimas e a enxugá-los com seus cabelos, enquanto os beijava e os ungia com o perfume. Ao ver isto, o fariseu que o convidara pensou em seu íntimo: "Se este fosse um profeta, saberia que tipo de mulher é esta que o está tocando, porque na verdade é uma pecadora". Então Jesus tomou a palavra e lhe disse:

– Simão, tenho algo a dizer-te.

Ele respondeu:

– Fala, Mestre.

Jesus prosseguiu:

– Um credor tinha dois devedores: um lhe devia quinhentos denários e o outro cinquenta. Como não tivessem com que pagar, ele perdoou a dívida a ambos. Qual dos dois o amará mais?

Simão respondeu:

– Suponho que seja aquele a quem mais perdoou.

Jesus lhe disse:

– Julgaste bem.

E, voltando-se para a mulher, disse a Simão:

– Vês esta mulher? Quando entrei em tua casa, não me deste água para lavar os pés; mas ela banhou meus pés com suas lágrimas e os enxugou com seus cabelos. Tu não me deste o beijo da paz; mas esta, desde que entrei, não parou de beijar meus pés. Tu não me ungiste a cabeça com óleo; mas ela ungiu meus pés com perfume. Eu te asseguro que, se ela dá tais mostras de amor, é porque seus muitos pecados lhe foram perdoados; mas aquele a quem pouco se perdoa, mostrará pouco amor.

Em seguida, disse à mulher:

– Teus pecados estão perdoados.

Os comensais começaram a pensar em seu íntimo: "Quem é este que até perdoa os pecados?" Mas Jesus disse à mulher:

– Tua fé te salvou. Vai em paz.

Guia de leitura

Vamos aprofundar-nos mais na acolhida de Jesus aos pecadores. Um incidente provocado por uma prostituta nos permitirá descobrir melhor como Jesus acolhe e defende os pecadores diante dos que os condenam sem respeitar sua dignidade. Seguir Jesus é aprender a olhar como Ele olhava, também a estas pessoas extraviadas que quase todos desprezam.

Aproximação ao texto evangélico

• **Atuação da prostituta.** Você fica surpreso com a presença dela no banquete organizado para convidar Jesus? Por que ela chora? Lemos devagar tudo o que ela faz com Jesus: O que você pensa de sua atuação? O que você lê em todos estes gestos?

• **Reação do fariseu.** O que ele pensa da mulher? O que ele pensa de Jesus? Por que se sente com o direito de julgá-los? Esperava ele que Jesus rejeitasse e expulsasse a mulher? O que sente você ao contemplar Jesus deixando-se tocar por uma prostituta?

• **A parábola.** Quem é o protagonista principal? A atuação do credor surpreende você? Por que ele perdoa os devedores? Qual dos dois devedores lhe será mais agradecido?

• **Aplicação da parábola.** Vá enumerando os gestos da mulher para com Jesus e as desatenções do fariseu. O que mostra este contraste? O que existe no coração da mulher? O que contém a atuação do fariseu?

• **Palavras de Jesus à mulher.** Jesus diz a ela três frases muito importantes. Você pode assinalá-las? O que pode ter sentido aquela mulher? Imagine que Jesus as dirige a você. O que você sente? Quem é este que perdoa os seus pecados?

Comentário

Um olhar diferente

Jesus aceita o convite de um fariseu e entra em sua casa para comer. Sentar-se em torno à mesa é sempre uma boa ocasião para dialogar e anunciar a Boa Notícia de Deus. Os comensais, todos varões, participam da refeição recostados em torno de uma mesa baixa. Ao que parece, não cabem no interior da moradia. O banquete ocorre provavelmente diante da casa, de maneira que os curiosos podem aproximar-se, como era habitual, para observar os comensais e escutar a conversa.

De repente apresenta-se uma prostituta da localidade. O fariseu Simão a reconhece e se sente incomodado e nervoso. Conhece bem estas prostitutas que se aproximam no final dos banquetes em busca de clientes. Esta mulher pode contaminar a pureza dos comensais e estragar o banquete. As prostitutas que aparecem nos relatos evangélicos não são prostitutas que trabalham nos bordéis controlados por escravos nas cidades importantes. São prostitutas das aldeias, quase sempre mulheres repudiadas, viúvas empobrecidas ou jovens estupradas. Ao que parece, estas mulheres desprezadas e humilhadas por todos não tardaram a se aproximar das refeições que se faziam em torno de Jesus.

A prostituta se dirige diretamente a Jesus, aproxima-se por trás e se põe junto a seus pés, enquanto Ele continua recostado. O narrador se detém a descrever detalhadamente os gestos da prostituta, cheios de emoção, gratidão humilde e amor transbordante. A mulher atrai com seus gestos a atenção de todos os comensais.

Ela não diz nada. Só consegue chorar copiosamente. Não sabe como expressar sua alegria e agradecimento. Suas lágrimas regam os pés de Jesus. Esquecendo-se de todos os presentes, ela solta a cabeleira e, esfregando suavemente, os vai secando. É uma desonra para uma mulher soltar o cabelo diante de varões, mas ela não repara em nada: está acostumada a ser desprezada. Depois beija repetidamente aqueles pés queridos e, abrindo o pequeno frasco que traz pendurado ao pescoço, os unge com um perfume precioso de mirra. É difícil não pensar num texto do livro de Isaías, onde se pode ler: "Quão formosos são sobre os montes os pés do mensageiro que anuncia a paz, que traz a boa notícia e proclama a salvação!" (Isaías 52,7).

O fariseu contempla a cena horrorizado. A atuação atrevida da mulher e a acolhida serena de Jesus o enchem de indignação. Seu olhar de homem perito nas tradições farisaicas só vê naquela mulher uma "pecadora" indigna, que está contaminando a pureza dos comensais; não repara em suas lágrimas; só vê nela os gestos desavergonhados de uma mulher de seu ofício, que só sabe soltar o cabelo, beijar, acariciar e seduzir os homens com seus perfumes. Seu olhar de desprezo o impede, além disso, de reconhecer em Jesus o profeta da compaixão de Deus: sua acolhida serena da mulher o desconcerta; este não pode ser profeta.

O olhar de Jesus é diferente. Naquele comportamento que tanto escandaliza o fariseu Simão, Ele só vê o amor grande e agradecido de uma mulher que se sabe muito amada e perdoada por Deus. Simão não o pode nem suspeitar. Jesus, que até agora se manteve em silêncio, pede sua atenção, porque quer revelar-lhe uma maneira nova de ver as coisas: "Simão, tenho algo a dizer-te".

Jesus lhe conta uma pequena parábola que fala de um credor e dois devedores. O relato é simples e claro. De maneira surpreendente, o credor perdoa a dívida aos dois. Sem dúvida é um homem generoso, que compreende os apuros dos que não conseguem pagar o que devem. A dívida de um é grande: quinhentos denários, o soldo de quase dois anos de trabalho no campo, uma quantia quase impossível de pagar para um camponês. A dívida do outro chega apenas a cinquenta denários, uma soma mais fácil de conseguir, o soldo de sete semanas. Jesus termina com uma pergunta: Qual dos dois será mais agradecido ao credor? A resposta de Simão é lógica: "Suponho que seja aquele a quem mais perdoou".

Jesus passa imediatamente à aplicação concreta da parábola. Vai ensinar o fariseu a olhar a prostituta de maneira diferente: "Vês esta mulher?" Com admirável pedagogia, vai destacar os três gestos que a mulher teve para com Ele, em contraste com o descuido mostrado por

Simão ao recebê-lo em sua casa. Os gestos da mulher manifestam seu amor grande e agradecido a Jesus; os esquecimentos de Simão ao atendê-lo mostram sua falta de acolhida e hospitalidade.

Quando Jesus entrou na casa, Simão não lhe ofereceu água para lavar os pés; a mulher, pelo contrário, os banhou com suas lágrimas. Simão não lhe deu o beijo da paz; a mulher não parou de beijar-lhe os pés. Simão não lhe ungiu a cabeça com óleo; a mulher ungiu-lhe os pés com perfume. Tudo fica iluminado pela pequena parábola. Se a mulher "dá tais mostras de amor, é porque seus muitos pecados lhe foram perdoados": a prostituta sabe que é pecadora e que o perdão que ela recebe de Deus é imerecido; sente-se amada por Deus, não por seus méritos, mas pela bondade desse Deus do qual Jesus fala; por isso desperta em seu coração tanto agradecimento e amor. Pelo contrário, "aquele a quem pouco se perdoa, mostrará pouco amor". É o que acontece com Simão: ele sabe que observa a lei; quase não sente necessidade do perdão de Deus; seus pecados são tão poucos que não se sente pecador e tampouco perdoado; por isso a mensagem de Jesus sobre o perdão de Deus o deixa indiferente. Em seu coração não desperta a alegria e o agradecimento. Não pode acontecer conosco algo parecido?

O relato vai chegando ao fim. Diante de todos, Jesus se dirige agora à mulher para confirmar-lhe solenemente o perdão de Deus: "Teus pecados estão perdoados". Aquela pobre mulher, desprezada pelo fariseu Simão e seus amigos, já está desfrutando o perdão de Deus. Cometeu muitos pecados, mas ninguém tem mais amor a Deus do que ela. Os comensais não podem acreditar: "Quem é este que até perdoa os pecados?" É esta a pergunta que o evangelista deixa ressoando, para que nos aprofundemos no mistério que se encerra em Jesus.

As últimas palavras de Jesus são para a prostituta. Esta mulher precisa saber que foi sua fé no amor de Deus que a abriu a seu perdão gratuito e salvador: "Tua fé te salvou". Depois Ele a convida a iniciar uma vida cheia de paz. Seu passado já não importa. Doravante ela pode viver reconciliada com Deus e consigo mesma: "Vai em paz".

Este relato comovedor nos está convidando a reagir diante de Jesus, Profeta da compaixão, no qual nos é oferecido o perdão de Deus. Temos consciência de que todos nós vivemos do perdão imerecido de Deus? E, se todos precisamos viver agradecendo a Deus o seu perdão, como nos atrevemos a viver julgando e condenando levianamente os outros? Quando aprenderemos a olhar a todos com o olhar de Jesus?

No evangelho de Mateus foi conservada uma frase provocativa de Jesus aos dirigentes religiosos de seu povo: "Eu vos garanto que os publicanos e as prostitutas entrarão antes de vós no reino de Deus" (Mateus 21,31). Os escribas falam constantemente da lei; os sacerdotes do templo louvam a Deus sem descanso. Ninguém duvidaria que estão fazendo a vontade de Deus. Mas as coisas nem sempre são como parecem. Os publicanos e as prostitutas não falam de Deus; não se preocupam com a lei; são pecadores desprezados por todos. No entanto, de acordo com Jesus, estão à frente no caminho do reino de Deus. Eles sabem entender e acolher melhor do que ninguém o perdão de Deus.

⇨ **Para aprofundar-se:** *Lucas*, p. 139-145; *Mateus*, p. 247-253.

Conversão pessoal

• Tenho consciência de que vivo do perdão imerecido de Deus? Quando celebro seu perdão? Isto me deixa indiferente ou provoca em mim alegria, agradecimento e amor sincero?

• Sinto-me no direito de julgar a vida dos outros? Quais são os preconceitos morais e religiosos que podem levar-me a condenar interiormente as pessoas? Que pessoas devo aprender a olhar de maneira mais compassiva e acolhedora?

• **Conversa com Jesus.** Sinta com que amor Ele acolhe você como você é. Fale com Ele. Você não poderá mais abandoná-lo.

Compromisso com o projeto de Jesus

• Qual é a atitude mais frequente na sociedade diante das prostitutas e de pessoas de conduta sexual desviada ou imoral? O que pensamos desta atitude social?

• Nos ambientes cristãos que você conhece, temos consciência dos abusos, injustiças e escravidões que se cometem com as mulheres que ganham a vida nas redes da prostituição? Você ouviu falar alguma vez deste problema na sua paróquia?

• Podemos concretizar entre nós algum gesto de denúncia, solidariedade ou apoio a alguma mulher necessitada, crianças, familiares...?

Sugestões para a oração

• Fazemos silêncio em nosso interior; abrimo-nos à presença de Jesus. Ele está vivo no meio de nós. Alguém do grupo vai pronunciando devagar a seguinte oração. Depois, aqueles que desejarem repetem alguma das petições:

> Reina em mim a escuridão,
> mas em ti está a luz.
> Estou só,
> mas Tu não me abandonas.
> Estou desanimado,
> mas em ti está a ajuda.
> Estou intranquilo,
> mas em ti está a paz.
> A amargura me domina,
> mas em ti está a paciência.
> Não compreendo teus caminhos,
> mas Tu sabes o caminho para mim (D. Bonhoeffer).

• Um leitor pronuncia devagar as palavras de Jesus à mulher pecadora. Hoje Ele as dirige a nós. Depois de cada frase fazemos um momento de silêncio:

> – Teus pecados estão perdoados.
> – Tua fé te salvou.
> – Vai em paz.

• Podemos pronunciar juntos o Salmo 103. Recitamo-lo pensando que Deus perdoa inclusive os que nós condenamos:

> O Senhor é compassivo e clemente,
> paciente e misericordioso;
> não está sempre acusando
> nem guarda rancor para sempre.
> Não nos trata como merecem
> os nossos pecados
> nem nos paga segundo nossas culpas...
> Como um pai sente ternura por seus filhos,
> assim o Senhor sente ternura por seus fiéis;
> porque Ele sabe do que somos feitos,
> lembra-se que somos barro.

21 O rico procurado por Jesus (Lucas 19,1-10)

Naquele tempo, Jesus entrou em Jericó e atravessava a cidade. Um homem chamado Zaqueu, chefe de publicanos e rico, procurava ver quem era Jesus, mas a multidão o impedia, porque era baixo de estatura. Correu na frente e subiu numa figueira para vê-lo, porque Ele devia passar por ali. Ao chegar àquele lugar, Jesus levantou os olhos e disse:

– Zaqueu, desce depressa, porque hoje preciso hospedar-me em tua casa.

Ele desceu imediatamente e o recebeu com muita alegria. Ao ver isto, todos murmuravam dizendo:

– Ele foi hospedar-se na casa de um pecador.

Mas Zaqueu se pôs de pé e disse ao Senhor:

– Senhor, vou dar a metade dos meus bens aos pobres; e, se defraudei alguém, lhe restituirei quatro vezes mais.

Jesus lhe respondeu:

– Hoje chegou a salvação a esta casa, pois também este é filho de Abraão. Porque o Filho do homem veio procurar e salvar o que estava perdido.

Guia de leitura

Continuamos aprofundando-nos na amizade de Jesus com os pecadores. Na cidade de Jericó, Jesus procura o rico Zaqueu, oferece lhe sua amizade e entra em sua casa, enquanto todos se escandalizam de seu gesto. Jesus quer deixar claro que Ele "veio procurar e salvar o que estava perdido". Assim Ele está também hoje entre nós: salvando o que nós pusemos a perder.

Aproximação ao texto evangélico

• **Zaqueu.** Aparece descrito com dois traços característicos. Você pode apontá-los? É um homem querido em Jericó? Como é considerado pelas pessoas? Você imagina seu estilo de vida entre seus vizinhos?

• **Atitude de Zaqueu.** Como Zaqueu reage ao saber que Jesus está percorrendo as ruas de Jericó? O que é que ele procura? Que obstáculos ele precisa superar para ver Jesus? O que é que mais surpreende em sua atuação?

• **Atuação de Jesus.** O que Jesus faz para encontrar-se com Zaqueu? Como reagem as pessoas ao ver que Ele se hospeda em sua casa? E você: O que você pensa da maneira de atuar de Jesus? Você entende seu gesto? É fácil para Ele?

• **A acolhida de Zaqueu.** Como reage Zaqueu à sugestão de Jesus? O que você destacaria em seu comportamento? Ele tem motivos para estar contente? Será que não intui o que lhe pode acontecer?

• **A transformação de Zaqueu.** Ele muda sua maneira de ver as coisas? Em quem ele pensa agora? Que decisões ele toma para mudar seu estilo de vida? Na sua opinião, são decisões importantes para seguir Jesus? Por quê?

• **Conclusão.** Como Jesus interpreta o que ocorreu na casa de Zaqueu? Você tem a experiência de ter vivido alguma vez momentos de salvação? O que você sente ao ouvir que Jesus vem procurar e salvar o que está perdido? O que Ele diz a você neste momento de sua vida?

Comentário

Procurar e salvar o que está perdido

A caminho de Jerusalém, Jesus entra na cidade de Jericó, onde vive Zaqueu, um homem bem conhecido de todos. Lucas o descreve com dois traços característicos. É um poderoso chefe dos arrecadadores de impostos que controlam a passagem das mercadorias na região de Jericó, importante encruzilhada de caminhos. Por isso mesmo, é um homem rico que vive explorando as pessoas ao cobrar os impostos e direitos de trânsito.

Zaqueu não é querido em Jericó. As pessoas o consideram um "pecador" que não pode contar com a bênção de Deus. Sua atividade é desprezível, própria de pessoas pouco honradas que vivem explorando os outros. Ele não merece ser chamado "filho de Abraão". Sua própria riqueza o está condenando: ele não serve a Deus, mas ao dinheiro. Certamente, Jesus o condenará.

No entanto, esse homem, desprezado por todos como pecador, "quer ver Jesus". Não é só curiosidade. Quer saber quem Ele é, que mistério se esconde neste profeta que tanto atrai as pessoas. Zaqueu ouviu falar de Jesus, mas não o conhece. Agora que Ele chegou a Jericó, quer vê-lo de perto e encontrar-se com Ele. Não é fácil para um homem rico, instalado em seu mundo de poder e exploração. Mas seu desejo de ver Jesus vai mudar sua vida. Não devemos esquecer isto.

Zaqueu terá que superar diferentes obstáculos. Lucas diz que a multidão o impede de ver Jesus, porque é "baixo de estatura". Talvez esteja sugerindo algo mais profundo do que parece. Zaqueu é "baixo de estatura", sobretudo porque sua vida é motivada por ideais muito pouco nobres: com os olhos postos na riqueza é difícil ver Jesus com clareza. Por outro lado, as pessoas são também um impedimento. Zaqueu precisará superar preconceitos sociais para descer de seu mundo de poder e aproximar-se humildemente de Jesus como mais um necessitado.

Zaqueu dá passos concretos para ver Jesus. E o faz com simplicidade e sinceridade. Corre para adiantar-se à multidão e trepa como uma criança numa figueira no caminho por onde Jesus irá passar. Não lhe importa agir de maneira pouco de acordo com sua dignidade de senhor importante. Ele só procura o momento e o lugar adequado para encontrar-se com Jesus. Nem ele próprio sabe que está procurando paz, verdade, um sentido mais digno para sua vida.

Logo descobrirá que também Jesus o está procurando. Aquele homem, considerado por todos como "pecador", para Jesus é simplesmente uma pessoa que vive "perdida". Por isso, ao chegar ao lugar onde Zaqueu se encontra, "levanta os olhos" para ele. Agora é Jesus quem o olha. O relato sugere um encontro de olhares entre o Profeta defensor dos pobres e o rico explorador de Jericó.

Não há, da parte de Jesus, nenhum gesto de condenação. Ele o chama pelo nome e lhe diz: "Zaqueu, desce depressa". Não há tempo a perder. "Hoje preciso hospedar-me em tua casa." Jesus lhe oferece sua amizade; comerá em sua casa, o escutará, poderão dialogar com calma. Ele quer entrar no mundo do rico.

Zaqueu reage imediatamente ao chamado de Jesus e, cheio de alegria, lhe abre as portas de sua casa. Há momentos decisivos nos quais Jesus passa por nossa vida porque quer salvar o que estamos pondo a perder. Não devemos deixar escapar a oportunidade.

Enquanto isso, todos em Jericó criticam Jesus e se escandalizam porque "entrou na casa de um pecador". Não compreendem sua atitude acolhedora. Não entendem que aquele Profeta, que fustiga com tanta dureza os ricos e os chama de malditos, busque a amizade de Zaqueu. Jesus, mais uma vez, não se deixa vencer pelos preconceitos. Zaqueu precisa dele: Jesus entrará em sua casa.

Lucas não descreve o encontro. Só lhe interessa destacar a profunda mudança que acontece naquele rico. Zaqueu, olhado por Jesus, interpelado por sua palavra, acolhido e respeitado, se deixa salvar por aquele Profeta curador. Sua maneira de olhar a vida se transforma. Já não pensa apenas em seu dinheiro, mas no sofrimento dos pobres. Não pode continuar vivendo como até agora: compartilhará com eles seus bens. Lembra-se também dos que foram vítimas de seus abusos: irá devolver-lhes com abundância o que lhes roubou.

Zaqueu deixa que Jesus introduza verdade, justiça e compaixão em sua vida. De acordo com o relato, Zaqueu "se põe de pé" para falar a Jesus sobre suas decisões. Sente-se outro. Adquiriu outra estatura mais humana. O encontro com Jesus transformou seu coração e toda a sua vida.

O relato culmina com algumas palavras de Jesus que revelam e resumem o que aconteceu na casa de Zaqueu. Em primeiro lugar, todos precisam saber que "hoje chegou a salvação a esta casa". Encontrar-se com Jesus é sempre um momento de salvação. Zaqueu adquiriu uma nova identidade. Era um pecador excluído por todos do povo de Deus. Jesus o declara agora "filho de Abraão".

A origem desta salvação está em Jesus. Conforme Ele próprio diz: "O Filho do homem veio procurar e salvar o que estava perdido". É uma das mais belas definições de Jesus. Não devemos esquecer: acolher Jesus é acolher o Deus encarnado, que em Jesus vem a nós para salvar, reavivar e ressuscitar o nós pusemos a perder.

Jesus se aproxima de todos oferecendo a salvação de Deus, mas nem a todos da mesma maneira. Concretamente, se aproxima dos ricos para "salvá-los", antes de mais nada, de suas riquezas. As vidas dos que são escravos do dinheiro são vidas "perdidas", vidas sem verdade, sem vontade de justiça, sem compaixão pelos que sofrem. Mas Jesus ama os ricos. Não quer que nenhum deles perca sua vida. Todo rico que o deixar entrar em sua casa experimentará sua força salvadora.

Em nosso itinerário andamos procurando Jesus: tentando ver quem Ele pode ser para nós. Se nos deixarmos buscar por Ele, se ouvirmos seu chamado e o deixarmos entrar em nossa vida, experimentaremos sua força salvadora. Ele está no meio de nós para salvar o que está perdido em nós. Ele pode nos libertar do bem-estar fácil, do consumismo desumano e de tantas escravidões materiais que esvaziam nossa vida de justiça, de solidariedade e de compaixão.

⇨ **Para aprofundar-se:** *Lucas*, p. 309-315.

Conversão pessoal

• Como o encontro pessoal com Jesus está mudando minha vida? Em que aspectos está me fazendo crescer como pessoa e como crente?

• Mantenho vivo o desejo de buscar um encontro transformador com Jesus? Quais são as principais dificuldades que preciso superar? Tenho consciência de que, todos os dias, Jesus vai passando por minha vida? Em que momentos devo estar mais atento à sua passagem?

• **Conversa com Jesus.** Ele não quer que você ponha a perder sua vida. Fale com Ele a partir do seu íntimo. Jesus procura a sua amizade.

Compromisso com o projeto de Jesus

• Nossas comunidades cristãs (paróquias, grupos...) são um lugar onde podemos experimentar a força salvadora de Jesus, ainda que de maneira humilde e silenciosa? Apontamos, juntos, os aspectos mais positivos.

• Nossas comunidades são lugares de conscientização, onde aprendemos a olhar a vida a partir dos mais necessitados e abandonados? Como trazer para nossas celebrações os problemas e sofrimentos das pessoas?

• Existem pessoas ou famílias das quais podemos nos aproximar, como Jesus, em atitude amistosa e confiante, superando preconceitos ou barreiras de marginalização? Podemos fazer algum gesto de amizade a pessoas desprezadas e excluídas?

Sugestões para a oração

• Recolhemo-nos por uns momentos. Jesus está aqui, misteriosamente presente. Sentimos sua presença em nosso interior. Todos juntos nos dirigimos a Ele devagar:

>Jesus, se vens à nossa casa,
>não a encontrarás arrumada.
>Nem tudo está limpo, Senhor.
>Não nos atrevemos a deixar-te entrar,
>mas precisamos que venhas.
>Só Tu podes mudar nossas vidas.
>Só Tu podes renovar-nos por dentro.
>Vem e entra em nossa casa,
>como entraste na casa de Zaqueu.
>Precisamos sentir tua salvação.
>Vem. Entra até o fundo em nossa vida.
>Inflama-nos por dentro.
>Reaviva nossas forças e o alento.
>Vem procurar e salvar
>o que estamos pondo a perder (Inspirada em P. Loidi).

• Um leitor pronuncia as palavras de Jesus deixando um espaço de silêncio depois de cada frase, para que todos nós possamos gravá-las em nosso coração:

>– Hoje preciso hospedar-me em tua casa.
>– Hoje pode entrar a salvação em tua casa.
>– Venho procurar e salvar o que está perdido.

• Pedimos todos juntos a Jesus, nosso Mestre e Senhor, que vá nos convertendo. Depois cada um pode acrescentar novos pedidos ou repetir alguns dos que pronunciamos:

> Converte-me primeiro a mim,
> para que eu possa anunciar a outros tua Boa Notícia.
> Dá-me *audácia*.
> Neste mundo cético e autossuficiente
> tenho vergonha e medo.
> Dá-me *esperança*.
> Nesta sociedade medrosa e fechada,
> também eu tenho pouca confiança nas pessoas.
> Dá-me *amor*.
> Nesta terra insolidária e fria,
> também eu sinto pouco amor.
> Dá-me *constância*.
> Neste ambiente cômodo e superficial,
> também eu me canso facilmente.
> Converte-me primeiro a mim,
> para que eu possa anunciar a outros
> tua Boa Notícia (P. Loidi).

22 Felizes os pobres (Lucas 6,17.20-26)

> *Naquele tempo, Jesus desceu do monte com os Doze e parou numa planície com um numeroso grupo de discípulos e uma grande multidão de pessoas, vindas de toda a Judeia, de Jerusalém e da costa de Tiro e de Sidônia.*
>
> *Erguendo os olhos para seus discípulos, Jesus lhes disse:*
>
> *– Felizes os pobres, porque vosso é o reino de Deus.*
>
> *Felizes os que agora passais fome, porque sereis saciados.*
>
> *Felizes os que agora chorais, porque haveis de rir.*

Felizes sereis quando os homens vos odiarem, e vos expulsarem, e vos insultarem e rejeitarem vosso nome como infame por causa do Filho do homem. Alegrai-vos nesse dia e exultai, porque grande será vossa recompensa no céu. É isso que faziam os vossos pais com os profetas.

Mas ai de vós, os ricos, porque já tendes o vosso consolo!

Ai de vós que estais saciados, porque passareis fome!

Ai de vós que agora rides, porque conhecereis o luto e haveis de chorar!

Ai de vós quando todos falarem bem de vós! É isso que faziam os vossos pais com os falsos profetas.

Guia de leitura

Seguindo os passos de Jesus, vamos reconhecendo alguns de seus traços mais característicos. Vimo-lo atuar como curador da vida e como amigo dos pecadores. Agora vamos vê-lo como defensor dos pobres. Começamos recordando seu grito: "Felizes os pobres..." Eles devem estar sempre diante de nossos olhos, porque são os prediletos de Deus.

Aproximação ao texto evangélico

• **As bem-aventuranças.** Utilizando o comentário, comparamos as duas versões das bem-aventuranças lendo Mateus 5,1-12 e Lucas 6,20-26. Que diferença você encontra? Na sua opinião, qual é a diferença mais importante?

• **Bem-aventuranças e ameaças.** Você se surpreende ao encontrar nos lábios de Jesus "ameaças" aos ricos junto com "bem-aventuranças" aos pobres? Como você interpreta isto? Deus não é o mesmo para todos? Comentamos isto entre nós.

- **Ricos e pobres.** De que ricos e de que pobres Jesus fala? (veja-se o comentário). Quando nós falamos de ricos e pobres, em quem pensamos? Nós, membros deste grupo, somos "pobres"? Somos "ricos"?
- **Nossa reação.** O que é que você sente ao ouvir as bem-aventuranças no evangelho de Lucas? Vergonha? Agradecimento? Necessidade de perdão? Um apelo a revisar sua atitude? Desejo de mudar o seu estilo de vida?
- **Efeito das bem-aventuranças.** Não é uma zombaria declarar "felizes" os pobres? Isso lhes serve para alguma coisa? O que é que Jesus procura?
- **As bem-aventuranças e nós.** Que efeito pode ter em nós recordar em nosso tempo estas bem-aventuranças e ameaças de Jesus?

Comentário

O reino de Deus é dos pobres

As bem-aventuranças de Jesus chegaram até nós em duas versões bastante diferentes. Acostumados a lê-las como aparecem no evangelho de Mateus, torna-se duro para nós, cristãos dos países ricos, ler o texto que nos é oferecido por Lucas. A diferença mais importante entre as duas versões é a seguinte:

Mateus recolhe as bem-aventuranças para propor o estilo de vida próprio de um discípulo de Jesus que busca fielmente o reino de Deus e sua justiça. Por isso fala de oito *atitudes*: são declarados felizes os pobres de espírito, os aflitos, os mansos, os que têm fome e sede de justiça, os que praticam a misericórdia, os que vivem com coração limpo, os que buscam a justiça de Deus e por isso são perseguidos.

Lucas, por sua vez, recolhe as bem-aventuranças para declarar que o Evangelho de Jesus não pode ser ouvido de maneira igual por todos. Enquanto para os pobres é uma boa notícia que os convida à esperança, para os ricos é uma ameaça que os chama à conversão. Por isso fala de quatro situações sociológicas (não de atitudes): são declarados felizes os pobres que não têm o necessário para viver; os que passam fome; os que vivem chorando; os que são perseguidos. Além disso, acrescenta quatro ameaças aos ricos, aos que estão saciados, aos que vivem rindo e aos que são elogiados por todos.

As bem-aventuranças de Jesus são provocativas. Na Galileia eram considerados felizes os ricos, os que têm saúde, os que gozam de bem-estar, os que têm boa fama... É algo tão evidente que não precisa de mais explicação: supõe-se que a riqueza, a saúde, o bem-estar... são sinais da bênção de Deus. Mas, quando Jesus declara felizes os pobres, os famintos, os que choram ou são perseguidos, as coisas não são tão claras. Por isso, Ele precisa explicar que a razão última de suas bem-aventuranças está em que o reino de Deus é dos pobres, porque Deus quer ver os famintos comendo, quer ver os que choram rindo e os perseguidos recebendo uma grande recompensa.

É possível que as bem-aventuranças contenham os gritos que Jesus foi lançando pelas aldeias da Galileia em diversas circunstâncias: ao ver a situação das famílias que iam ficando sem terras; ao observar a desnutrição de tantos mendigos e pessoas famintas; ao ver chorar de raiva e impotência os camponeses, quando os arrecadadores de impostos levavam o melhor de suas colheitas. Estes gritos de Jesus foram mais tarde agrupados nas comunidades cristãs para serem lembrados mais facilmente. Para captar bem a defesa que Jesus faz dos pobres precisamos conhecer o contexto social da Galileia dos anos 30[1].

- *Pobres e ricos*. Os ricos são as classes dominantes que vivem em luxuosos edifícios e casas de campo de Séforis e Tiberíades. Constituem a elite urbana protegida por Herodes Antipas (herodianos): grandes proprietários de terra, arrecadadores de tributos de Roma, responsáveis pelo armazenamento de produtos. Não são muitos, mas controlam toda a região. Acumulam seu bem-estar explorando os camponeses da Galileia. São os que possuem riquezas, poder e honra.

---

[1] Não vamos considerar a bem-aventurança sobre os perseguidos (Lucas 6,22-23.26), porque pertence a outro contexto.

Os pobres são o extrato mais oprimido das aldeias da Galileia. Os que, pressionados pelos poderosos latifundiários e pelos arrecadadores de impostos, vão ficando sem terras. Privadas de tudo, estas famílias vão se desintegrando. Cresce o número de diaristas, mendigos, prostitutas e pessoas que fogem de seus credores. Muitas destas pessoas são mulheres, as mais vulneráveis e indefesas: viúvas, esposas estéreis repudiadas... Pobres e, além disso, mulheres.

A partir desta sociedade injusta e desigual, Jesus grita: "Felizes os pobres, porque vosso é o reino de Deus. Ai de vós, os ricos, porque já tendes o vosso consolo!" Na Galileia não reina a justiça que Deus procura. O Pai está do lado dos pobres. Ele tem a última palavra.

- *Famintos e satisfeitos.* Os ricos da Galileia vivem no luxo e na ostentação. Vão construindo celeiros e armazéns cada vez maiores. Não temem a seca e a escassez. Podem permitir-se grandes festas e banquetes. Não sabem o que é a fome e a miséria.

Enquanto isso, os indigentes das aldeias não comem carne nem pão de trigo. Mal e mal conseguem guardar grãos de trigo para a semeadura. Os mais indefesos diante da fome extrema são as crianças e as mulheres. Os mais desnutridos, sem dúvida, são os mendigos que vão de povoado em povoado e os paralíticos, cegos e demais enfermos que pedem esmola nos caminhos ou à entrada das aldeias.

Jesus vê a fome nos rostos abatidos das pessoas e grita: "Felizes os que agora passais fome, porque sereis saciados. Ai de vós que estais saciados, porque passareis fome!" A fome de tantas pessoas inocentes deve ser levada a sério. Não pode ser aceita como algo normal. Deus não a quer.

- *Os que choram e os que riem.* A vida dos pobres da Galileia é sofrimento e lágrimas. É seu traço mais comum: todos eles são vítimas de abusos e violações; vivem num estado de miséria da qual já não poderão escapar; não podem defender-se dos poderosos; não têm um patrono que os defenda. São os perdedores. Não interessam a ninguém.

A vida dos ricos é muito diferente. Não conhecem a ameaça das dívidas nem a insegurança daquele que não tem quem o defenda. A vida lhes sorri. Muitos deles inclusive veem em seu bem-estar um sinal da bênção de Deus.

Jesus não pode suportar isto e grita sua indignação: "Felizes os que agora chorais, porque haveis de rir. Ai de vós que agora rides, porque conhecereis o luto e haveis de chorar!" Esta sociedade não corresponde ao projeto do Pai. Deus quer um mundo feliz para todos os seus filhos e filhas.

- *Como ouvir esta mensagem de Jesus?*

- Nossa primeira reação pode ser muito simples. Não é tudo isto uma zombaria? Não é cinismo? Talvez o seria, se Jesus estivesse falando a eles a partir de alguma casa de campo de Séforis ou Tiberíades. Mas Jesus está com eles. Não possui terras nem um teto sob o qual descansar. Não leva consigo dinheiro, caminha descalço e sem túnica de reserva. É mais um indigente que fala com fé e convicção total. Nós, que vivemos satisfeitos na sociedade da abundância, não temos o direito de pregar a ninguém estas bem-aventuranças. O que precisamos fazer é ouvi-las e começar a olhar os pobres, os famintos e os que choram como Deus os olha. Daí pode nascer nossa conversão.

- Os pobres entendem muito bem a mensagem de Jesus. Não são "felizes" por causa de sua pobreza, de modo algum. Sua miséria não é um estado invejável nem um ideal. Jesus os chama "felizes" porque Deus não pode reinar entre os homens sem fazer justiça àqueles aos quais ninguém a faz. É isto que Jesus quer deixar bem claro: os que não interessam a ninguém são os que mais interessam a Deus; os que nós marginalizamos são os que ocupam um lugar privilegiado em seu coração; os que não têm quem os defenda têm a Deus como Pai.

- Antes de mais nada, Jesus nos coloca a todos diante da realidade mais revoltante que existe no mundo, a que está mais presente aos olhos de Deus, a que mais ofende seu coração de Pai. Uma realidade que nós, a partir dos países ricos, procuramos ignorar, encobrindo de mil maneiras esta injustiça cruel da qual, em boa parte, somos cúmplices.

Queremos alimentar o autoengano ou abrir os olhos para a realidade dos pobres? Levaremos alguma vez a sério esta imensa maioria dos que vivem desnutridos e sem dignidade, dos que não têm voz nem contam para nossa corrida em direção a um bem-estar sempre maior?

- Jesus é realista. Sabe muito bem que suas palavras não significam o fim imediato da fome e da miséria dos pobres, mas conferem uma dignidade absoluta a todas as vítimas de abusos e violações. Eles são os filhos prediletos de Deus. Sua vida é sagrada. Nunca em nenhum lugar se estará construindo a vida tal como Deus a quer, a não ser libertando estes homens e mulheres de sua miséria e humilhação. Nunca religião alguma será abençoada por Deus se viver de costas para eles.

- Nós, cristãos, ainda não descobrimos a importância que os pobres podem ter na história da humanidade. Eles nos dão mais luz do que ninguém para ver-nos em nossa própria verdade, sacodem nossa consciência e nos convidam a mudar. Eles podem ajudar-nos a configurar a Igreja de maneira mais evangélica. Podem tornar-nos mais humanos: mais capazes de austeridade, solidariedade e generosidade. Ou levamos a sério os pobres ou deixamos de falar do Evangelho. Nos países ricos ser-nos-á cada vez mais difícil escutar a advertência de Jesus: "Não podeis servir a Deus e ao Dinheiro". Isto se nos tornará insuportável.

⇨ **Para aprofundar-se:** *Lucas*, p. 101-107; *Jesus – Aproximação histórica*, p. 219-233 (esp. p. 226-229).

Conversão pessoal

• O que posso fazer para tomar mais consciência de nosso pecado? Como posso viver mais informado? Como reajo diante de campanhas, jornadas, apelos por ocasião de graves tragédias (Haiti, Somália), Mãos Unidas, Cáritas internacional, ONGs...?

• Posso tomar parte em alguma atividade de conscientização social? Posso colaborar com alguma organização de ajuda? Posso rever meu bem-estar pessoal e familiar para viver de maneira mais solidária?

• **Conversa com Jesus.** Diga a Ele o que você sente ao pensar nos pobres. Fale-lhe sobre as resistências que você sente. Confie em Jesus.

Colaboração com o projeto de Jesus

• Podemos trazer entre nós dados atualizados sobre a fome no mundo, a desigualdade entre países ricos e pobres, o problema da água... (procurar em FAO, ONU, Mãos Unidas...). O que sentimos diante desta realidade?

• Como podemos colaborar de maneira mais ativa na conscientização de nossas famílias, grupos e comunidades cristãs, amigos, conhecidos...? Podemos ser a voz dos famintos nos âmbitos onde nos movemos?

• Podemos colaborar para introduzir uma prática de maior solidariedade em nossos grupos e comunidades cristãs? (acompanhamento comprometido das campanhas contra a fome, conato como ONGs, ajuda a missionários, comércio justo...).

Sugestões para a oração

• Meditamos em silêncio a seguinte oração. Depois a pronunciamos juntos ou vamos recitando cada um o que desejarmos desatacar:

> Senhor, se eu tivesse entranhas de misericórdia...
> sairia de minha casa para encontrar-me com os necessitados;
> de minha apatia para ajudar os que sofrem;
> de minha ignorância para conhecer os ignorados;
> de meus caprichos para socorrer os famintos;
> de minha atitude crítica para compreender os que falham;
> de minha suficiência para estar com os incapazes;
> de minhas pressas para dar meu tempo aos abandonados;
> de minha preguiça para ajudar os cansados de gritar;
> de minha burguesia para compartilhar com os pobres
> (F. Ulíbarri).

- Lemos devagar as bem-aventuranças de Jesus e depois vamos acrescentando as que nos saem do coração ao recordar o sofrimento de tantas pessoas:

> Felizes os pobres, porque vosso é o reino de Deus.
> Felizes os que agora passais fome, porque sereis saciados.
> Felizes os que agora chorais, porque haveis de rir.
> Felizes os anciãos que viveis esquecidos, porque Deus vos acolherá.
> Felizes as mulheres maltratadas, porque conhecereis o carinho de Deus.
> Felizes os que viveis com medo...

- Podemos dizer humildemente a seguinte oração:

> Quero crer, Senhor,
> que o grande é o pequeno,
> que o último é o primeiro,
> que o pobre é o preferido,
> que o insignificante é quem conta para ti.
> Quero crer isto, mas me custa,
> porque eu mesmo não vejo
> que importem tanto estas crianças
> quase sem hoje.
> O mundo pode passar sem elas
> e sem notar sua falta.
> Senhor, dize-me que a ti importam, por favor! (F. Ulíbarri).

23 O rico indiferente e o mendigo faminto (Lucas 16,19-31)

Naquele tempo disse Jesus aos fariseus:

– Havia um homem rico, que se vestia de púrpura e de linho e se banqueteava esplendidamente todos os dias. Um mendigo chamado Lázaro ficava deitado junto ao seu portão, coberto de chagas e com vontade de saciar-se com o que caía da mesa do rico, mas ninguém lhe dava. E até os cães se aproximavam para lamber-lhe as feridas.

Aconteceu que o mendigo morreu e os anjos o levaram para o seio de Abraão. Morreu também o rico e o sepultaram. E no inferno, em meio aos tormentos, ergueu os olhos e viu de longe Abraão e Lázaro em seu seio; e gritou: "Pai Abraão, tem piedade de mim e manda que Lázaro molhe em água a ponta do dedo e venha refrescar-me a língua, porque estas chamas me torturam".

Mas Abraão respondeu: "Filho, lembra-te que em vida recebeste teus bens e Lázaro, por sua vez, os males: por isso ele encontra aqui consolo, enquanto tu padeces. E, além disso, entre nós e vós há um grande abismo, de modo que os que quiserem passar daqui até vós não o podem, nem tampouco daí até nós".

O rico insistiu: "Pois então suplico-te, pai, que mandes Lázaro à casa de meu pai, porque tenho cinco irmãos, para que os advirta, a fim de evitar que venham também eles para este lugar de tormento".

Abraão lhe diz: "Eles têm Moisés e os profetas: que os ouçam".

O rico respondeu: "Não, pai Abraão. Mas se um morto for vê-los, eles se arrependerão".

Abraão lhe disse: "Se não ouvem Moisés e os profetas, tampouco se convencerão, mesmo que um morto ressuscite".

Guia de leitura

Jesus não só lançou gritos felicitando os pobres e ameaçando os ricos. Contou também parábolas inesquecíveis para desmascarar a maior tragédia que existe no mundo: o abismo de egoísmo e insolidariedade que separa os ricos e poderosos dos pobres e famintos. A mais importante, sem dúvida, é a do rico sem entranhas e o mendigo Lázaro.

Aproximação ao texto evangélico

• **O homem rico.** A que ele se dedica? Qual é a meta ou o ideal de sua vida? Pode-se viver assim, tendo tão perto alguém com fome? Como pode este rico suportar-se a si mesmo?

• **O mendigo.** Como a parábola descreve sua situação de miséria extrema? Qual o aspecto mais doloroso e desumano de seu estado? O que você sente diante desta cena revoltante?

• **O nome.** O mendigo tem um nome: Lázaro ("Deus é ajuda"); o rico não aparece identificado. Não parece estranho para você este detalhe? Pode ter algum significado?

• **Próximo e, ao mesmo tempo, distante.** De acordo com o relato, existe uma proximidade entre o rico e o mendigo? O que é que os separa?

• **O pecado do rico.** Por que o rico é condenado? Qual é o pecado deste homem que vive fechado em seu mundo de bem-estar?

• **Atualidade da parábola.** Você percebe na parábola uma mensagem para o mundo atual? O que nos é dito a nós, cristãos dos países ricos?

Comentário

A barreira entre ricos e pobres

Jesus começa seu relato descrevendo de maneira gráfica o horrível contraste entre um rico que vive desfrutando seu bem-estar e um mendigo que jaz bem perto dele, abandonado por todos.

O rico é um homem poderoso. Sua túnica de linho fino, proveniente do Egito, nos fala de sua vida de luxo e ostentação. A cor púrpura de suas vestes indica que pertence a círculos próximos ao rei. Sua vida é uma festa contínua. Só pensa em "banquetear-se esplendidamente todos os dias". Pertence, sem dúvida, ao setor de privilegiados que vivem em Séforis e Tiberíades. No entanto, este rico não tem nome, porque não tem identidade. Não é ninguém. Sua vida, vazia de amor solidário, é um fracasso. Não se pode viver só para banquetear-se.

Muito perto deste rico, junto à porta de sua mansão, está deitado um mendigo. Não está coberto de linho e púrpura, mas de chagas repugnantes. Não sabe o que é um banquete. Está querendo comer das sobras que jogam da mesa do rico, mas ninguém lhe oferece nada. Somente uns cachorros de rua se aproximam dele para lamber-lhe as feridas. Está só. Não tem ninguém. Não possui nada. Só um nome cheio de promessas: "Lázaro" ou "Eliezer", que significa "Deus é ajuda".

O relato sugere que ele se encontra num estado de extrema necessidade. Lázaro parece extenuado: não se move para nada; não tem forças nem para pedir ajuda. Parece não estar longe de seu final. Os mendigos que ouviam Jesus talvez estremeceram: Lázaro podia ser um deles. Era este o final que esperava os que viviam mergulhados na miséria, abandonados por todos.

A cena é insuportável. O rico tem tudo. Sente-se seguro. Parece não precisar de ninguém, nem mesmo de Deus. Vive na inconsciência. Não vê o pobre que morre de fome junto à sua casa. Não se parece ele com muitos de nós que vivemos nos países do bem-estar? Lázaro, por sua vez, vive em extrema necessidade: enfermo, faminto, excluído, ignorado pelos que o poderiam ajudar. Sua única esperança é Deus. Não se parece ele com tantos milhões de homens e mulheres mergulhados na fome e na miséria?

Jesus não pronuncia nenhuma palavra de condenação. Seu olhar penetrante está desmascarando a terrível injustiça daquela sociedade. As classes mais poderosas e os estratos mais oprimidos parecem pertencer à mesma sociedade, mas estão separados por uma barreira quase invisível: essa porta que o rico nunca atravessa para aproximar-se de Lázaro. Assim Jesus vê o mundo: os ricos estão dentro de seus palácios celebrando esplêndidas festas; os pobres estão às suas portas morrendo de fome. Deus não pode aceitar esta cruel separação entre seus filhos.

Tudo muda radicalmente no momento de sua morte. O rico é enterrado certamente com toda a solenidade, mas é levado ao Hades, o reino da morte e da aflição. Morre também Lázaro. Nada se diz de algum rito funerário, mas "os anjos o levam para o seio de Abraão". Com imagens populares de seu tempo, Jesus lembra que Deus tem a última palavra sobre ricos e pobres.

A inversão da situação é total. De seu lugar de aflição, o rico reage pela primeira vez. Não tivera compaixão de Lázaro; agora pede piedade aos gritos. Não o havia visto quando o tinha junto à sua porta; agora o vê "de longe" e o chama pelo nome. Não havia cruzado a porta para aliviar o sofrimento do pobre; agora quer que Lázaro se aproxime para aliviar o seu. É tarde demais. Abraão o adverte: aquela barreira invisível da terra transformou-se agora num abismo intransponível.

O objetivo da parábola não é descrever o céu nem o inferno, mas condenar a indiferença dos ricos, que vivem desfrutando seu bem-estar, ignorando os que morrem de fome. O rico não é julgado como explorador. Simplesmente desfrutou sua riqueza ignorando o pobre. Tinha-o ali bem perto, mas não o viu. O pobre estava junto ao portão de sua mansão, mas não se aproximou dele. Seu pecado é a indiferença.

Jesus vê o mundo assim: uma barreira de indiferença, cegueira e crueldade separa o mundo dos ricos do mundo dos famintos. O obstáculo para construir um mundo mais justo somos nós, os ricos, que vamos erguendo barreiras cada vez mais desumanas para que os pobres não entrem em nosso país, nem cheguem até nossas residências, nem batam à nossa porta. Só fechando-nos em nosso mundo de bem-estar podemos suportar-nos a nós mesmos.

Nosso primeiro pecado contra o projeto do reino de Deus é a indiferença e falta de sensibilidade diante do sofrimento dos que vivem abandonados em sua miséria. Se eles estão perto de nós, nós os evitamos de mil maneiras. Se estão longe, nós os reduzimos a dados e estatísticas que nos informam da realidade quase sem tocar o nosso coração.

A parábola é um apelo a sair da indiferença, dando passos para aproximar-nos mais do mundo dos que sofrem: conhecendo melhor seus problemas, cultivando uma relação mais próxima, buscando um contato mais estreito, tendo os olhos mais abertos para captar em nosso ambiente o sofrimento e a solidão das pessoas.

⇨ **Para aprofundar-se:** *Lucas*, p. 271-277; *Jesus – Aproximação histórica*, p. 219-233 (esp. p. 224-226).

Conversão pessoal

• Conheço, em meu ambiente, pessoas que estão passando verdadeira necessidade (familiares, vizinhos, companheiros de trabalho, pessoas da paróquia...)? Qual é geralmente minha atitude?

• Tenho amigos e amigas de condição humilde e pobre? Relaciono-me com pessoas necessitadas? Evito a relação próxima com pessoas que podem comprometer-me pedindo-me ajuda? Posso neste momento ajudar alguém próximo que precisa de ajuda urgente?

• **Conversa com Jesus.** Fale com Ele de pessoas concretas. Quem você pode ajudar em alguma coisa? Jesus tornará você mais sensível aos que sofrem.

Colaboração com o projeto de Jesus

• Você acredita que nós geralmente conhecemos bem os necessitados que vivem perto de nós (vizinhança, bairro, paróquia...)? O que podemos fazer para conhecer melhor os necessitados que vivem perto de nós?

• Que passos podemos dar para sair de nossos grupos e comunidades cristãs e ir ao encontro de pessoas que estão sozinhas (imigrantes, viúvas, velhos, crianças, jovens...)?

• Podemos concretizar gestos, detalhes, compromissos, maneiras de estar mais perto de pessoas necessitadas de quem desejamos cuidar e que queremos recordar neste grupo?

Sugestões para a oração

• Fazemos silêncio para rezar juntos em atitude humilde e confiante. O Espírito de Jesus nos ensina a elevar nosso coração até o Pai. Depois podemos destacar algumas frases.

> Hoje te pedimos, Pai, o mais precioso:
> que reconheçamos nossa verdade,
> que não nos sintamos importantes
> e demos lugar em nosso coração
> a teus filhos e filhas pobres, e a ti.
> Pedimos-te, Pai, o mais decisivo:
> que não nos ponhamos a nós mesmos
> no centro de nosso coração,
> que nos abramos às necessidades dos outros
> e que sintamos desejos de ti.
> Pedimos-te, Pai, que não vivamos cheios
> de nossas ideias e nossos sonhos;
> que tampouco nosso grupo
> se transforme para nós num absoluto
> que nos impeça de reconhecer
> os rostos dos outros
> e de ouvir seu sofrimento e seus apelos.
> Pedimos-te, Pai, que nos aproximemos
> de teus pobres de tal maneira
> que nos tornemos gente humilde.
> Eles são teus prediletos,
> os mais amados por Jesus.
> Eles acolheram de seus lábios
> tua Boa Notícia de Deus.
> Também nós te louvamos com Jesus,
> o homem simples e de coração humilde,
> porque escondes tua salvação
> a sábios e entendidos
> e a revelas a gente pobre e simples.
> Sim, Pai, bendito sejas,
> porque assim pareceu bem a ti! (Anônimo)

- Um leitor pronuncia as seguintes súplicas a Jesus. Depois cada um pronuncia a que lhe brota do coração. Vamos tomando consciência do quanto precisamos aprender de Jesus:

> Jesus, vivo duvidando e Tu me dizes: confia.
> Tenho medo e me dizes: ânimo.

Prefiro estar só e me dizes: segue-me.
Faço meus planos e me dizes: deixa-os.
Agarro-me às minhas coisas e me dizes: desprende-te.
Quero viver e me dizes: dá tua vida.
Creio ser bom e me dizes: não basta.
Quero mandar e me dizes: põe-te a servir.
Desejo compreender e me dizes: crê.
Busco clareza e me falas em parábolas.
Quero poesia e me falas da realidade.
Desejo tranquilidade e me deixas inquieto.
Quero violência e me falas de paz.
Busco tranquilidade e vens trazer fogo à terra.
Quero ser grande e me dizes: sê como uma criança.
Quero esconder-me e me dizes: sê luz.
Quero ser visto e me dizes: reza no oculto.
Não te entendo, Jesus.
Tu me desconcertas e me atrais.
Acontece comigo o que aconteceu a Pedro.
Não encontro um mestre melhor.
Só Tu tens palavras de vida eterna (Anônimo).

- Para rezar no silêncio do coração:

    Jesus, paz de nossos corações,
    Tu nos revelas esta realidade surpreendente:
    Deus não quer
    nem o sofrimento nem a aflição humana;
    não causa em nós
    nem medo nem angústia.
    Deus só pode amar-nos (H. Roger de Taizé).

24 Jesus olha para a mulher encurvada (Lucas 13,10-17)

Num sábado, Jesus estava ensinando numa sinagoga. Havia ali uma mulher que há dezoito anos era mantida enferma por um espírito: andava encurvada e não podia de modo algum endireitar-se. Ao vê-la, Jesus chamou-a e lhe disse:

– Mulher, estás livre de tua enfermidade.

Impôs-lhe as mãos e, no mesmo instante, ela se endireitou e dava glória a Deus.

O chefe da sinagoga, indignado porque Jesus havia curado num sábado, interveio para dizer à multidão:

– Há seis dias em que se pode trabalhar. Vinde nestes dias para curar-vos e não no sábado.

O Senhor lhe respondeu:

– Hipócritas! Qualquer um de vós não desamarra o boi ou o burro no sábado, para levá-los a beber? E esta filha de Abraão, que satanás mantinha amarrada há dezoito anos, não devia ser solta de suas amarras em dia de sábado?

Enquanto dizia isto, seus adversários ficavam envergonhados, enquanto a multidão se alegrava com as maravilhas que Ele fazia.

Guia de leitura

Causa surpresa ver Jesus rodeado de tantas mulheres: amigas íntimas como Maria de Mágdala ou as irmãs Marta e Maria de Betânia; seguidoras fiéis como Salomé; enfermas desconhecidas que acorrem a Ele com grande fé. Sem dúvida, veem em Jesus uma atitude diferente. Antes de mais nada, nós, seus seguidores, precisamos aprender a olhar a mulher como Ele a olhava. Com respeito, amor e ternura especial.

Aproximação ao texto evangélico

• **A mulher encurvada.** Você sabe alguma coisa da condição social e religiosa da mulher na sociedade conhecida por Jesus? (pode-se ler o comentário) Como é descrita a enfermidade da mulher? É só uma enfermidade física? Esta mulher "encurvada", que vive olhando para o chão, pode ser um reflexo de sua situação social?

- **Atuação de Jesus.** Como Ele reage diante desta mulher? O que é que Ele faz exatamente? Seu olhar tem importância? Por que a chama para perto dele? Você descobre em suas palavras algo mais do que sua vontade de curá-la?

- **Libertação da mulher.** Que mudanças acontecem na mulher? Visualize a mulher no meio daquela sociedade machista, de pé, erguida, dando glória a Deus publicamente no centro da sinagoga. O que isto diz a você?

- **Reação do chefe da sinagoga.** O que você pensa de sua indignação? Por que não se alegra com a cura da mulher? Que imagem ele se faz de Deus?

- **A resposta de Jesus.** Você entende o exemplo prático que Ele propõe? Onde está a "hipocrisia" do chefe da sinagoga e dos que pensam como ele? Como Jesus chama a mulher? Você capta a importância deste detalhe?

- **Conclusão do relato.** As palavras de Jesus provocam reações diferentes. Como se explica a reação de seus adversários? Por que a multidão se alegra? Você também sente alegria ao ver como Jesus se comporta com a mulher?

Comentário

Uma mulher libertada por Jesus

Conforme seu costume, Jesus se encontra ensinando numa sinagoga num dia de sábado. Tanto o espaço sagrado da sinagoga como o dia de sábado, consagrado ao Criador e Libertador de Israel, nos convidam a pensar no Deus amigo da vida, do qual Jesus fala em todos os lugares.

O que ocupa o centro da cena é a cura de uma mulher encurvada. O episódio é narrado com traços de grande força evocadora. Lucas nos apresenta Jesus libertando a mulher das amarras que a impedem de viver com a dignidade de "filha de Abraão" junto com os varões de Israel.

Entre as pessoas que se reuniram na sinagoga está uma mulher enferma. A descrição de sua enfermidade vai além de um mal físico. A mulher é vítima de um espírito que a mantém "encurvada", olhando para o chão, sem poder de modo algum endireitar-se. O mal parece incurável, porque ela se encontra assim há dezoito anos.

O estado da mulher é humilhante. Caminha sem poder levantar os olhos para o horizonte. Mas, de acordo com a cultura popular, precisamente caminhar erguido é o traço que diferencia claramente o ser humano dos animais. Sem dúvida, o estado físico desta mulher sem nome é o melhor reflexo da situação em que se encontram as mulheres naquela sociedade: privadas de autonomia, submetidas à autoridade patriarcal de seus esposos, sem presença social significativa, discriminadas religiosamente, vítimas dos abusos dos varões. Naquela sociedade, a mulher só pode caminhar "encurvada", sem poder olhar o varão de frente.

A enferma está certamente na parte da sinagoga reservada às mulheres. De acordo com o relato, Jesus "a vê", interrompe seu ensinamento e "a chama". Tudo começa com o olhar que Jesus lança à mulher encurvada. Ele não pode ficar indiferente ao ver seu sofrimento e humilhação. Sua maneira de olhar a mulher é o ponto de partida de sua ação libertadora. Chama-a para junto de si e lhe diz estas palavras que nós, seus seguidores, não devemos esquecer: "Mulher, estás libertada de tua enfermidade". Depois impõe as mãos sobre ela e a envolve com a força curadora e a ternura de Deus.

A mulher se endireita. Pode levantar os olhos para o céu. Pode olhar Jesus de frente. Chamada por Ele, passou da marginalização para o centro da sinagoga. Estava calada, agora recupera a palavra para explodir num louvor a Deus. A cena é insólita. Lucas afirma com prazer: a mulher "dava glória a Deus". Junto a Jesus, no centro da sinagoga, onde praticamente só aos varões se dava a palavra, esta mulher, de pé, erguida, libertada por Jesus, dá glória a Deus diante de todo o povo.

O chefe da sinagoga, responsável pelo lugar de oração, se indigna porque Jesus curou a mulher num sábado: "Há seis dias em que se pode trabalhar. Vinde nestes dias para curar-vos e não no sábado". Ele se sente obrigado a intervir. Não se alegra com a cura da enferma. Não entende que esta mulher libertada dá mais glória a Deus do que a observância do sábado. Considera que o que Jesus acaba de fazer é uma transgressão da lei de Deus, não um gesto libertador realizado em seu nome. Para o chefe da sinagoga, a observância do sábado proíbe reagir diante do sofrimento curando a mulher. Para Jesus, o sábado, dia consagrado a Deus, é o dia mais adequado para pôr em prática o amor libertador.

Jesus reage antes que as pessoas digam alguma coisa. Pelos caminhos da Galileia Ele foi semeando sua mensagem: a primeira coisa para Deus é a vida das pessoas, não a religião; o sábado deve estar a serviço do ser humano e não o contrário; deve ser um dia de libertação; a melhor maneira de celebrar o Deus criador da vida e libertador do povo consiste em libertar as pessoas, desatar suas amarras, restaurar a vida e reafirmar sua dignidade.

Jesus lhes apresenta um exemplo prático para desmascarar a hipocrisia que se encerra no chefe da sinagoga e nos que pensam como Ele. Como todos sabem, qualquer um deles "desamarra" o boi e o burro no sábado para levá-los a beber no rio ou na fonte do povoado. E não era necessário libertar esta mulher de suas amarras para devolver-lhe a saúde e a dignidade? Esta mulher não é um animal, embora tenha vivido encurvada olhando para o chão, "amarrada por satanás há dezoito anos". É "filha de Abraão", membro do povo eleito assim como o chefe da sinagoga e os que condenam Jesus.

As palavras de Jesus provocam uma divisão entre os que o ouvem. Seus "adversários" se envergonham e permanecem mudos: dão-se conta de que estão transformando Deus num falso ídolo que só busca seu culto e sua honra e não sente compaixão por suas filhas. O povo, pelo contrário, se enche de alegria ao ver as maravilhas que Jesus faz: na compaixão libertadora de Jesus descobrem a salvação que Deus oferece às mulheres.

Precisamos gravar bem em nosso grupo este gesto libertador de Jesus, que "olha" a mulher encurvada pelo peso da humilhação, a "chama" para que todos a possam olhar com Ele a olha, a resgata da marginalização, a liberta de suas amarras, a põe de pé e lhe devolve sua verdadeira dignidade, perdida pela prepotência e pelos abusos dos varões. A lembrança desta cena e das palavras e Jesus: "Mulher, estás livre de tua enfermidade", nos ajudam a descobri-lo como libertador e amigo da mulher.

⇨ **Para aprofundar-se:** *Jesus – Aproximação histórica*, p. 255-283.

Conversão pessoal

- *Mulheres*. Qual é minha atitude de fundo para com o varão (igualdade ou inferioridade; respeito ou temor; convivência ou submissão...)? A que ela se deve?
- *Varões*. Qual é minha atitude de fundo para com a mulher (igualdade ou superioridade; respeito ou dominação; convivência ou utilização...)? A que ela se deve?
- Preocupo-me em viver na minha vida cotidiana relações mais sadias entre o varão e a mulher (no lar, no trabalho, no casal, nas amizades)? Em que aspectos preciso mudar mais minha conduta?
- **Conversa com Jesus.** Fale-lhe da sua vida cotidiana. Você não sente que Jesus pode curar o que existe de enfermo em suas relações?

Compromisso com o projeto de Jesus

- Preocupa-nos a situação da mulher na sociedade atual ou a aceitamos passivamente, como algo que nada tem a ver conosco? Comentamos entre nós exemplos e situações de indiferença ou de sensibilidade.
- Você conhece em seu ambiente fatos, situações, costumes, critérios... que revelam discriminação, marginalização, tratamento injusto, dominação, abusos contra a mulher? Como reagimos?

• Você observa entre os cristãos uma atitude mais humana para com a mulher e mais coerente com a mensagem e a atuação de Jesus? Em que devemos mudar?

Sugestões para a oração

• Uma mulher do grupo lê devagar o relato da cura da mulher encurvada (até a intervenção do chefe da sinagoga). Durante alguns momentos de silêncio contemplamos Jesus libertando a mulher. Depois pronunciamos devagar o "Salmo das mulheres novas".

> Felizes as mulheres que saem da passividade
> e dedicam sua vida a anunciar o reino de Deus.
> Com suas palavras e atos
> estão formando um mundo novo.
> Felizes as mulheres que lutam por sua dignidade
> e denunciam os maus-tratos e a discriminação da mulher,
> porque elas estão forjando um futuro melhor
> para as novas gerações.
> Felizes as mulheres que defendem a liberdade,
> as que trabalham pela justiça
> e as que arriscam sua vida pela igualdade,
> porque elas abrem caminhos ao reino de Deus.
> Felizes as mulheres carinhosas e ternas,
> alegres, criativas e fortes,
> porque com sua bondade e seu esforço
> nos estão descobrindo o rosto materno de Deus.
> Felizes as mulheres cheias de fé,
> mulheres servidoras da comunidade,
> ainda que ninguém lhes agradeça
> e não vejam de imediato os frutos.
> Alegrai-vos, porque vossos nomes estão escritos
> no livro da vida (Anônimo).

• Lemos em silêncio a seguinte oração. Depois, livremente, cada um pronuncia alguma frase. Terminamos pronunciando-a todos juntos:

Irmãs e irmãos
Toda mulher é minha irmã
e todo homem é meu irmão.
Os mais irmãos são os pobres.
Todos os humanos estamos entrelaçados
e formamos um corpo.
Senhor, estes princípios mudariam minha vida
se eu os levasse a sério.
E mudariam o mundo
se alguns milhares de pessoas
os levassem a sério.
Senhor Jesus,
és o homem mais solidário que existiu.
És... o modelo de homem e de mulher,
a solidariedade em pessoa,
o ponto alto da humanidade.
Quero ser irmão, Senhor, e prosseguir tua causa.
Quero ser irmã, Senhor, e amar muito,
por este reino de Deus que iniciaste no mundo (P. Loidi).
• Podemos terminar o encontro com a seguinte oração:
Senhor Jesus, oxalá te encontremos a ti
como te encontraram Maria de Mágdala,
Marta, Maria e a samaritana.
Tu lhes devolveste a dignidade e a liberdade.
Tu te aproximaste da mulher encurvada
e ela se endireitou.
Que todos, homens e mulheres, nos ponhamos de pé
para dar glória ao Pai
e construir entre nós seu reino (Anônimo).

25 A defesa da mulher adúltera (João 8,1-11)

Jesus se retirou para o monte das Oliveiras. Ao amanhecer, apresentou-se novamente no templo e todo o povo acorria a Ele. E, sentando-se, os instruía.

Os escribas e fariseus lhe trazem uma mulher surpreendida em adultério e, colocando-a no meio, lhe dizem:

– Mestre, esta mulher foi surpreendida em flagrante adultério. A lei de Moisés nos manda apedrejar as adúlteras. Tu o que dizes?

Perguntavam-lhe isto para comprometê-lo e poder acusá-lo. Mas Jesus, inclinando-se, se pôs a escrever com o dedo no chão. Mas, como eles insistissem em perguntar, ergueu-se e lhes disse:

– Quem estiver sem pecado atire a primeira pedra.

E, inclinando-se novamente, continuou escrevendo. Eles, ao ouvir isto, foram se retirando um após o outro, a começar pelos mais velhos. E Jesus ficou sozinho com a mulher, que permanecia ali no meio. Jesus ergueu-se e lhe perguntou:

– Mulher, onde estão eles? Ninguém te condenou?

Ela respondeu:

– Ninguém, Senhor.

Jesus lhe disse:

– Nem eu te condeno. Vai, e doravante não peques mais.

Guia de leitura

Jesus viveu defendendo a mulher numa cultura patriarcal na qual ela era considerada inferior ao varão em tudo e era mantida subordinada a Ele em todos os âmbitos. A atuação de Jesus diante de uma adúltera prestes a ser apedrejada nos revela sua vontade radical de libertar a mulher da submissão injusta ao varão.

Aproximação ao texto evangélico

• **Contexto da cena.** Como Jesus começa sua jornada? Para onde se dirige? O que faz quando se vê rodeado de gente? Você percebe

Jesus sentado no meio de nosso grupo, oferecendo-nos seu ensinamento?

- **Intervenção dos escribas e fariseus.** O que você sente ao ver a adúltera no meio das pessoas. Você percebe o dramatismo da cena? Por que ninguém interroga a mulher? Você entende o desafio que lançam a Jesus? Em que consiste a armadilha que lhe preparam?
- **Reação de Jesus.** Você não fica surpreso com a calma com que Jesus atua? Como você interpreta seu gesto de pôr-se a escrever na terra num momento de tanta tensão? O que você pensa das palavras que Ele dirige aos acusadores? Já captamos a verdade que elas encerram?
- **Retirada dos acusadores.** O que você acha do efeito das palavras de Jesus? Por que eles se retiram? O que você pensa da pena de morte?
- **Jesus e a adúltera.** Como Jesus a trata? O que Ele quer infundir-lhe? Medite devagar as palavras de Jesus. Você também ouviu alguma vez estas palavras? Você as disse a alguém?

Comentário

Uma sociedade sem dominação masculina

O historiador judeu Flávio Josefo resume a condição da mulher judia no tempo de Jesus com as seguintes palavras: "De acordo com a Torá, a mulher é inferior ao varão em tudo". O protagonista da vida religiosa é o varão. Não é necessária a presença da mulher. Por isso as mulheres não eram iniciadas no estudo da lei e os rabinos não as aceitavam como discípulas. Teria sido uma insensatez pôr em suas mãos o texto sagrado: a mulher era considerada incapaz de interpretar corretamente a Palavra de Deus. As mulheres não tinham obrigação de subir em peregrinação a Jerusalém nas grandes festas judaicas. Ocupavam um lugar separado dos varões no templo e, provavelmente, nas sinagogas.

Fora do lar as mulheres propriamente "não existiam". Não podiam afastar-se de casa sem estar acompanhadas por um varão e sem cobrir o rosto com um véu. Não podiam falar em público. Seu testemunho não tinha validade. Também não podiam tomar parte em banquetes fora de seu lar. Se alguma andava fora de sua casa sem a vigilância de um varão, sentando-se à mesa junto com varões, seu comportamento era considerado próprio de uma mulher de má fama. Jesus o sabia quando aceitou mulheres entre seus discípulos.

A visão da mulher era muito negativa. Os provérbios que circulam entre o povo e os escritos rabínicos descrevem seu comportamento de maneira severa. Dizia-se que a mulher era insensata, estúpida, vaidosa, encrenqueira, fofoqueira... Os varões precisam estar atentos para não deixar-se enganar por suas artes de sedução. O escritor judeu Filo de Alexandria, contemporâneo de Jesus, diz que, enquanto o varão se deixa guiar pela razão, a mulher se deixa levar pela sensualidade.

Não devemos estranhar que, nessa sociedade controlada pelo varão, se empregasse um duplo critério para julgar de maneira desigual o mesmo comportamento da mulher e do varão, sobretudo na esfera da sexualidade. Assim, nos casos de adultério supõe-se que a mulher é mais culpada do que o varão, o qual é considerado, pelo contrário, vítima das artes e enganos da mulher. Jesus não pôde suportar tanta hipocrisia machista.

Segundo seu costume, Jesus passou a noite a sós com seu Pai querido no monte das Oliveiras. Começa o novo dia cheio do Espírito de Deus, que o envia cada dia a "proclamar a libertação aos cativos... e dar liberdade aos oprimidos". Logo se vê rodeado por uma grande multidão que acorre ao recinto do templo para ouvir sua mensagem. O narrador o apresenta sentado, como os mestres de Israel, ensinando às pessoas os caminhos do reino de Deus. É este o contexto de um episódio dramático no qual Jesus se verá obrigado a mostrar até onde chega seu compromisso de libertar a mulher de uma cultura que a mantém submetida injustamente.

Imediatamente irrompe um grupo de escribas e fariseus trazendo "uma mulher surpreendida em adultério". Trata-se provavelmente de uma mulher casada que eles surpreenderam deitada com um homem que não é seu marido. Colocam-na "no meio", para que todos a vejam e a julguem. Não é difícil imaginar a vergonha, humilhação e angústia desta mulher que passou rapidamente de uma noite de prazer à ameaça de uma morte iminente.

A mulher é o que menos preocupa estes varões veneráveis, representantes das leis e tradições de Israel. Ninguém pensa no destino dela. Ninguém a interroga sobre nada. Já está condenada. Ela é apenas o pretexto para confrontar Jesus com a lei de Moisés. Assim são instrumentalizadas as mulheres naquela sociedade machista.

Os acusadores só têm um objetivo: comprometer Jesus e poder acusá-lo de alguma coisa grave: "Mestre, esta mulher foi surpreendida em flagrante adultério. A lei de Moisés nos manda apedrejar as adúlteras. Tu o que dizes?" O desafio é frontal: a lei diz que é preciso apedrejá-la; Tu o que dizes? O delito da mulher está comprovado. Jesus deve necessariamente pronunciar-se diante de todos. Não se trata de mais uma discussão entre diferentes escolas de rabinos, mas de uma decisão de vida ou morte para a mulher. Enquanto isso, ninguém parece lembrar-se do amante. Onde está o varão?

Jesus não responde. Está sentado, inclina-se para o chão e põe-se a escrever na terra. Não se sabe com certeza o significado deste detalhe, que se repete duas vezes. Provavelmente não é necessário procurar-lhe um sentido simbólico oculto, como fazem alguns autores. Talvez tudo seja mais simples. Os fariseus estão tensos; a mulher, angustiada; as pessoas, na expectativa. Jesus procura manter-se tranquilo, dominando a situação. O momento é grave e Ele não quer precipitar-se. Enquanto vai pensando sua resposta, faz algumas garatujas no chão. Se tivesse escrito algo importante, o narrador o teria indicado.

Jesus se dá conta da gravidade da armadilha que lhe prepararam. Se defender a mulher e se opuser ao apedrejamento, viola gravemente o que foi estabelecido por Moisés (Levítico 20,10). Se aprovar o apedrejamento, pode ter problemas com as autoridades romanas, que se reservam o poder de executar os delinquentes. Mas, antes de mais nada, qual é a vontade do Pai do céu com o qual Ele esteve dialogando durante a noite?

Jesus está vendo aquela mulher, humilhada publicamente, condenada por escribas respeitáveis, indefesa diante da sociedade e diante dos dirigentes religiosos. Ninguém fala do varão. É o que sempre acontecia naquela sociedade machista: ao promulgar a lei se pensa nos varões como responsáveis da moralidade; depois, ao reprimir o delito, se castiga com dureza a mulher e se desculpa facilmente o varão. Jesus não suporta esta hipocrisia social, construída pela "dureza de coração" dos varões. Não é verdade que a mulher seja mais culpada. Geralmente ela não é senão vítima ou, no máximo, cúmplice.

Por isso Jesus se ergue e, dirigindo-se aos escribas e fariseus, lhes diz algo inesperado: "Quem estiver sem pecado atire a primeira pedra". A multidão fica surpresa, porque geralmente eram as testemunhas que iniciavam o apedrejamento. O efeito das palavras de Jesus é impressionante. Os escribas e fariseus "vão se retirando um após o outro, a começar pelos mais velhos". Aqueles varões respeitáveis, representantes das tradições e leis que tanto pesam sobre as mulheres, vão se retirando. Os acusadores se sentem acusados. Sabem melhor do que ninguém que eles são os mais responsáveis pelos adultérios que se cometem naquelas aldeias.

A conclusão é comovente. Jesus e a mulher ficaram sozinhos. A mulher não se moveu. Continua ali, no meio, humilhada e envergonhada. Os acusadores foram se retirando, mas ela ainda não se sente livre. Parece que precisa ouvir a sentença de Jesus. Então Ele, que continuou sentado, se ergue. Agora pode olhá-la nos olhos com ternura e expressar-lhe todo o seu respeito e carinho: "Mulher, onde estão eles? Ninguém te condenou?" Até agora ninguém lhe havia perguntado nada. É Jesus quem busca o diálogo e se interessa por ela. A mulher responde humildemente: "Ninguém, Senhor".

As últimas palavras de Jesus são inesquecíveis. Nunca poderão escutá-las os acusadores, que se retiraram confundidos. Só esta mulher abatida. Jesus a trata como uma pessoa adulta e responsável: "Nem eu te condeno. Vai, e doravante não peques mais". A mulher não precisa de mais condenações. Jesus lhe oferece seu perdão, confia nela e a convida a viver de maneira diferente. A mulher, que esteve a ponto de morrer apedrejada por aquele grupo de varões, vai embora livre para uma vida nova aberta por Jesus.

⇨ **Para aprofundar-se:** *João*, p. 123-129; *Jesus – Aproximação histórica*, p. 255-283 (esp. p. 263-265).

Conversão pessoal

• Julgo de maneira desigual o mesmo comportamento conforme se trate de um varão ou de uma mulher? Tendo a destacar e generalizar os defeitos ou aspectos negativos das mulheres ou dos varões?

• O que posso aprender da atitude de Jesus para com a adúltera? A quem devo tratar com maior compreensão e de maneira mais positiva?

• **Conversa com Jesus.** Contemple a atuação de Jesus. Ele pode lhe ensinar a procurar sempre o bem das pessoas.

Compromisso com o projeto de Jesus

• Nos ambientes em que nos movemos, observamos um duplo critério na hora de julgar o mesmo comportamento conforme se trate de uma mulher ou de um varão? Aponte atitudes habituais na sociedade.

• Você observa em nossos grupos, paróquias ou setores cristãos a ideia de que as mulheres são menos dignas do que os varões para falar de Deus, presidir encontros cristãos ou responsabilizar-se por atividades pastorais?

• Como podemos contribuir para conseguir a igualdade de dignidade e de direitos entre a mulher e o varão no lar, no trabalho, na educação, na convivência social... e nos diferentes âmbitos da Igreja?

Sugestões para a oração

• Alguém do grupo lê o seguinte texto sobre a criação da mulher. Depois, após um tempo de silêncio, cada um pode ler um traço característico da mulher boa:

> Quando o universo ainda estava incompleto,
> no sexto dia, Deus a criou mulher,
> e Deus lhe disse: "Eu te darei...
> um coração cheio de compaixão,
> um espírito livre para voar com os pássaros,
> sabedoria para conhecer grandes verdades,
> ânimo para sair da opressão,
> força para mover montanhas,
> ternura para beijar a terra,
> paixão para inflamar o mundo,
> risos para encher os vales,
> lágrimas para lavar as penas,
> mãos para trabalhar e amar,
> intuição para conhecer o desconhecido..."
> E Deus lhe disse: "Mulher,
> eu te criei à minha imagem e semelhança.
> Tu és boa!" (Anônimo).

• Todos juntos, mulheres e varões, recitamos o seguinte salmo em gênero feminino:

> *Nós, reunidas*, te cantamos com o coração cheio de alegria,
> porque nossas vidas estão cheias de tua ternura.
> *Nós todas* te cantamos porque és bom e compassivo com
> quem te procura com coração sincero.
> Tu alegras nossa vida e nos enches com tua força.
> Tu nos amas como filhos e filhas.
> Tuas obras são a alegria de nosso coração.
> Teus gestos nos enchem de energia e entusiasmo.
> Teu amor, desde a manhã; tua lealdade ainda durante as
> noites,
> nos ensinam a viver *satisfeitas* e felizes,
> anunciando que Tu te preocupas conosco,
> que nos amas e és leal em tua aliança (Anônimo).

- Para rezar no silêncio do coração:
  > Jesus, esperança nossa,
  > teu Evangelho nos revela que,
  > inclusive nas horas de escuridão,
  > Deus nos quer felizes.
  > E a paz de nosso coração
  > pode tornar bela a vida
  > dos que nos rodeiam (H. Roger de Taizé),

Quinta etapa

Grandes chamados de Jesus

Vamos avançando em nossa caminhada. Já demos passos muito importantes. Pouco a pouco fomos descobrindo o estilo de viver de Jesus. Está crescendo em nós o desejo sincero de viver como discípulos e seguidores seus. Chegou o momento de ouvir seus chamados mais importantes e fundamentais. Precisamos gravá-los bem em nosso coração.

Ouviremos em primeiro lugar o chamado a entrar no reino de Deus para acolher o projeto humanizador do Pai e viver, como Jesus, colaborando para abrir caminhos a um mundo mais justo e fraterno. Ouviremos depois seu convite a sermos compassivos como o Pai do céu: é a primeira atitude para trabalhar por um mundo mais humano, como Deus o quer. Em terceiro lugar, Jesus nos chamará a centrar nossa vida no amor a Deus e ao irmão: não há nada mais importante do que o amor.

Acolhei o reino de Deus

26) *Convertei-vos e crede na Boa Notícia.* É importante entender bem o primeiro chamado de Jesus, porque só crendo na Boa Notícia do reino de Deus descobriremos o essencial do Evangelho e aprenderemos a defender a causa que Ele defendeu.

27) *Acolhei a semente do reino de Deus.* Ao longo de nossa caminhada, Jesus esta "semeando" em nossos corações a semente do reino de Deus. Se soubermos acolhê-la, ela germinará e crescerá em nós. Nossa vida irá se transformando.

Sede compassivos como vosso Pai

28) *Vai e faze tu o mesmo.* A primeira coisa para colaborar no projeto humanizador do Pai é sermos compassivos como Ele. O samaritano da parábola é o modelo desta atuação. Jesus nos diz: "Faze tu o mesmo".

29) *A mim o fizestes.* A compaixão toma forma concreta no ajudar praticamente os necessitados. De acordo com Jesus, é esse o caminho para receber a bênção no reino definitivo de Deus.

Não há nada mais importante do que o amor

30) *Amarás teu Deus e teu próximo.* O grande mandamento de Jesus é sermos compassivos como o Pai. Sendo assim, o que dizer das leis que regem a religião de Israel? Jesus as resume em amar a Deus de todo o coração e amar o próximo como a si mesmo.

31) *Amai vossos inimigos.* Jesus acrescenta um traço novo e original ao mandamento do amor. Ele nos chama a nós, seus seguidores, a amar inclusive os nossos inimigos. Assim seremos filhos e filhas do Pai do céu.

26 Convertei-vos e crede na Boa Notícia (Marcos 1,14-20)

Quando prenderam João, Jesus foi para a Galileia a fim de proclamar a Boa Notícia de Deus. Dizia:

– Completou-se o prazo, o reino de Deus está próximo: convertei-vos e crede na Boa Notícia.

Caminhando junto ao lago da Galileia, viu Simão e seu irmão André, que eram pescadores e estavam lançando as redes ao lago.

Jesus lhes disse:

– Vinde comigo e eu vos farei pescadores de homens.

Imediatamente, deixando as redes, eles o seguiram.

Um pouco mais adiante viu Tiago, filho de Zebedeu, e seu irmão João, que estavam no barco consertando as redes. Chamou-os. E eles deixaram seu pai Zebedeu no barco com os diaristas e foram com Ele.

Guia de leitura

Ao longo de nossa caminhada pudemos descobrir como Jesus vive curando a vida, oferecendo acolhida aos pecadores, defendendo os últimos e libertando a mulher. Vamos escutar agora os chamados que Jesus nos dirige. O mais importante é resumido pelo evangelista Marcos da seguinte maneira: "Começa algo novo. O reino de Deus está próximo. Mudai a maneira de pensar e de agir e crede nesta Boa Notícia". Se seguimos Jesus, é para colaborar com Ele no projeto humanizador do Pai.

Aproximação ao texto evangélico

• **Contexto da cena.** O que sugere a você o final do Batista na prisão? Tem a "Galileia" alguma importância para os seguidores de Jesus? Por que Jesus abandona o deserto? Como pôde Jesus anunciar Deus como Boa Notícia?

• **Reino de Deus.** Quando você ouve falar do reino de Deus, em que você pensa? Na Igreja, no céu, num lugar sagrado...? O que é o "reino de Deus?" para Jesus? (você pode recorrer ao comentário).

• **O reino de Deus está próximo.** Você vive Deus como alguém que está sempre procurando abrir caminho no mundo a fim de humanizar nossa vida? Em que se pode notar que Deus começa a reinar entre nós? (você pode recorrer ao comentário).

• **Convertei-vos.** Em que você pensa quando ouve falar de conversão (arrependimento, fazer penitência, abandonar uma vida de pecado, confessar-se, mudar a orientação de sua vida...)? O que pode ser "converter-nos ao reino de Deus"? Em que precisamos mudar para que Deus possa mudar o mundo?

• **Crede nesta Boa Notícia.** Você crê que Deus está atraindo todos nós para uma vida mais humana? Na sua opinião, é uma Boa Notícia saber que Deus só busca uma vida mais feliz para todos? É possível neste mundo? É preciso esperar até a vida eterna?

• **O chamado aos quatro pescadores.** Causa surpresa a você o fato de Ele chamar alguns pescadores e não sacerdotes do templo ou mestres da lei? O que Ele lhes diz exatamente? Para que os chama? O que é "pescar homens"?

Comentário

O reino de Deus está próximo

Jesus começa sua atividade profética. O evangelista Marcos capricha muito nas palavras, para que captemos bem a importância do que ele vai expor. Precisamos ouvir com atenção. Estamos num momento decisivo para este grupo que procura seguir Jesus e colaborar em seu projeto.

O poderoso Antipas encarcerou João na fortaleza de Maqueronte. A prisão põe fim à sua atividade. Apaga-se a voz do Batista, mas surge uma voz mais forte, a de Jesus. De seus lábios vamos escutar o grande projeto de Deus.

Jesus deixa a região do Jordão e vai para a Galileia. Não permanece no deserto para que as pessoas venham até Ele. Também não retorna a Nazaré, ao seu antigo trabalho de artesão. Ele próprio se aproximará das aldeias para proclamar a "Boa Notícia de Deus".

Nós, seguidores de Jesus, não devemos esquecer nunca a "Galileia". Aqui tudo começou. Foi na Galileia que se ouviu pela primeira vez o grande projeto do Pai, que Jesus chamava de "reino de Deus". Foi na Galileia que Ele chamou seus quatro primeiros seguidores: nós somos hoje seus herdeiros. É para a Galileia que devemos voltar sempre a fim de reavivar nosso seguimento de Jesus ressuscitado (cf. o tema 6).

De acordo com Marcos, Jesus não ensina propriamente uma "doutrina religiosa" para que seus discípulos a recolham e difundam fielmente. Ele anuncia, pelo contrário, um "acontecimento", algo que está ocorrendo e é necessário acolher, porque pode mudar tudo. Ele já o está experimentando e quer que todos compartilhem sua experiência. O evangelista resume o núcleo da mensagem de Jesus com estas palavras precisas: "Completou-se o prazo. O reino de Deus está próximo. Convertei-vos e crede na Boa Notícia".

• *"Completou-se o prazo."* Começa um tempo novo. Tudo o que veio antes ficará superado definitivamente. Não se deve viver olhando para o passado. As promessas de Deus estão se cumprindo. É preciso estar atentos ao que está acontecendo: "Quem põe a mão no arado e continua olhando para trás não serve para o reino de Deus" (Lucas 9,62).

• *"O reino de Deus está próximo."* Deus não quer deixar-nos sozinhos diante de nossos problemas, conflitos e sofrimentos. Deus é uma Presença boa e amistosa que está procurando abrir caminho entre nós para tornar a vida mais humana. Onde Deus reina, a humanidade progride em justiça, solidariedade, fraternidade e paz. Não é verdade que a história precise percorrer os caminhos de sofrimento e morte que os poderosos lhe traçam. É possível um mundo diferente, mais justo, mais digno, mais sadio e feliz para todos, precisamente porque Deus o quer assim. É possível a alternativa.

• *"Convertei-vos."* Mudai a maneira de pensar e de agir. Deus não pode mudar o mundo sem que nós mudemos. Sua vontade de humanizar a vida vai se tornando realidade na nossa resposta ao seu projeto. Precisamos despertar nossa responsabilidade. É possível dar uma nova direção à história humana, porque Deus está nos atraindo para um mundo mais humano. Precisamos sair de outros reinos – poder, dinheiro, violência, consumismo... – e entrar na lógica e na dinâmica do reino de Deus.

- *"Crede nesta Boa Notícia."* Precisamos levar a sério o projeto de Deus e confiar no poder transformador do ser humano, atraído por Ele para uma vida mais digna. Não estamos sós. É possível a esperança. Deus está apoiando também hoje o clamor dos que sofrem e a indignação dos que reclamam justiça. Precisamos introduzir no mundo a confiança. Precisamos de profetas do reino. Colaboradores no projeto do Pai, seguidores fiéis de Jesus.

O que surpreende é que Jesus nunca explica diretamente com conceitos em que consiste o reino de Deus. O que Ele faz é sugerir, com sua vida e suas parábolas inesquecíveis, como Deus atua e como seria a vida se houvesse pessoas que agissem como Ele. Podemos dizer que, para Jesus, o "reino de Deus" é a vida como Deus a quer construir: o projeto que o Pai quer levar adiante no mundo. É esta a inquietude que Jesus traz dentro de si: Como seria a vida do Império se em Roma não reinasse Tibério, mas alguém que atuasse como o Pai do céu? Como seria a vida nas aldeias da Galileia se em Tiberíades não governasse Antipas, mas alguém que tivesse os sentimentos de Deus? Como seria a religião judaica se o templo de Jerusalém fosse regido não por Caifás, mas por alguém que atuasse com a compaixão do Pai?

O "reino de Deus" não é uma religião. É muito mais. Vai além das crenças, preceitos e ritos de qualquer religião. É uma experiência nova de Deus. Uma maneira nova de entender e viver a Deus, que nos leva a situar tudo dentro de seu grande projeto de humanizar o mundo. Se de Jesus nasce uma religião, como de fato aconteceu, terá que ser uma religião a serviço do reino de Deus.

Este projeto do reino de Deus é o cerne de sua mensagem, a paixão que animou toda a sua vida, e também a razão pela qual Ele foi executado. Por isso, seguir Jesus é, antes de tudo, colaborar em seu projeto. O critério para medir a identidade dos cristãos, a verdade de um grupo de seguidores ou a autenticidade do que a Igreja faz é sempre o "reino de Deus". Um reino que começa nesta vida e alcança sua plenitude na vida eterna.

Não é estranho que, imediatamente depois de oferecer-nos o resumo do projeto do reino de Deus, Marcos apresente Jesus procurando colaboradores para levá-lo adiante. A cena vai além de um simples episódio. O evangelista se esforça para transmitir o significado profundo que seu chamado tem: Jesus inicia um movimento profético de seguidores e seguidoras aos quais confia a tarefa de anunciar e promover o projeto do reino de Deus ao longo dos séculos. Daí parte a Igreja.

Jesus vai "caminhando junto ao lago da Galileia". Começou sua caminhada. Não é um rabino, sentado em sua cátedra, que procura discípulos para fundar uma escola religiosa. É um profeta itinerante que procura seguidores para fazer com Ele uma caminhada apaixonante: viver abrindo caminhos ao reino de Deus. Ser discípulos de Jesus não é tanto aprender doutrinas quanto segui-lo em seu projeto de vida.

É Jesus quem toma a iniciativa. Aproxima-se, fixa o olhar naqueles pescadores e os chama para dar uma orientação nova à sua vida. Ninguém se põe a seguir os passos de Jesus baseado em sua própria intuição ou em seus desejos de viver um ideal. Também neste grupo seguimos Jesus porque nos sentimos atraídos e chamados por Ele.

O chamado de Jesus é pessoal. Ele se dirige a pescadores que têm um nome: Simão e André, Tiago e João. Jesus os surpreende no meio de suas ocupações de cada dia: lançando as redes ou consertando-as. Eles não têm uma preparação especial. Não se destacam em nada. O fator decisivo é escutar a partir do interior o chamado de Jesus: "Vinde comigo". Escutar este chamado não é tarefa de um dia. Jesus nos chama a caminhar atrás dele. O seguimento exige uma dinâmica de movimento. Seguir Jesus significa das passos concretos. Se paramos ou nos instalamos em nossa própria vida, vamos ficando longe de Jesus. O contrário do seguimento é o imobilismo.

O que procuramos neste grupo é precisamente escutar o chamado de Jesus e reavivar nosso seguimento: despertar nossa confiança nele, reafirmar nosso desejo de colaborar com Ele no projeto do Pai, identificar-nos com seu programa, continuar sua tarefa e aprender a viver segundo seu estilo.

Ao chamar estes quatro pescadores, Jesus lhes diz: "Vinde comigo e eu vos farei pescadores de homens". A expressão, sugerida sem dúvida pelo trabalho daqueles homens, é provocativa. O que significa ser "pescadores de homens"? Sem dúvida, atrair novos colaboradores para o projeto do Pai. Mas existe algo mais. Os hebreus viam no mar enfurecido a representação das forças do mal: nas águas do abismo habita o que é hostil a Deus, o que ameaça o ser humano. Por isso, "pescar homens" é libertar o ser humano do mal para introduzi-lo na dinâmica do reino de Deus.

⇨ **Para aprofundar-se:** *Marcos*, p. 33-39; *Mateus*, p. 56-61; *Jesus – Aproximação histórica*, p. 109-141.

Conversão pessoal

• Que importância tem em minha vida o projeto de fazer um mundo mais humano? Preciso descobrir melhor o que pode ser o "reino de Deus" para mim?

• Sinto necessidade de reajustar minha vida a partir da perspectiva do projeto humanizador de Deus? Em que preciso mudar, antes de mais nada, a fim de contribuir para tornar a vida mais humana?

• **Conversa com Jesus.** É atraente para você viver cada dia tornando a vida mais humana? Jesus conta com você. O que você lhe diz?

Compromisso com o projeto de Jesus

• Precisamos mudar alguma coisa na orientação e na caminhada deste grupo para colaborar melhor com o projeto do reino de Deus?

• Na sua opinião, é importante que haja na Igreja de Jesus grupos e comunidades que tomem consciência de que o objetivo e a meta da Igreja é o projeto salvador de Deus?

• "A Igreja não é ela mesma seu próprio fim, porque está orientada para o reino de Deus, do qual ela é germe, sinal e instrumento" (João Paulo II). O que você pensa destas palavras? É o que se prega e se promove nos ambientes cristãos que você conhece? Sinais positivos ou negativos.

Sugestões para a oração

• Um leitor ou leitora, de pé, lê devagar: "Caminhando junto ao lago da Galileia, Jesus viu Simão e seu irmão André, que eram pescadores e estavam lançando as redes ao lago. Aproximou-se e lhes disse: 'Vinde comigo e eu vos farei pescadores de homens'". Hoje Jesus olha para nós e nos diz: "Vinde comigo e vos farei colaboradores do reino de Deus". Depois, todos juntos, dizemos a seguinte oração:

Não tens mãos
Jesus, não tens mãos.
Tens apenas nossas mãos para construir um mundo
onde habite a justiça.
Jesus, não tens pés.
Tens apenas nossos pés para pôr em marcha
a liberdade e o amor.
Jesus, não tens lábios.
Tens apenas nossos lábios para anunciar aos pobres
o reino de Deus.
Jesus, não tens meios.
Tens apenas nossa ação para fazer com que
os homens e mulheres sejam irmãos.
Jesus, nós somos teu Evangelho, o único Evangelho
que as pessoas podem ler para acolher teu reino
(Anônimo).

* Meditamos em silêncio o texto e depois o pronunciamos todos juntos:

A terra começará a ser teu reino
Se nós sairmos para a vida
partindo nosso pão com o faminto,
eliminando, uma a uma, as discórdias,

pondo o bem em todos os teus caminhos,
a terra começará, Senhor, a ser teu reino.
Se nós sairmos para a vida
armados de concórdia e sem estrondo,
tirando a opressão do oprimido,
abrindo nossa casa ao forasteiro,
a terra começará, Senhor, a ser teu reino.
Se nós sairmos para a vida
vivendo em nossa carne teu Evangelho,
dizendo que é urgente despertar,
que só os sinceros veem teu reino,
a terra começará, Senhor, a ser teu reino (Anônimo).

* Renovação de nossa decisão de seguir Jesus.

Alguém pronuncia em voz alta: "Como olhou para os pescadores do lago da Galileia, também hoje Jesus olha para cada um de nós e nos diz: 'Vinde comigo e eu vos farei colaboradores do reino de Deus'".
Fazemos silêncio por alguns minutos. Quando um membro do grupo, depois de ouvir Jesus, lhe diz no fundo de seu coração: "Senhor, eu vou contigo", ele se põe de pé em silêncio. Todos nós sabemos que ele quer seguir Jesus. Assim vamos fazendo todos, um depois do outro. Quando estamos todos de pé, nos damos as mãos e cantamos ou rezamos a oração dos seguidores de Jesus: o Pai-nosso. Terminamos, como sempre, dando-nos o abraço da paz.

27 Acolhei a semente do reino de Deus (Marcos 4,1-9)

Novamente [Jesus] se pôs a ensinar junto ao lago. Acorreu uma multidão tão grande que Ele precisou subir num barco que estava no lago. Sentou-se nele, enquanto toda a multidão permanecia em terra, à beira do lago. Ensinava-lhes muitas coisas por meio de parábolas. Dizia-lhes:

– Escutai: O semeador saiu a semear. Aconteceu que, ao semear, parte da semente caiu à beira do caminho: vieram os pássaros e a comeram. Outra parte caiu em terreno pedregoso, onde não havia muita terra; logo brotou, porque a terra era pouco profunda. Mas, quando saiu o sol, ficou queimada e secou, porque não tinha raiz. Outra parte caiu entre os espinheiros, mas os espinheiros cresceram, sufocaram-na e ela não deu fruto. Outra parte caiu em terra boa e cresceu e se desenvolveu e deu fruto: trinta, sessenta e até cem por um.

E acrescentou:

– Quem tiver ouvidos para ouvir, ouça!

Guia de leitura

Precisamos acolher, do fundo do nosso coração, o chamado de Jesus a colaborar com Ele abrindo caminhos ao reino de Deus e sua justiça. Como fazia junto ao lago da Galileia, Jesus vai semear também hoje em nosso grupo sua Palavra. Nossa primeira atitude deve ser a de acolher em nós a semente do reino. Pouco a pouco, esta semente germinará e crescerá. Nossa vida irá se transformando: nós nos converteremos em colaboradores do reino de Deus.

Aproximação ao texto evangélico

* **O cenário.** Jesus está ensinando à multidão, não congregada na sinagoga, mas "diante do mar da Galileia". Isto sugere algo a você? Ele não proclama abertamente a Palavra, mas começa a ensinar por meio de parábolas. Por quê?

• **"Escutai."** O que diz Jesus antes de contar a parábola? O que Ele diz ao concluir? Por que pede tanta atenção à parábola? O que pode ser "ter ouvidos para ouvir"?

• **O semeador.** Quem pode ele representar? O que chama a sua atenção no seu modo de semear? Jesus semeava assim?

- **O fracasso da semeadura.** Deve-se à semente? Ao semeador? Ao tempo pouco favorável? À má qualidade da terra?
- **As causas do fracasso.** Por que fracassa o que foi semeado à beira do caminho? Por que fica estéril o que foi semeado em terreno pedregoso? Por que não chega a dar fruto o que foi semeado entre espinheiros?
- **A terra boa.** O que tem esta terra para que a semente nela semeada dê fruto? Na sua opinião, é uma boa colheita?
- **Mensagem da parábola.** Com a ajuda do comentário vá apresentando concretamente a que pessoas a parábola se refere ao falar de cada terreno. Em que terreno nos vemos nós, os membros deste grupo?

Comentário

Acolher a semente do reino

Marcos descreve com muitos detalhes o ambiente em que Jesus começa a ensinar por meio de parábolas. Jesus não se dirige à sinagoga para ensinar aos que nela se congregam no sábado. Volta para a beira do lago para comunicar sua mensagem. Mas, ao ver que acorre uma multidão muito grande (literalmente, "maior do que nunca"), sobe num barco e senta-se nele, dentro do mar, a uma curta distância da margem. A multidão permanece na margem "de frente" para o mar da Galileia.

Marcos está sugerindo a seus leitores que o Evangelho não ficará restrito ao povo de Israel. O horizonte aberto do "mar da Galileia" está apontando para o anúncio universal do reino de Deus a todos os povos. Hoje chega ao nosso pequeno grupo.

Sentado no barco, Jesus lhes ensina muitas coisas, mas agora não proclama diretamente a Palavra. Depois das resistências que sua pregação foi encontrando, Ele procura outra linguagem mais adequada ao povo. Fala-lhes em parábolas. Com estes breves relatos, Jesus não busca ilustrar grandes doutrinas, mas pôr as pessoas em contato com experiências de sua própria vida que podem ajudá-los a abrir-se ao reino de Deus. Suas parábolas fazem pensar, tocam o coração e convidam a acolher a Boa Notícia de Deus. Quem escuta de fora, não capta nada. Pelo contrário, quem "entra" na parábola e se deixa comover por sua força já está "entrando" no reino de Deus.

Jesus começa pedindo à multidão atenção para entender bem o conteúdo da parábola: "Escutai". A parábola encerra algo muito importante. No final do relato, Jesus volta a gritar: "Quem tiver ouvidos para ouvir, ouça". O fracasso ou o êxito da semeadura depende de como é o terreno onde cai a semente. Só os que têm ouvidos para ouvir acolhem a semente e dão fruto. Jesus lhes fala de algo que os camponeses da Galileia conhecem muito bem. No outono saem para semear suas terras; em junho recolhem as colheitas. Todos sabem o que é semear e o que é viver dependendo da futura colheita. Do que Jesus lhes quer falar?

"O semeador saiu a semear". Ele o faz com confiança. Semeia de maneira abundante, inclusive em lugares onde parece difícil que a semente possa germinar. Assim semeiam os camponeses da Galileia, para aproveitar bem todas as possibilidades de seus pequenos terrenos. A semente cai, e cai por toda parte. Para as pessoas não é difícil identificar o semeador. Assim é Jesus. Eles o estão vendo sair todas as manhãs, movido pelo Espírito de Deus, para anunciar a Boa Notícia do reino de Deus peles aldeias da Galileia. Ele o faz inclusive entre os escribas, os fariseus e os conhecidos de seu povoado de Nazaré, onde foi rejeitado. Não desanima nunca. Continua semeando.

O relato conta com todos os detalhes o que acontece com a semeadura. Uma parte da semente cai à beira do caminho que margeia o terreno. A terra está endurecida. A semente não consegue penetrar. Desaparece sem deixar rasto. Vêm os pássaros e a comem. A semeadura fracassou desde o primeiro momento.

Outra parte cai em região pedregosa, coberta levemente por um pouco de terra. A semente só penetra na superfície. Chega a brotar, mas não muito. Não podendo criar raízes, seca ao sair o sol. A semeadura demorou um pouco a perder-se, mas termina fracassando.

Outra parte cai numa área mais abandonada, onde crescem espinheiros e ervas daninhas. A semente pode germinar e crescer, mas não chega a dar fruto. Os espinheiros e ervas daninhas crescem com mais força e a sufocam.

Provavelmente os ouvintes escutam consternados. Será que toda a semeadura irá fracassar? Não conseguirá o semeador encontrar um terreno melhor? Jesus continua seu relato. Outras partes caíram em terra boa. A semente não só germina, mas as plantas crescem, se desenvolvem e dão fruto: trinta, sessenta e até cem por um. Apesar de a semente ter-se perdido em algumas áreas, no final o semeador pode fazer uma boa colheita.

As pessoas começam a "entender". Jesus semeia como os camponeses. Ao semear, todos sabem que parte da semeadura pode perder-se, mas isso não desanima ninguém: o importante é a colheita final. Com o reino de Deus acontece algo semelhante. Não faltam obstáculos e resistências, mas a semente semeada por Jesus dará seu fruto.

O que precisamos ouvir com atenção nesta parábola? Jesus deixa o relato aberto. Os ouvintes poderão escutar diversos chamados. Alguns poderão tomar consciência mais viva de que Deus está querendo entrar em muitas vidas para fazer um mundo novo. Outros poderão contagiar-se com a confiança e a segurança de Jesus: apesar das resistências e rejeições, o reino de Deus abrirá caminho. Mas, sem dúvida, a parábola é sobretudo um convite a acolher esta experiência nova e surpreendente que Jesus está procurando comunicar a todos e que Ele chama de "reino de Deus". O fracasso da semeadura não se deve ao semeador, mas às resistências e obstáculos que a "semente do reino" encontra nos diferentes terrenos.

Podemos concretizar mais quais são estes obstáculos e resistências? Marcos nos oferece a explicação dada depois pelo próprio Jesus aos seus discípulos. O texto vai concretizando o que significa cada terreno (Marcos 4,14-20).

• *Primeiro caso.* "O que foi semeado à beira do caminho" são aqueles nos quais a mensagem de Jesus não penetra. Desaparece sem deixar rasto. É como se eles nunca a tivessem escutado. "Enquanto a ouvem, vem satanás e leva a Palavra neles semeada." O reino de Deus só penetra em nós quando o acolhemos com um coração aberto e simples.

• *Segundo caso.* "O que foi semeado em terreno pedregoso" são aqueles que, "quando escutam a mensagem, a aceitam imediatamente com alegria; mas ela não cria raízes neles. Eles são inconstantes. Por isso, quando surge uma dificuldade ou perseguição por causa da Palavra, sucumbem". A mensagem de Jesus convence ou até os entusiasma, porque no fundo ela corresponde a seus ideais; mas não se comprometem seriamente a acolher e trabalhar pelo reino de Deus. Quando encontram alguma dificuldade que põe em perigo sua segurança, bem-estar ou interesses, recuam.

• *Terceiro caso.* "O que foi semeado entre os espinheiros". Estes são "os que escutam a mensagem, mas as preocupações do mundo, a sedução da riqueza e os desejos de todo gênero penetram neles, sufocam a Palavra e a deixam sem fruto". Estes escutam a mensagem, mas neles existem obstáculos que impedem que a Palavra acabe dando fruto. O principal é, sem dúvida, a atração do dinheiro. Jesus gritará um dia: "Não podeis servir a Deus e ao Dinheiro" (Lucas 16,13). Mas também pode transformar-se em obstáculo a vida agitada por toda espécie de preocupações e problemas, ou atraída por todo tipo de desejos e interesses.

• *Quarto caso.* "O que foi semeado em terra boa." São os que escutam a mensagem, a acolhem e dão fruto: trinta, sessenta e cem por um. São aqueles que acolhem a mensagem de Jesus com um coração aberto, a tornam sua, não põem obstáculos à Palavra, mas a transformam em vida. Estes são os que entram na dinâmica do reino de Deus. Seremos assim neste Grupo de Jesus?

⇨ **Para aprofundar-se:** *Mateus*, p. 151-157; *Jesus – Aproximação histórica*, p. 293-298.

Conversão pessoal

• Com que atitude interior eu escuto o Evangelho de Jesus em minha leitura pessoal, no encontro do grupo, na celebração litúrgica? Em que tipo de terreno me vejo melhor retratado?

• Costumo meditar os relatos evangélicos para entender bem as palavras de Jesus e aprender a viver de seus gestos? O que posso fazer para alimentar-me melhor do Evangelho?

• **Conversa com Jesus.** Você acolhe o que Jesus está semeando em você? Que resistências você encontra em seu coração? Fale diretamente com Ele.

Colaboração com o projeto de Jesus

• Onde se escuta o Evangelho de Jesus em nossa sociedade? Como os cristãos escutam o Evangelho na celebração, na pregação, na leitura pessoal, na família, nos grupos? Onde se acolhe a semeadura em terra boa?

• Como podemos contribuir para que as paróquias e comunidades cristãs valorizem mais o Evangelho de Jesus e se alimentem melhor dele?

• Como podemos melhorar todos juntos a escuta do Evangelho em nosso próprio grupo? Como reavivar nossa fé na presença de Jesus semeador entre nós?

Sugestões para a oração

• Um leitor ou leitora lê pausadamente a cena de Jesus pregando à multidão no lago. Depois fazemos silêncio. Jesus está no meio de nós. Já está há muito tempo semeando seu Evangelho neste grupo. Pedimos perdão por nossas resistências a acolhê-lo.

Pedido de perdão ao Semeador
Estás perto, estás sempre,
estás nos esperando e não paramos.

Perdão, Senhor, por nossa falta de atenção.
Respeitas nossa liberdade, caminhas junto conosco,
sustentas nossas vidas,
e não nos damos conta.
Perdão, Senhor, por nossa falta de abertura.
Tu nos ajudas a conhecer-nos como filhos,
nos animas a entrar no reino,
e não fazemos caso de ti.
Perdão, Senhor, por nossa falta de acolhida.
Tu nos amas com ternura, queres o melhor para nós,
nos ofereces tua presença,
e não te agradecemos.
Perdão, Senhor, por nossa ingratidão.
Por nossas dúvidas e vacilações,
por nossa busca de segurança,
por nosso esquecimento de ti.
Perdão, Senhor, por nossa falta de fé (Anônimo).

- Lemos em silêncio a seguinte oração. Depois, cada um faz sua invocação com alguma frase.

Quando meu pecado me desanimar,
ajuda-me a crer que Tu não deixas nunca
de semear no barro de minha mediocridade.
Quando o sofrimento me deixar sem forças,
ajuda-me a crer que Tu estás semeando em mim
uma secreta fecundidade.
Quando a morte próxima me causar medo,
ajuda-me a crer que o grão que morre
é semente de uma espiga dourada.
Quando a desgraça dos oprimidos me entristecer,
ajuda-me a crer que nosso amor solidário
é semente de justiça e liberdade.
Quando eu vir teus seguidores infiéis à nossa missão,
ajuda-me a crer que Tu semeias
no coação de nossas contradições (Inspirada em
M. Hubaut).

- Para rezar no silêncio do coração:

  Espírito de Jesus,
  tu sempre vens
  e nos revestes com tua paz.
  E, quando permanece em nós
  a alegria que brota de teu Evangelho,
  ela nos traz um alento de vida (H. Roger de Taizé).

28 Vai e faze tu o mesmo (Lucas 10,29-37)

O mestre da lei, querendo justificar-se, perguntou a Jesus:

– E quem é o meu próximo?

Jesus respondeu:

– Um homem descia de Jerusalém para Jericó e caiu nas mãos de uns assaltantes que, depois de despojá-lo das vestes e espancá-lo, foram embora, deixando-o meio morto. Um sacerdote descia casualmente por aquele caminho, viu-o, deu uma volta e passou ao largo. O mesmo fez um levita que passava por aquele lugar: viu-o, deu uma volta e passou ao largo.

Mas um samaritano que estava de viagem chegou junto dele, viu-o, sentiu compaixão e se aproximou: vendou-lhe as feridas, derramando nelas azeite e vinho, montou-o em sua própria cavalgadura, levou-o a uma hospedaria e cuidou dele. No dia seguinte tirou dois denários e os deu ao dono da hospedaria, dizendo: "Cuida dele e, se gastares algo a mais, eu te pagarei na volta".

Na tua opinião, quem destes três foi o próximo daquele que caiu nas mãos dos assaltantes?

Ele respondeu:

– Aquele que teve compaixão dele.

Jesus lhe disse:

– Vai e faze tu o mesmo.

Guia de leitura

Escutamos os chamados de Jesus a entrar na dinâmica do reino de Deus. Mas, qual é a primeira coisa para começar a colaborar com Ele neste projeto do Pai de fazer um mundo novo, mais justo e humano para todos? A resposta de Jesus é clara: "Sede compassivos como vosso Pai é compassivo". O samaritano da parábola é o modelo desta atuação compassiva.

Aproximação ao texto evangélico

- **A pergunta do mestre da lei.** O que ele quer dizer quando pergunta a Jesus quem é seu próximo? (podemos ler integralmente o diálogo em Lucas 10,25-29). Você se fez alguma vez esta pergunta? Quando alguém se faz esta pergunta?

- **O ferido da valeta.** No trajeto que você faz cada dia, você vê pessoas assaltadas, roubadas, golpeadas, abandonadas à sua sorte, quase sem ninguém por perto que se ocupe com elas? Todos juntos, apresentamos exemplos.

- **O sacerdote e o levita.** Como se descreve seu comportamento? Por que os dois fazem a mesma coisa? Você entende sua atuação? Por que sua entrega ao serviço do Deus Santo do templo não os leva a ajudar o ferido?

- **O samaritano.** O relato descreve sua primeira reação com três verbos. Você pode destacar sua importância? Depois se descreve tudo o que ele faz pelo ferido. O que você pensa de sua atuação? Causa surpresa a você ver esta atuação num "samaritano", que não vem do templo nem pertence ao povo eleito? Conhecemos pessoas que se parecem com ele?

- **Jesus, bom samaritano.** Você também chamaria Jesus assim? Por quê? Você lembra algo de sua maneira de olhar as pessoas e aproximar-se dos que sofrem? Como você resumiria o estilo de vida de Jesus?

- **Vai e faze tu o mesmo.** Esta é a última palavra de Jesus ao mestre da lei. O que você sente ao ouvi-la? Anima você a viver atento ao sofrimento das pessoas?

Comentário

Agir como o samaritano

Jesus experimenta o mistério de Deus como compaixão. Deus tem entranhas de mãe. A compaixão é o modo de ser de Deus, sua primeira reação diante de suas criaturas, sua maneira de olhar o mundo e de tratar as pessoas. Deus atua movido por sua compaixão. As parábolas mais comoventes são as que Ele contou para fazer todos intuírem a compaixão de Deus para com seus filhos e filhas (temas 12, 14 e 15). Movido por esta experiência, Jesus vai introduzir na história humana um novo princípio de atuação: a força que deve impulsionar o crescimento do reino de Deus no mundo deve ser a compaixão do Pai. "Sede compassivos como vosso Pai é compassivo" (Lucas 6,36).

No povo judeu havia outro princípio para orientar a conduta do povo de Deus. O livro do Levítico o formula assim: "Sede santos porque eu, o Senhor vosso Deus, sou santo" (Levítico 19,2). Todos devem imitar a santidade do Deus do templo: um Deus que ama seu povo, mas rejeita os pagãos; que bendiz os que cumprem a lei, mas maldiz os pecadores; que acolhe os puros, mas afasta os impuros. Jesus o percebeu imediatamente. Esta imitação de um Deus santo não corresponde à sua experiência de um Deus acolhedor e compassivo para com todos. É a compaixão de Deus e não sua "santidade" que deve inspirar os que acolhem o projeto do Pai. Jesus não nega a "santidade" de Deus, mas o que qualifica esta santidade não é a rejeição dos pagãos, a maldição dos pecadores ou o afastamento dos impuros. Deus é grande e santo não porque rejeita, maldiz ou afasta, mas porque ama a todos sem excluir ninguém de sua compaixão.

A parábola do bom samaritano nos permite entender em que consiste ser compassivos como o Pai. De acordo com Lucas, Jesus conta esta parábola para responder a uma pergunta que um mestre da lei lhe faz para não sair-se mal de uma conversa que tem com ele: "Quem é o meu próximo?" Esta é a pergunta de quem só se preocupa em cumprir a lei para herdar a vida eterna e conseguir sua salvação. Ao mestre da lei interessa saber quem ele tem obrigação de amar e quem ele pode excluir de seu amor. Não pensa no sofrimento das pessoas. Não conhece a compaixão para com os que sofrem.

Jesus, que vive aliviando o sofrimento dos que encontra em seu caminho, infringindo se for preciso a lei do sábado ou as normas de pureza, responde-lhe com um relato no qual expõe de forma ilustrativa como atua quem vive movido pela compaixão do Pai.

No caminho que desce de Jerusalém a Jericó, um homem caiu nas mãos de uns assaltantes. Assaltado e despojado de tudo, fica na valeta, meio morto, abandonado à sua sorte. Não sabemos quem ele é. Só sabemos que é "um homem". Poderia ser qualquer um de nós. Qualquer ser humano abatido pela violência, pela desgraça ou pelo abandono.

Felizmente, chegam pelo caminho, primeiro um sacerdote e depois um levita. São pessoas religiosas. Vivem a serviço do Deus Santo do templo. Sem dúvida se compadecerão dele. Mas não é isto que acontece. Ao ver o ferido, os dois fecham seus olhos e seu coração. Para eles é como se aquele homem "meio morto" não existisse: "Veem o ferido, dão uma volta e passam ao largo". Sua falta de compaixão não é só uma reação pessoal, porque os dois fazem o mesmo. O relato sugere que é a tentação que espreita os que se dedicam ao sagrado: viver longe do mundo real, onde as pessoas lutam, trabalham e sofrem. Provavelmente continuam seu caminho ocupados em ser santos cumprindo a lei. Em seu horizonte não estão os que sofrem nas valetas dos caminhos. Estaremos também nós dando voltas para não encontrar-nos com os que sofrem?

Ao longe aparece um terceiro viajante. Não é sacerdote nem levita. Não vem do templo, nem sequer pertence ao povo eleito. Para os ouvintes da parábola é um desprezível "samaritano". O ferido pode esperar dele o pior. No entanto, sua atuação surpreende a todos.

O relato a descreve com todos os detalhes: "Ao chegar junto dele, viu-o, se comoveu e se aproximou". É sempre esta a primeira reação de quem vive movido pela compaixão. Depois faz pelo ferido o que está em suas mãos: desinfeta as feridas com vinho, trata delas com azeite e as venda. Depois monta-o sobre sua própria cavalgadura e o leva até uma hospedaria. Ali cuida dele pessoalmente e providencia que continuem atendendo-o. Ele pagará os gastos. Esta atuação do samaritano nos revela a dinâmica da verdadeira compaixão.

• *O olhar compassivo*. O samaritano sabe olhar o ferido com compaixão. É a primeira coisa. A compaixão não brota da atenção à lei ou do respeito aos direitos humanos. Ela desperta em nós a partir do olhar atento e responsável lançado ao que sofre. Este olhar nos liberta do egoísmo e da indiferença. Os evangelhos lembram com frequência o olhar compassivo de Jesus (ler Lucas 7,13; Mateus 9,36; 14,14).

• *A aproximação*. O olhar compassivo nos leva aproximar-nos daquele que sofre. O samaritano "aproximou-se" do ferido, achegou-se, se fez próximo dele. O mestre da lei havia perguntado a Jesus: "Quem é o meu próximo?" O samaritano não se pergunta se aquele desconhecido que está meio morto na valeta é seu próximo ou não. Ele sabe que é um ser humano que precisa que ele esteja perto. Não precisamos saber mais. Quem olha as pessoas com compaixão não se pergunta quem é o meu próximo, a quem devo amar. Ele se pergunta quem está precisando que eu me aproxime e me torne seu próximo, qualquer que seja sua raça, sua origem, sua religião ou sua ideologia.

• *O comportamento dos gestos*. O samaritano não se sente obrigado a observar um determinado código legal. Simplesmente reage à situação do ferido, inventando todo tipo de gestos orientados a aliviar seu sofrimento e resgatar sua vida.

Jesus passou sua vida inteira semeando gestos de bondade. Ele não tem poder político nem religioso. Não pode resolver as injustiças que se cometem na Galileia, mas vive inventando gestos de bondade orientados a mudar aquela sociedade. Abraça as crianças da rua porque não quer que os seres mais frágeis vivam como órfãos; abençoa os enfermos porque não quer que se sintam rejeitados por um Deus diante do qual se sentem culpados; toca a pele dos leprosos porque não quer que ninguém os exclua da convivência; cura infringindo o sábado para que todos saibam que nem a lei mais sagrada está acima da atenção aos que sofrem.

Estes gestos de Jesus não são convencionais. Nascem de sua vontade de criar um mundo mais amável e solidário, onde as pessoas se ajudem e cuidem mutuamente: o mundo desejado pelo Pai. São gestos orientados a afirmar a vida e a dignidade dos seres humanos.

- *Vai e faze tu o mesmo*. A parábola conclui com esta pergunta de Jesus: "Na tua opinião, quem destes três foi o próximo daquele que caiu nas mãos dos assaltantes?" O mestre da lei lhe respondeu: "Aquele que teve compaixão dele". Jesus lhe diz: "Vai e faze tu o mesmo". Agora sabemos o que precisamos fazer: não dar "voltas" diante de ninguém que esteja sofrendo, abrir os olhos, olhar atentamente os que sofrem, aproximar-nos das valetas dos caminhos, erguer o feridos, viver curando os que sofrem.

A compaixão não é só um sentimento do coração. Não consiste em fazer de vez em quando uma "obra de misericórdia". De acordo com Jesus, a compaixão é o princípio de ação que deve inspirar e impulsionar nosso trabalho para propagar o reino de Deus: "Sede compassivos como vosso Pai é compassivo".

⇨ **Para aprofundar-se:** *Lucas*, p. 179-185; *Jesus – Aproximação histórica*, p. 172-175.

Conversão pessoal

• Vivo dando voltas diante de pessoas que precisam que eu esteja perto? Quem eu evito e por quê? Preciso mudar minha atitude para com alguém concretamente?

• O que posso oferecer às pessoas necessitadas que encontro em meu caminho? Escuta, apoio, amizade, dinheiro, defesa, tratamento mais próximo, fé...?

• **Conversa com Jesus.** Fale com Ele sobre aquilo que existe no seu coração. Ele lhe conhece. Ele pode mudar você.

Colaboração com o projeto de Jesus

• Que grupos de pessoas necessitadas são mais esquecidos pelas paróquias e comunidades cristãs? De que pessoas poderíamos aproximar-nos mais?

• Conhecemos pessoas que, mesmo não sendo praticantes, nos lembram com sua vida a atuação do bom samaritano?

• A caminhada que empreendemos está fazendo crescer a compaixão em nosso grupo? Estamos decididos a ser um grupo que impulsione a compaixão na sociedade e na Igreja? Queremos que ela seja nossa característica especial?

Sugestões para a oração

• Depois de meditar em silêncio a atuação do samaritano, rezamos devagar a seguinte oração:

> **Oração do Bom Samaritano**
> Senhor, Tu és o Bom Samaritano.
> Tu foste o primeiro
> a fazer-te próximo do ser humano.
> Tu te aproximas sempre que nos vês
> caídos e feridos no caminho.
> Quando me pergunto quem é meu próximo,
> Tu me mudas com paciência a pergunta

e me dizes: "De quem você se faz próximo?"
Tu nos revelas a mudança de que precisamos:
sair de nosso velho egoísmo,
romper com nosso pequeno mundo de bem-estar,
sair cada manhã com os olhos bem abertos
ao encontro dos que Tu pões em nosso caminho:
a vizinha viúva e sem recursos,
o desempregado que perturba minha paz,
o estrangeiro com quem não quero falar.
Dá-nos, Senhor, um coração compassivo! (Inspirado em M. Hubaut).

- Recitamos todos juntos a seguinte oração. Depois, os que o desejarem podem repetir em voz alta alguma das frases:

É nossa hora.
Não é a hora do medo e da solidão.
Não é o tempo da dispersão.
Não é o momento de caminhar sozinhos.
Não são os dias de desesperar.
É nossa hora.
É a hora da comunhão.
É o tempo da verdade.
É a hora para os que têm ouvidos para ouvir.
É a hora dos que têm coração de carne
e não de pedra.
É nossa hora.
É agora que podemos dar-nos a mão.
É agora que os profetas devem gritar.
É agora que nossa força é a esperança.
É o tempo dos que creem e esperam.
É tempo de fazer novas todas as coisas (Anônimo).

- Para rezar no silêncio do coração:

Jesus, paz de nossos corações,
Tu chamas cada um de nós
a seguir-te.
A quem iríamos senão a ti?
Tu tens as palavras
que dão vida ao nosso coração (H. Roger de Taizé).

29 A mim o fizestes (Mateus 25,31-46)

Quando o Filho do homem vier em sua glória, acompanhado de todos os seus anjos, se assentará no trono de sua glória. Reunir-se-ão diante dele todos os povos. E Ele colocará as ovelhas à sua direita e os cabritos à sua esquerda.

Então dirá o rei aos que estiverem à sua direita:

– Vinde, benditos de meu Pai! Herdai o reino preparado para vós desde a criação do mundo. Porque tive fome e me destes de comer; tive sede e me destes de beber; era estrangeiro e me acolhestes; estava nu e me vestistes; enfermo e me visitastes; encarcerado e viestes ver-me.

Então os justos lhe perguntarão:

– Senhor, quando te vimos faminto e te demos de comer, ou sedento e te demos de beber? Quando te vimos estrangeiro e te acolhemos ou nu e te vestimos? Quando te vimos enfermo ou encarcerado e fomos ver-te?

E o rei lhes dirá:

– Eu vos asseguro: quando o fizestes a um destes meus irmãos mais pequeninos, a mim o fizestes.

Depois dirá aos da esquerda:

– Afastai-vos de mim, malditos, para o fogo eterno preparado para o diabo e seus anjos. Porque tive fome e não me destes de comer; tive sede e não me destes de beber; fui estrangeiro e não me acolhestes; estive nu e não me vestistes; enfermo e encarcerado e não me visitastes.

Então perguntarão também estes:

– Senhor, quando te vimos com fome ou com sede, ou estrangeiro ou nu, ou enfermo ou encarcerado, e não te assistimos?

E Ele lhes responderá:

– Eu vos asseguro: quando deixastes de fazê-lo a um destes pequeninos, também a mim o deixastes de fazer.

E estes irão para o castigo eterno e os justos para a vida eterna.

Guia de leitura

No encontro anterior ouvimos o chamado de Jesus a sermos compassivos como o Pai, imitando o samaritano da parábola. Agora veremos que esta compaixão, que se concretiza em ajuda prática aos necessitados, é o elemento decisivo para entrar no reino definitivo de Deus e receber a bênção do Pai compassivo.

Aproximação ao texto evangélico

• **Cena grandiosa.** O relato não é propriamente uma parábola, mas uma cena grandiosa na qual Cristo ressuscitado preside como rei a assembleia universal de todos os povos da terra. Conseguimos imaginar a cena?

• **Separação em dois grupos.** Qual a primeira coisa que o rei faz? Quem compõe cada um dos grupos que ficam separados? Acontece já hoje esta separação na terra?

• **Duplo convite aos dois grupos.** Que convite o rei dirige a cada grupo? Qual é o motivo de um destino tão diferente e oposto? O que é que fizeram uns e outros?

• **Necessidades básicas.** De que necessitados se fala no relato? São casos imaginários ou necessidades que podemos observar também hoje entre nós? Pode-se apontar casos reais em nossa sociedade.

• **Surpresa dos dois grupos.** Você entende sua surpresa diante das palavras do rei? O que você pensa da resposta que o rei dá a cada grupo? Jesus viveu identificado com os necessitados que ia encontrando em seu caminho; mas, vemo-lo identificado com os pobres de hoje?

• **O elemento decisivo.** Qual é o elemento decisivo para entrar no reino definitivo de Deus? Ficam anuladas ou vazias de sentido as religiões e a adesão crente a Jesus? O que você diria de uma vida religiosa que não leva à compaixão ativa e solidária?

Comentário

O elemento decisivo é a ajuda ao necessitado

No evangelho de Mateus encontramos um relato impressionante que tradicionalmente costuma ser apresentado como "parábola do juízo final". No entanto, não é propriamente uma parábola, mas uma cena grandiosa na qual se afirma que o critério definitivo que decidirá a sorte final de todos é a ajuda prática aos necessitados.

Sem nenhuma introdução prévia nos é dito que o Filho do homem (Cristo ressuscitado) chegará como um rei, acompanhado por um cortejo de anjos, e se assentará de maneira solene "no trono de sua glória". Diante dele se reúnem "todos os povos". Ali estão homens e mulheres de todas as raças e povos, de todas as culturas e religiões, gerações de todos os tempos. É a hora da verdade. A humanidade inteira vai escutar o veredito final.

O rei começa separando aquela multidão em dois grupos, como faziam os pastores com seu rebanho ao entardecer: as ovelhas de um lado, para deixá-las em lugar fresco durante a noite, porque assim é melhor para elas; os cabritos do outro lado, para abrigá-los no interior, porque o frio da noite não lhes faz bem.

O relato não se detém propriamente em descrever os detalhes de um julgamento (acusações, defesa, sentença...). O que se destaca é um duplo diálogo que lança uma grande luz sobre nosso modo de viver, porque nos faz ver que, definitivamente, existem duas maneiras de reagir diante dos que sofrem: ou nos compadecemos e os ajudamos ou nos desinteressamos e os abandonamos.

O primeiro grupo é convidado pelo rei a aproximar-se: "Vinde, benditos de meu Pai"; são homens e mulheres que recebem a bênção de Deus para herdar o reino "preparado para eles desde a criação do mundo". O segundo grupo é convidado a afastar-se: são os que ficam sem a bênção de Deus e sem o reino. Cada grupo se dirige ao lugar que escolheu com sua vida: os que viveram movidos pela compaixão e ajudaram os necessitados acabam no reino do amor e da misericórdia de Deus; os que excluíram de sua vida os necessitados se autoexcluem do reino de Deus, onde reina o amor. O critério para separar os dois grupos é preciso e claro. Os do primeiro grupo reagiram com compaixão diante dos necessitados e lhes ofereceram sua ajuda. Os do outro grupo viveram indiferentes ao seu sofrimento e não lhes ofereceram ajuda alguma.

O rei fala aos dois grupos de seis situações de necessidade, básicas e fundamentais. Não são casos irreais, mas necessidades que todos nós conhecemos e que ocorrem em todos os povos e em todos os tempos. Em todas as partes existem famintos e sedentos; existem imigrantes e nus; existem enfermos e encarcerados.

Não se pronunciam grandes palavras como "justiça", "solidariedade", "respeito aos direitos humanos"... Todas estão sobrando se não houver ajuda real aos que sofrem. Aqui se fala de comida, algo para beber, roupa, um teto para abrigar-se. Também não se fala de amor. Disso poderia resultar uma linguagem demasiado abstrata. Fala-se de coisas tão concretas como dar de comer e de beber, vestir, acolher, visitar. O elemento decisivo não é o sentimento do amor, mas a compaixão que se traduz em ajuda prática.

O que surpreende é a maneira como o rei fala aos dois grupos. Ao primeiro ele diz: "Tive fome e me destes de comer; tive sede e me destes de beber; era estrangeiro e me acolhestes; estava nu e me vestistes; enfermo e me visitastes; encarcerado e viestes ver-me". O grupo, naturalmente, expressa seu assombro: nunca viram o rei nestas pessoas famintas ou sedentas; nunca o viram nos estrangeiros ou nus; tampouco nos enfermos ou encarcerados. Mas o rei ratifica o que afirmou: "Eu vos asseguro: quando o fizestes a um destes meus irmãos mais pequeninos, a mim o fizestes".

O mesmo acontece com o segundo grupo. O rei lhes diz: "Tive fome e não me destes de comer; tive sede e não me destes de beber; fui estrangeiro e não me acolhestes; estive nu e não me vestistes; enfermo e encarcerado e não me visitastes". Também este grupo manifesta sua estranheza: nem lhes passou pela cabeça que podiam estar desatendendo seu rei. Mas este ratifica o que disse: Ele está presente no sofrimento destes "irmãos pequeninos": "Eu vos asseguro: quando deixastes de fazê-lo a um destes pequeninos, também a mim o deixastes de fazer".

Esta linguagem empregada pelo rei não é um recurso literário. É totalmente coerente como o que sabemos de Jesus. As fontes evangélicas não admitem dúvidas. Jesus viveu dedicado àqueles que Ele via necessitados de ajuda. Era incapaz de passar ao largo. Nenhum sofrimento lhe era alheio. Ele se identificava com os mais pequeninos e desvalidos e fazia por eles tudo o que podia.

Os que são declarados "benditos do Pai" não agiram por motivos religiosos, mas por compaixão. O que os conduz ao reino de Deus não é sua religião nem a adesão explícita a Jesus, mas sua ajuda concreta aos necessitados. O caminho que conduz a Deus não passa necessariamente pela religião, pelo culto ou pela confissão de fé, mas pela compaixão ativa e solidária com os "irmãos pequeninos" de Jesus. O elemento decisivo na vida não é o que confessamos. O reino de Deus é e será sempre dos que amam o pobre que sofre e o ajudam em sua necessidade. É este o elemento decisivo.

Alguns autores chegam a dizer que este relato é uma "revolução religiosa" sem precedentes, porque Jesus abre uma via de acesso ao Pai distinta do sagrado: a ajuda ao irmão necessitado. Por esta via caminham muitos homens e mulheres que não conhecem Jesus ou não confessam nenhuma fé em Jesus.

Isto não significa que a religião ou a adesão crente a Jesus Cristo sejam anuladas. Pelo contrário, ficam orientadas interiormente para o amor e a compaixão ativa e solidária. A religião verdadeira sempre conduz ao amor. O seguimento fiel de Jesus Cristo sempre leva a ser compassivos como o Pai é compassivo.

O relato de Jesus fala da sentença final, mas lança muita luz sobre nossa vida atual. Não é preciso esperar o juízo final. É agora que estamos nos aproximando ou afastando dos que sofrem. É agora que estamos nos aproximando ou afastando de Cristo. É agora que estamos decidindo a nossa vida.

⇨ **Para aprofundar-se:** *Mateus*, p. 319-325.

Conversão pessoal

• À medida que avançamos em nossa caminhada, vou me aproximando mais dos necessitados ou continuo tão indiferente como sempre?

• Tenho preocupação de que minha fé em Jesus me torna cada vez mais sensível aos que sofrem? Movo-me em nível teórico ou vou dando algum pequeno passo concreto?

• **Conversa com Jesus.** Hoje Ele lhe fala a partir dos pobres e necessitados. O que Ele lhe diz? Abra-lhe seu coração.

Colaboração com o projeto de Jesus

• Conhecemos instituições ou organismos não confessionais comprometidos com o serviço aos necessitados? Como avaliamos seu trabalho? Como colaboramos?

• Como estamos acolhendo em nossa sociedade os imigrantes? O que mais podemos fazer?

• Estamos nos aproximando dos mais afetados pela crise econômica? Como? Por quais caminhos?

Sugestões para a oração

• Todos juntos pronunciamos devagar a letra de uma conhecida canção de alguns anos atrás:

Convosco está e não o conheceis.
Convosco está, seu nome é o Senhor
Seu nome é o Senhor e passa fome,
e clama pela boca do faminto,
e muitos que o veem passam ao largo,
talvez para chegar logo ao templo.
Seu nome é o Senhor e padece sede,
e está em quem de justiça está sedento,
e muitos que o veem passam ao largo,
às vezes ocupados com suas rezas.
Seu nome é o Senhor e está nu,
a ausência do amor gela seus ossos,
e muitos que o veem passam ao largo,
seguros ao calor de seu dinheiro.
Seu nome é o Senhor e vive enfermo,
e sua agonia é a do enfermo,
e muitos que o sabem não fazem caso,
talvez não frequentava muito o templo.
Seu nome é o Senhor e está na prisão,
está na solidão de cada preso,
e ninguém o visita e até dizem:
"Talvez este não era um dos nossos".
Seu nome é o Senhor, o que tem sede,
Ele pede pela boca do faminto,
está preso, está enfermo está nu,
mas Ele nos vai julgar por tudo isso (Manzano / Olivar).

• Podemos rezar devagar a seguinte oração:

Senhor, neste mundo insolidário e frio
queremos buscar-te.
Nos bairros marginais e zonas periféricas
queremos encontrar-te.
Nos que a sociedade esconde e esquece
queremos ver-te.

> Nos que não contam para a cultura dominante
> queremos descobrir-te.
> Nos que carecem do básico e necessário
> queremos acolher-te.
> Nos que pertencem ao reverso da história
> queremos abraçar-te (F. Ulíbarri).

- Para rezar no silêncio do coração:

> Jesus, paz de nossos corações,
> em nossas noites
> e em nossos dias,
> nas horas de escuridão
> como na plena luz,
> Tu bates à nossa porta
> e esperas nossa resposta (H. Roger de Taizé).

30 Amarás teu Deus e teu próximo (Marcos 12,28-34)

> *Um mestre da lei aproximou-se de Jesus e perguntou-lhe:*
>
> – *Qual é o primeiro de todos os mandamentos?*
>
> *Jesus respondeu:*
>
> – *O primeiro é*: Escuta, Israel: o Senhor nosso Deus é o único Senhor; amarás o Senhor teu Deus com todo o teu coração, com toda a tua alma, com toda a tua mente e com todas as tuas forças. *O segundo é este*: Amarás o teu próximo como a ti mesmo. *Não há outro mandamento mais importante do que estes.*
>
> *O mestre da lei lhe disse:*
>
> – *Muito bem, Mestre; tens razão quando dizes que o Senhor é um só e não há outro fora dele; e que amá-lo com todo o coração, com toda a inteligência e com todas as forças e amar o próximo como a si mesmo vale mais do que todos os holocaustos e sacrifícios.*

Vendo que ele havia respondido sensatamente, Jesus lhe disse:

– Não estás longe do reino de Deus.

E ninguém mais se atrevia a fazer-lhe perguntas.

Guia de leitura

Vimos que o grande mandamento de Jesus para acolher e buscar o reino de Deus e sua justiça é claro: "Sede compassivos como vosso Pai é compassivo". Então, o que dizer das leis e mandamentos que regem a religião de Israel? Jesus os resume em amar a Deus com todo o coração e amar o próximo como a si mesmo.

Aproximação ao texto evangélico

• **A pergunta do mestre da lei.** O que é que ele quer saber de Jesus? Parece importante a você sua pergunta? Precisamos também nós fazer-nos esta pergunta?

• **Amarás a Deus com todo o coração...** Em que insiste Jesus ao falar do amor a Deus? O que é que mais chama a sua atenção? Este amor é só um mandamento que devemos pôr em primeiro lugar? É a força que deve inspirar e orientar o cumprimento de todos os outros?

• **Amarás o teu próximo.** O que é amar o próximo como a si mesmo? Você costuma pensar alguma vez nesta norma prática? Por que Jesus acrescenta este segundo mandamento? Pode-se separar o amor a Deus do amor ao próximo?

• **A aprovação do mestre da lei.** Acrescenta algo ao que Jesus disse? Parece importante a você o que Ele acrescenta? O que você pensa do culto a Deus quando é feito sem amor a Deus nem ao próximo?

• **A conclusão de Jesus.** O que Ele diz exatamente ao mestre da lei? Que passo este precisa dar para entrar no reino de Deus como Jesus o entende?

Comentário

Síntese do amor a Deus e ao próximo

Os judeus falavam da lei com orgulho. De acordo com a tradição, o próprio Deus a tinha dado a seu povo por meio de Moisés. Nesta lei estava escrita a vontade do único Deus vivo e verdadeiro. Nela podiam encontrar tudo o que precisavam para viver fielmente sua Aliança com Ele.

No entanto, Jesus, seduzido totalmente pelo reino de Deus, não se concentra na lei. Procura a vontade de Deus a partir de outra experiência diferente: o reino de Deus está chegando, e isto muda tudo. A lei regulou a vida de Israel, mas já não é o elemento mais decisivo para descobrir a vontade deste Pai compassivo que quer construir um mundo mais justo e humano. Por isso, é importante conhecer como Jesus se situa diante da lei.

Em certa ocasião, um mestre da lei se aproxima de Jesus. Não vem armar-lhe uma cilada. Tampouco discutir com Ele. Sua vida está fundamentada em leis e preceitos que lhe indicam como comportar-se em cada momento de maneira fiel à Aliança. No entanto, em seu coração surgiu uma pergunta: "Qual é o primeiro de todos os mandamentos?"

Não é uma pergunta a mais. Aquele homem quer saber o que é o mais importante para Deus, o que é o essencial para fazer sua vontade. Dito de outra maneira: qual é a primeira coisa para acertar na vida. Jesus entende muito bem o que aquele homem sente. Quando na religião vão se acumulando leis, preceitos, costumes e ritos, é fácil viver dispersos, sem saber exatamente qual é o elemento primeiro e fundamental.

Jesus não lhe responde citando os mandamentos de Moisés. Simplesmente lhe lembra as primeiras palavras da oração chamada *Shemá*, que reúne o essencial da fé judaica no Deus da Aliança. Concretamente, cita-lhe literalmente as primeiras palavras: "O primeiro é: 'Escuta, Israel: o Senhor nosso Deus é o único Senhor; amarás o Senhor teu Deus com todo o teu coração, com toda a tua alma, e com todas as tuas forças'" (Deuteronômio 6,4-5).

O mestre da lei está pensando num Deus que tem poder para dar leis. Jesus o põe diante de um Deus cuja voz devemos escutar. Quando escutamos o verdadeiro Deus, percebemos um chamado a amar. Não é propriamente uma lei. É o que brota em nós ao abrir-nos ao Mistério último da vida: "Amarás".

O mandamento do amor não se encontra no mesmo plano dos demais preceitos, perdido entre outras normas mais ou menos importantes. O amor é o princípio animador e orientador de todo o resto. Se um preceito não é deduzido do amor ou vai contra o amor, fica vazio de sentido: não serve para construir a vida como Deus a quer.

Seguindo literalmente a oração do *Shemá*, Jesus fala de um amor que é entrega e fidelidade total ao único Deus. O ser humano precisa viver centrado no amor a Deus com tudo aquilo que constitui o seu ser. Amarás o Senhor teu Deus "com todo o teu coração", que é o centro das decisões e sentimentos mais nobres da pessoa; "com toda a tua alma", ou seja, com toda a vitalidade; "com toda a tua mente" ou capacidade de pensar e entender; "com todas as tuas forças" ou energias para atuar. O amor a Deus não é um sentimento ou uma emoção. É uma entrega prática, generosa e confiante ao amor de Deus.

Este amor a Deus é a primeira coisa. Mas Jesus acrescenta imediatamente outro mandamento, recolhido no Levítico 19,18, pelo qual ninguém perguntou. O amor a Deus vai unido a um segundo mandamento do qual não pode ser dissociado. Assim conclui Jesus: "O segundo é este: 'Amarás o teu próximo como a ti mesmo'. Não há outro mandamento mais importante do que estes".

Amar o próximo como a si mesmo significa simplesmente amá-lo como desejamos que o outro nos ame. Não se pode encerrar o amor em fórmulas precisas. Jesus não o faz. O amor pede criatividade. Assim se entende outro convite de Jesus que costuma ser chamado de "regra de ouro": "Tratai os outros como quereis que eles vos tratem" (Mateus 7,12). Nossa própria experiência pode ser o melhor ponto de partida para imaginar como devemos tratar uma pessoa concreta. Não existe desculpa nem escapatória fácil. Para nós sempre queremos o melhor.

Esta "regra de ouro" nos põe a buscar o bem de todos de maneira incondicional. Deve ser esta a nossa atitude básica para colaborar com o projeto humanizador do Pai.

O mestre da lei aprova com entusiasmo tudo o que foi dito por Jesus: "Muito bem, Mestre; tens razão". E, em seguida, repete quase literalmente as palavras pronunciadas por Jesus. Também para ele o amor total a Deus e o amor ao próximo constituem a síntese da lei e o princípio supremo que deve inspirar tudo. Mas, além disso, ele se atreve a acrescentar uma observação sobre o culto do templo: o amor a Deus e ao próximo "vale mais do que todos os holocaustos e sacrifícios". Estes ritos, que pretendiam assegurar a relação com Deus ficam subordinados ao amor, que é o que realmente nos une a Ele.

Ao ver que ele captou sabiamente sua mensagem, Jesus lhe diz: "Não estás longe do reino de Deus". Este elogio contém um discreto convite a dar algum passo a mais. O mestre da lei está preparado para entrar no projeto humanizador do Pai. Esta maneira de entender a lei leva ao reino de Deus. Mas não basta a teoria. Agora ele precisa agir praticamente a partir deste amor a Deus e ao próximo. Podemos resumir brevemente algumas conclusões.

Jesus estabelece uma estreita vinculação entre o amor a Deus e o amor ao próximo. Eles são inseparáveis. Não é possível amar a Deus e desinteressar-nos do próximo. Não é possível amar a Deus e viver esquecidos dos que sofrem. O amor a Deus que exclui o próximo se transforma em mentira. O que vai contra o amor ao irmão vai contra Deus.

Jesus não confunde o amor a Deus com o amor ao próximo como se fossem a mesma coisa. Deus tem uma primazia absoluta e não pode ser substituído por nada. A primeira coisa é amar a Deus: buscar sua vontade, entrar em seu reino, confiar em seu perdão. A oração se dirige a Deus, não ao próximo; o reino no qual devemos entrar é de Deus, não dos irmãos; precisamos converter-nos a Deus, não aos irmãos...

Por outro lado, o próximo não é um meio ou uma ocasião para praticar o amor a Deus. Jesus não está pensando em transformar o amor ao próximo numa espécie de amor indireto a Deus. Jesus cura, abençoa e ajuda as pessoas porque as vê sofrer e precisando de alguém que alivie sua dor.

Ele pensa de outra maneira. Amar a Deus com todo o coração é a amar um Pai que ama sem limites todos os seus filhos e filhas. Por isso, não é possível amar a Deus sem desejar o que Ele quer e sem amar aqueles que Ele tanto ama. O amor a Deus torna impossível viver fechado em si mesmo, indiferente ao sofrimento dos outros. Por isso Jesus diz "Sede compassivos como vosso Pai do céu é compassivo".

⇨ **Para aprofundar-se:** *Mateus*, p. 279-285; *Jesus – Aproximação histórica*, p. 305-310.

Conversão pessoal

• Quando ouço Jesus falar do amor a Deus, em que eu penso? Em meus sentimentos, em minha prática religiosa, em minha oração, em meus pecados, em minha fidelidade para fazer sua vontade...?

• Separo o amor a Deus do amor ao meu próximo? Meu trato com Deus me leva a tratar melhor os outros? Aplico alguma vez a "regra de ouro", que me pede tratá-los como quero que eles me tratem?

• **Conversa com Jesus.** Fale a Ele do amor que você tem ao Pai. Dê-lhe graças porque Ele o está revelando a você.

Colaboração com o projeto de Jesus

• Corremos o risco de dar mais importância aos preceitos religiosos do que ao amor de Deus? Quando?

• É fácil viver uma religião vazia de amor a Deus e ao próximo? Como introduzir mais amor?

• O que devemos cuidar mais no trato com os outros? Respeito, diálogo, sinceridade, amizade, ajuda generosa, proximidade, solidariedade...?

Sugestões para a oração

• Podemos rezar em silêncio a seguinte oração. Depois de algum tempo, a recitamos todos juntos de maneira pausada. Em seguida, cada um pode repetir alguma frase:

>Tu nos dás teu amor,
>ensina-nos a amar-te com todo o coração.
>Teu amor é fonte de vida,
>ensina-nos a amar-te com toda a alma.
>Teu amor é fonte de luz,
>ensina-nos a amar-te com toda a mente.
>Teu amor é nossa fortaleza,
>ensina-nos a amar-te com todas as forças.

• Podemos seguir o mesmo método para rezar com o seguinte texto:

>*Meu coração está contigo*
>Meu coração está contigo, Pai,
>meu coração está contigo.
>Neste momento
>minha cabeça pensa em ti.
>Neste momento
>meus olhos olham os teus olhos.
>Neste momento
>minhas mãos apertam as tuas mãos.
>Neste momento me decido... por ti.
>Só Tu és Deus.
>Só Tu és sentido.
>Só Tu libertas.
>Só Tu és fiel.
>Só Tu és esperança.
>Só Tu és amor.
>Só Tu és Deus.
>Meu coração está contigo, Pai.
>Meu coração está contigo.
>Seguirei os passos de Jesus.
>Hoje me decido por ti (P. Loidi).

• Todos juntos damos graças a Deus em voz alta:

>Nós te damos graças, Senhor,
>pelos olhos que olham com amor,

> pelas mãos que cuidam e levantam,
> pela voz que acompanha e anima,
> pelos ouvidos que escutam gemidos,
> tristezas e alegrias.
> Nós te damos graças por tantas pessoas
> que são portadoras de teu amor (Anônimo).

31 Amai vossos inimigos (Mateus 5,38-45)

Disse Jesus aos seus discípulos:

– Sabeis que foi dito: "Olho por olho, dente por dente". Eu, porém, vos digo: não resistais a quem vos ofende. Pelo contrário, se alguém te der uma bofetada na face direita, oferece-lhe a outra; a quem quiser pleitear contigo para tirar-te a túnica, dá-lhe também o manto; se alguém te forçar a caminhar uma milha, acompanha-o por duas; dá a quem te pede e não voltes as costas a quem te pede emprestado.

Ouvistes que foi dito: "Amarás o teu próximo e odiarás o teu inimigo". Eu, porém, vos digo: amai vossos inimigos e rezai por aqueles que vos perseguem, para serdes filhos de vosso Pai do céu, que faz sair seu sol sobre maus e bons, e manda a chuva para justos e injustos.

Guia de leitura

O chamado de Jesus a amar a Deus e ao próximo é sedutor e certamente encontra um grande eco em nosso coração. Agora vamos dar mais um passo, escutando seu chamado a amar inclusive os inimigos. É um traço próprio e original der Jesus. Atrever-nos-emos a amar inclusive os que nos causam dano?

Aproximação ao texto evangélico

• **Olho por olho, dente por dente.** O que você pensa desta norma de comportamento? É frequente também hoje? Em sua opinião, é uma norma digna do ser humano? Você encontra nela algum valor positivo?

• **Como reagir diante de quem nos causa dano?** Será que Jesus nos convida a permanecer passivos e resignados, cedendo aos abusos e injustiças? Não devemos buscar sempre o reino de Deus e sua justiça?

• **Resistência não violenta.** É possível resistir aos abusos e lutar por um mundo mais justo sem cair na violência? Como você entende os exemplos de Jesus? São normas a serem cumpridas ao pé da letra? Na sua opinião, qual é o exemplo mais claro?

• **Amar os inimigos.** O que você sente diante do chamado de Jesus a amar os inimigos? É uma utopia impossível? É realizável? Serve para alguma coisa?

• **Rezar pelos inimigos.** Acontece alguma vez você rezar pelas pessoas que lhe causam dano? Você tem a experiência de viver perdoando algumas pessoas? Você pode expor sua experiência?

Comentário

O amor aos inimigos

Certamente muitos acolhiam com agrado o chamado de Jesus a amar a Deus e ao próximo. Era a melhor síntese da antiga lei. Mas o que menos podiam esperar era ouvi-lo falar em amar inclusive os inimigos e não oferecer resistência violenta aos que nos fazem mal. Suas palavras eram um escândalo para aqueles camponeses da Galileia que viviam a experiência cruel da opressão romana e os abusos dos poderosos proprietários de terras. O que Jesus está dizendo? Será que Deus quer que vivamos submissos resignadamente aos opressores? Não se deve buscar sempre o reino de Deus e sua justiça? Em primeiro lugar vamos ouvir o chamado a não responder violentamente a quem nos faz mal. Depois seu convite a amar os inimigos.

- *Resistência não violenta*. Jesus começa recordando a lei do talião, chamada popularmente "olho por olho e dente por dente". Todos conheciam as palavras do Êxodo que punham um limite justo ao desejo incontrolado de vingança, que nasce facilmente em nós diante daquele que nos fez algum mal: "Se houver danos, se pagará assim: vida por vida, olho por olho, dente por dente, mão por mão, pé por pé, queimadura por queimadura, ferimento por ferimento, golpe por golpe" (21,23-25). Portanto, de acordo com esta lei, a vingança é justa quando não se excede o dano recebido: eu pago a ti com o mesmo dano que fizeste a mim.

A partir de sua experiência de um Deus não violento, Jesus irá superar a lei do "olho por olho e dente por dente", propondo uma prática nova de resistência não violenta àquele que nos faz mal. Jesus não pede a seus seguidores que cedam ao mal em vez de resistir: se buscamos o reino de Deus e sua justiça, devemos opor-nos sempre ao mal. A questão não é resistir ou não resistir ao mal, mas como resistir. Jesus propõe aos seus resistir, mas não de modo violento.

Para expressar melhor seu pensamento, Jesus imagina quatro casos concretos que ilustram de maneira gráfica como reagir diante do mal. Não são normas a serem seguidas ao pé da letra, mas sugestões para resistir às injustiças sem cair na espiral da violência. Jesus não busca promover a passividade, a resignação ou a rendição covarde diante dos abusos e injustiças. Ele está convidando seus seguidores a não responder à agressão na mesma linha do agressor, mas adotando uma estratégia amistosa que corte, se possível, uma escalada da violência.

"Se alguém te der uma bofetada na face direita, oferece-lhe a outra." Ao que parece, a bofetada na face direita era uma prática bastante comum para humilhar os subordinados: os amos golpeavam seus escravos, os proprietários de terra seus diaristas, os esposos suas esposas. Como reagir? O normal era aceitar a humilhação e submeter-se aos maus-tratos e abusos. Jesus sugere "oferecer a outra face", ou seja, não deixar-se intimidar, reafirmar sua própria dignidade diante do agressor, que não espera outra resposta senão a submissão: negar-lhe o pode de humilhar-nos, fazê-lo ver que, apesar de seu gesto violento, somos tão humanos ou mais humanos do que ele.

"A quem quiser pleitear contigo para tirar-te a túnica, dá-lhe também o manto" que trazes por cima. Apresenta-te diante de todos nu, mas com dignidade. Que o credor fique em evidência e todos possam ver até onde chega sua cobiça e o caráter desumano do sistema que permite tais abusos.

"Se alguém te forçar a caminhar uma milha, acompanha-o por duas". Suponhamos que soldados a serviço de Roma obriguem você a transportar uma carga por uma milha; por que você não se mostra disposto a continuar por mais outra milha? Você os deixará desconcertados, porque a lei romana proíbe forçar alguém a andar mais de uma milha. Não será uma grande vitória contra Roma, mas você mostrará sua dignidade e a rejeição à sua injusta opressão.

Jesus acrescenta ainda duas exortações positivas: "Dá a quem te pede e não voltes as costas a quem te pede emprestado". Certamente Ele se refere a práticas abusivas em questões de impostos e empréstimos que não conhecemos muito bem. O texto sugere que Jesus propõe dar a quem nos pede algo pensando apenas em sua necessidade e fazer empréstimos sem pensar no benefício que podemos obter aumentando os lucros.

A atitude de Jesus é clara. Entrar na dinâmica do reino de Deus é construir o mundo não na direção da violência, mas da justiça e do amor. Não é fácil lutar contra um mundo injusto sem cair na violência, mas é possível. Jesus pede a nós, seus seguidores, que enfrentemos os abusos e desmandos de maneira responsável e corajosa, desmascarando a falta de humanidade contida em toda atuação injusta. E, ao mesmo tempo, nos anima a praticar a resistência não violenta para sermos testemunhas de um Deus não violento num mundo violento.

• *Amar os inimigos*. Jesus começa recordando a atitude que se vivia no povo judeu diante dos inimigos: "Amarás o teu próximo e odiarás o teu inimigo". Estas palavras não estão contidas na lei de Moisés, mas refletem muito bem o clima social que se vivia na Palestina. Os membros do povo escolhido se sentiam chamados a odiar seus inimigos, porque os consideravam "inimigos de Deus". Odiar o inimigo era, inclusive, um sinal de zelo pela justiça de Deus. Assim diz um salmo: "Senhor, como não odiar os que te odeiam? Como não abominar os que se levantam contra ti? Sim, eu os odeio com ódio implacável: considero-os meus inimigos" (Salmo 139,21-22).

Jesus começa a falar uma linguagem nova e surpreendente. Deus não é violento, mas compassivo: ama inclusive seus inimigos; não procura a destruição de ninguém. Sua grandeza não consiste em vingar-se, mas em amar incondicionalmente a todos. Faz o bem inclusive aos que se opõem a Ele. É esta a experiência que Jesus tem de Deus. A partir desta experiência Ele vai introduzir uma atitude nova e original diante dos inimigos: "Eu, porém, vos digo: amai vossos inimigos e rezai por aqueles que vos perseguem, para serdes filhos de vosso Pai do céu, que faz sair seu sol sobre maus e bons, e manda a chuva para justos e injustos".

Jesus não está pensando só nos inimigos privados que alguém pode ter em seu próprio entorno. Certamente pensa em todo tipo de inimigos, sem excluir nenhum: o inimigo pessoal, aquele que causa dano à família, o adversário do próprio grupo ou os opressores de todo o povo. Entre aqueles camponeses da Galileia, "inimigos" são aquelas pessoas das quais só podemos esperar o mal. A ideia de Jesus é clara: quem se parece com Deus não alimenta o ódio contra ninguém, busca o bem de todos. O que Ele procura é eliminar dentro de seu projeto do reino de Deus a inimizade. Seu chamado pode ser resumido assim: "Não sejais inimigos de ninguém, nem mesmo de quem é vosso inimigo. Sede semelhantes a Deus".

Quando Jesus fala do amor aos inimigos, não está pensando em sentimentos de afeto, simpatia ou carinho para com os que nos fazem mal. O inimigo continua sendo inimigo, e dificilmente pode despertar em nós tais sentimentos. Amar o inimigo é, pelo contrário, pensar em seu bem; não buscar seu mal, mas aquilo que pode contribuir para que ele viva melhor e de maneira mais digna. Isto supõe esforço, porque precisamos aprender a depor o ódio, superar o ressentimento e buscar o que é bom para ele. Jesus fala de "rezar por aqueles que nos perseguem", provavelmente como uma maneira concreta de ir despertando em nós a capacidade de amá-los.

Este amor ao inimigo não é um ensinamento de Jesus dirigido a pessoas chamadas a uma perfeição heroica. Seu chamado quer introduzir na história uma atitude nova diante do inimigo, porque procura eliminar no mundo o ódio e a violência destruidora. Quem viver como filho ou filha do Pai não alimentará o ódio contra ninguém, procurará o bem de todos, inclusive de seus inimigos, porque "o Pai do céu faz sair seu sol sobre maus e bons e manda a chuva para justos e injustos".

⇨ **Para aprofundar-se:** *Mateus*, p. 79-85; *Jesus – Aproximação histórica*, p. 310-318.

Conversão pessoal

• Como reajo habitualmente diante das pessoas que me causam dano? Elimino-as de minha amizade? Corto a relação com elas? Devolvo-lhes mal por mal?

• Existe neste momento alguma pessoa que eu excluo positivamente de minha amizade e de meu amor? Sinto-me bem nesta atitude rancorosa e ressentida? Sinto o chamado a mudar de postura?

• **Conversa com Jesus.** Fale com Ele sobre a resistência que você sente a amar pessoas que lhe causam dano. Aprenda com Jesus a rezar por elas, como Ele o fez na cruz.

Colaboração com o projeto de Jesus

• Observamos na sociedade atuações violentas, desmandos e maus-tratos a pessoa inocentes? Como reagimos?

• Conhecemos testemunhos de perdão e reconciliação com inimigos pessoais? Podemos contá-los no grupo?

• Conhecemos pessoas ou grupos que praticam a resistência não violenta para lutar contra abusos e desmandos? Podemos colaborar em algumas situações?

Sugestões para a oração

- Podemos recitar todos juntos esta oração de São Francisco. Depois cada um vai pronunciando a frase que quiser destacar:

> **Oração de São Francisco**
> Senhor, fazei de mim um instrumento de vossa paz.
> Onde houver ódio, que eu leve o amor.
> Onde houver ofensa, que eu leve o perdão.
> Onde houver discórdia, que eu leve a união.
> Onde houver dúvidas, que eu leve a fé.
> Onde houver erros, que eu leve a verdade.
> Onde houver desespero, que eu leve a esperança.
> Onde houver tristeza, que eu leve a alegria.
> Onde houver trevas, que eu leve a luz.
> Ó Mestre, fazei que eu procure mais consolar, que ser consolado;
> compreender, que ser compreendido;
> amar, que ser amado.
> Pois é dando que se recebe.
> É perdoando que se é perdoado.
> E é morrendo que se vive para a vida eterna (São Francisco de Assis).

- Para rezar no silêncio do coração:

> Espírito Santo, que enches o universo,
> Tu pões ao alcance de nossa fragilidade humana
> estes valores do Evangelho:
> a bondade do coração, o perdão, a compaixão (H. Roger de Taizé).

- Podemos concluir com a seguinte oração:

> Jesus de misericórdia,
> quando te agoniavam os sofrimentos,
> não ameaçavas ninguém,
> mas perdoavas.
> Nós também queremos perdoar
> permanecendo simples de coração (H. Roger de Taizé).

Sexta etapa

Chamados a seguir Jesus

Ao longo dos últimos encontros escutamos os principais chamados de Jesus: seu convite a entrar na dinâmica do reino de Deus, seu chamado a ser compassivos como o Pai do céu e sua proposta de amar a Deus e aos irmãos como única lei. Chegou o momento de ouvir de Jesus o chamado concreto a segui-lo de perto, chamado que Ele nos dirige a todos e cada um dos membros deste grupo.

Já conhecemos seu estilo de vida, sua paixão por Deus, sua entrega aos que sofrem, seu projeto do reino. Agora precisamos estar mais atentos do que nunca. Nos próximos encontros, Jesus nos irá chamando de maneira muito concreta a segui-lo, colaborando com Ele na tarefa apaixonante de abrir caminhos a este Deus que quer construir, conosco e junto a nós, um mundo mais digno, justo e fraterno.

32) *Segue-me*. Antes de mais nada, escutaremos a voz de Jesus, que nos chama a segui-lo. Ele nos pede disponibilidade total e sem reservas, mas não nos promete segurança nem bem-estar. Precisamos tomar uma decisão arriscada, mas apaixonante. Ela pode mudar para sempre a nossa vida.

33) *Carregai a cruz*. Se nos decidirmos a seguir Jesus, precisamos esquecer os nossos interesses egoístas e carregar o sofrimento que poderá nos advir por colaborar com Ele no projeto humanizador do Pai.

34) *Sois o sal da terra e a luz do mundo.* Nossa tarefa é árdua, mas atraente. Jesus nos chama a ser suas testemunhas: sal que dá sabor à vida e luz que ilumina as trevas da existência.

35) *Rezai assim.* Para ser testemunhas de Jesus precisamos viver com seu Espírito. Jesus nos deixou em herança a oração do Pai-nosso. Nela podemos alimentar nosso trabalho em prol de seu projeto do reino.

36) *Fazei isto em memória de mim.* Jesus nos mandou, sobretudo, celebrar a ceia de despedida que Ele realizou com seus discípulos. Nesta ceia do Senhor nós, seus seguidores, alimentamos nossa comunhão com Ele e nossa entrega ao serviço do reino de Deus.

32 Segue-me (Lucas 9,57-62)

Enquanto caminhavam, alguém disse a Jesus:

– Eu te seguirei para onde fores.

Jesus lhe respondeu:

– As raposas têm tocas e as aves do céu têm ninhos, mas o Filho do homem não tem onde repousar a cabeça.

A outro Ele disse:

– Segue-me.

Ele respondeu:

– Senhor, deixa-me ir primeiro enterrar meu pai.

Ele respondeu:

– Deixa que os mortos enterrem seus mortos; tu, porém, vai anunciar o reino de Deus.

Outro lhe disse:

– Eu te seguirei, Senhor; mas deixa-me primeiro despedir-me de minha família.

Jesus lhe respondeu:

– Quem põe a mão no arado e continua olhando para trás, não serve para o reino de Deus.

Guia de leitura

A esta altura de nossa caminhada precisamos criar no grupo uma atitude de especial atenção e escuta. Jesus nos chama a segui-lo. Precisamos tomar uma decisão que pode orientar nossa vida de maneira nova. Ele não nos promete segurança nem bem-estar. Pede-nos disponibilidade total e sem reservas. Chama-nos para colaborar com Ele no projeto do reino de Deus, trabalhando por um mundo mais justo e fraterno. Pode haver tarefa mais apaixonante?

Aproximação ao texto evangélico

Primeira cena

• O que você pensa da atitude daquele que se apresenta a Jesus para segui-lo? O que é que ele está pedindo?

• Você entende a resposta de Jesus? Você pensa que segui-lo é uma aventura arriscada? O que é que pode fazer-nos recuar?

Segunda cena

• Parece razoável a você o discípulo que pede a Jesus que o deixe ir enterrar seu pai antes de segui-lo? O que é que ele está pedindo?

• O que Jesus lhe quer dizer com sua resposta? É tão importante anunciar o reino de Deus? Por que Jesus lhe dá um caráter tão prioritário?

Terceira cena

• Parece razoável a você o discípulo que pede a Jesus para ir despedir-se antes de segui-lo? Por que ele quer voltar aos seus? É só um gesto de cortesia?

• Você entende a resposta que Jesus lhe dá? Por que não se pode arar olhando para trás? Por que não serve para o reino de Deus aquele que vive olhando para o passado?

Comentário

Condições para seguir Jesus

"Seguir Jesus" é uma metáfora que os discípulos aprenderam pelos caminhos da Galileia. A metáfora é muito sugestiva. Para eles significa concretamente: caminhar, mover-se, dar passos, andar atrás de Jesus; não perdê-lo de vista; não ficar longe dele. A metáfora vai adquirindo mais tarde um conteúdo mais vital. Para as primeiras gerações cristãs, "seguir Jesus" significa principalmente viver como Ele e colaborar com Ele na tarefa de abrir caminhos ao reino de Deus.

Por isso, "seguir Jesus" é o cerne da vida cristã. Não há nada mais importante e decisivo. É um erro pretender ser cristãos sem seguir Jesus. Precisamente por isso Lucas recolhe três pequenas cenas para que seus leitores tomem consciência de que nada pode ser mais urgente e inadiável.

Jesus emprega imagens provocativas. Vê-se que Ele quer sacudir as consciências. Ele não busca seguidores a todo custo, mas seguidores mais comprometidos que o sigam incondicionalmente, renunciando a falsas seguranças e assumindo rupturas necessárias. As palavras de Jesus se resumem em duas perguntas: Vocês querem viver doravante sua vida seguindo-me de maneira incondicional? Vocês querem colaborar comigo sem reservas no projeto humanizador de Deus?

• *Primeira cena*. Um dos que acompanham Jesus se sente tão atraído por Ele que, antes de Jesus o chamar, antecipa-se ele próprio e toma a iniciativa: "Eu te seguirei para onde fores". Jesus reage de maneira surpreendente. Antes de mais nada, quer que ele tome consciência de sua decisão. Segui-lo é uma aventura arriscada. Por quê? Simplesmente porque "as raposas têm tocas e as aves do céu têm ninhos", mas Ele "não tem onde repousar a cabeça".

Jesus não se detém em mais explicações. Nunca promete a seus seguidores segurança e bem-estar. Tampouco dinheiro ou poder. Não os seduz propondo-lhes metas atraentes ou ideais sublimes. Segui-lo é "viver a caminho", pondo toda a confiança nele. Jesus vai imprimir uma orientação nova às suas vidas. Arranca-os da segurança em que vivem e os lança numa aventura imprevisível: em mais de uma ocasião eles poderão experimentar a falta de acolhida e a rejeição. Se vivem a serviço do reino de Deus, incorporados à vida e à tarefa profética de Jesus, espera-os a mesma sorte que o espera.

• *Segunda cena*. Outro, chamado desta vez por Jesus, está disposto a segui-lo; mas pede-lhe primeiro que o deixe cumprir com a obrigação sagrada de "enterrar seu pai". Seu pedido não pode causar estranheza a nenhum judeu, porque se trata de um dos deveres mais importantes na religião judaica. A resposta de Jesus é desconcertante: "Deixa que os mortos enterrem seus mortos; tu, porém, vai anunciar o reino de Deus".

Jesus sabe o que está dizendo. O que aquele homem lhe pede não é assistir ao enterro de seu pai recém-falecido, o que o teria retido apenas por alguns dias. O que ele quer é continuar atendendo a seu pai até os últimos dias. Ausentar-se de casa e desligar-se da família sem a bênção de seu pai não era só uma falta de respeito e gratidão, mas também um desafio à sua autoridade indiscutível sobre toda a família.

Jesus lhe fala com clareza: a primeira coisa é o projeto humanizador do reino de Deus. Não continue cuidando do "mundo do pai": esta família patriarcal preocupada apenas com sua honra, com seus filhos e suas terras. Vá anunciar o reino de Deus: esta família nova que o Pai do céu quer formar, na qual se vive em atitude fraterna com todos e se cuida de maneira especial dos mais necessitados e órfãos de ajuda.

Abrir caminhos ao reino de Deus é sempre a tarefa mais urgente. Nada deve atrasar nossa decisão. Ninguém nos deve reter ou frear. Os "mortos", ou seja, os que não vivem a serviço do reino da vida, já se dedicarão a outras tarefas menos urgentes do que a de buscar o reino de Deus e sua justiça.

• *Terceira cena*. Um outro está disposto a seguir Jesus, mas antes lhe pede o seguinte: "deixa-me primeiro despedir-me de minha família". Ele não está pensando em ficar em casa até à morte do pai, mas seu coração não pode esquecer sua família. Provavelmente o que ele pede não é fazer um gesto de cortesia com os seus, mas apresentar-lhes sua decisão de seguir Jesus. Como iria abandonar a família sem contar com sua aprovação? A família pedia fidelidade total.

Jesus lhe responde de maneira categórica: "Quem põe a mão no arado e continua olhando para trás, não serve para o reino de Deus". A família não é tudo. Há algo mais importante: pôr-se a serviço do reino de Deus e trabalhar por uma família nova, que não está unida pelos laços de sangue nem por interesses comuns, mas por seu desejo de fazer a vontade do Pai. Uma família na qual todos se acolham como irmãos e irmãs, porque são filhos e filhas do único Deus.

Na resposta de Jesus há outro matiz importante: "Quem continua olhando para trás não serve para o reino de Deus". Não é possível abrir caminhos novos ao reino de Deus sentindo saudades do passado. Trabalhar no projeto do Pai pede dedicação total, concentração na tarefa de tornar a vida mais humana, confiança no futuro de Deus, audácia e criatividade para caminhar seguindo os passos de Jesus.

As três cenas reunidas por Lucas já nos permitem entrever alguns traços do seguimento de Jesus:

• O grupo de seguidores vai se formando por iniciativa de Jesus. Seu chamado é decisivo. Jesus não se detém para dar-lhes muitas explicações. Eles irão aprendendo tudo convivendo com Ele. A primeira coisa é escutar seu chamado e tomar a decisão de segui-lo.

• No entanto, desde o início fica claro que Jesus os chama para colaborar com Ele no projeto humanizador do Pai. Jesus não os chama simplesmente para que o imitem. Chama-os para que o sigam e se incorporem na tarefa de "anunciar o reino de Deus".

• Ao chamar ao seguimento, Jesus exige uma disponibilidade total: fidelidade absoluta acima de qualquer outra fidelidade. A razão última é que o reino de Deus está irrompendo. É urgente iniciar um movimento profético para anunciar esta Boa Notícia: as pessoas precisam experimentar já sua força curadora; é preciso semear nos povoados sinais de sua misericórdia; é preciso abrir caminhos para a sua justiça.

⇨ **Para aprofundar-se:** *Lucas*, p. 163-169; *Jesus – Aproximação histórica*, p. 334-341.

Conversão pessoal

• Sinto em meu interior o chamado de Jesus a segui-lo com mais verdade e fidelidade? Em que minha vida deverá mudar?

• Que medos, resistências ou fraquezas estão me impedindo neste momento de escutar o chamado concreto que Jesus está me dirigindo? Do que preciso para tomar a decisão de segui-lo? Mais oração, apoio do grupo, confiança em Jesus...?

• **Conversa com Jesus.** Agora mais do que nunca você precisa falar com Jesus. Ele o está chamando. Diga-lhe o que você sente. Confie nele.

Colaboração com o projeto de Jesus

• Atrai-nos colaborar com Jesus trabalhando por um mundo mais justo, fraterno e humano?

• Em que campo concreto nos vemos contribuindo para uma convivência mais fraterna e humana? Minha família, o ambiente de trabalho, os vizinhos, a relação com as pessoas, o campo da marginalização...?

• A quais pessoas podemos dar a conhecer o projeto humanizador do reino de Deus? Quais pessoas podemos aproximar deste projeto?

Sugestões para a oração

• Depois de um tempo de silêncio, todos recitamos devagar a seguinte oração. Em seguida, cada um pode repetir novamente alguma das frases:

> Quero seguir-te
> Tu me conheces e sabes o que quero,
> tanto meus projetos quanto minhas fraquezas.

> Não posso ocultar-te nada, Jesus.
> Gostaria de deixar de pensar em mim
> e dedicar mais tempo a ti.
> Gostaria de entregar-me inteiramente a ti.
> Gostaria de seguir-te aonde fores.
> Mas nem isso me atrevo a dizer-te,
> porque sou fraco. Tu o sabes melhor do que eu.
> Sabes de que barro sou feito,
> tão frágil e inconstante.
> Por isso mesmo preciso ainda mais de ti,
> para que Tu me guies sem cessar,
> para que sejas meu apoio e meu descanso.
> Obrigado, Jesus, por tua amizade! (Anônimo).

- Pode-se recitar a seguinte oração, fazendo uma pausa de silêncio entre cada estrofe:

> **Confiarei**
> Confiarei...
> ainda que me perca em teus caminhos,
> ainda que não encontre meu destino,
> confiarei...
>
> Confiarei...
> ainda que não entenda tuas palavras,
> ainda que teu olhar me queime,
> confiarei.
>
> Eu te seguirei,
> duvidando e andando ao mesmo tempo,
> e te amarei
> sem medo e tremendo ao mesmo tempo (Anônimo).

- A pessoa designada lê devagar em voz alta o texto de Lucas 9,57-62. Em seguida se faz um silêncio prolongado. Depois, livremente cada um se levanta para manifestar sua decisão:

> Senhor, eu quero seguir-te. Dá-me tua força.
> Senhor, eu quero seguir-te. Não te afastes.
> Senhor, eu quero...

33 Carregai a cruz (Mateus 16,21-25)

Jesus começou a explicar a seus discípulos que era necessário Ele ir a Jerusalém e ali sofrer muito da parte dos anciãos, sumos sacerdotes e escribas, ser executado e ressuscitar ao terceiro dia. Pedro levou-o à parte e se pôs a repreendê-lo:

– Deus não o permita, Senhor! Isto não pode acontecer contigo.

Jesus voltou-se e disse a Pedro:

– Afasta-te de mim, satanás, porque és para mim uma pedra de tropeço. Pensas como os homens, não como Deus!

Então disse aos discípulos:

– Quem quiser vir comigo, negue-se a si mesmo, carregue sua cruz e me siga. Se alguém quiser salvar sua vida, vai perdê-la; mas quem perder a vida por causa de mim, vai encontrá-la.

Guia de leitura

Está crescendo nossa decisão de seguir Jesus e colaborar com Ele em seu projeto do reino de Deus. Precisamos agir com realismo. Jesus nos diz que, se queremos segui-lo de verdade, precisamos esquecer nossos interesses egoístas e carregar os sofrimentos que nos pode trazer o seguimento fiel à sua pessoa e a colaboração no projeto de criar um mundo mais humano.

Aproximação ao texto evangélico

• **A decisão de Jesus.** Jesus decide subir a Jerusalém. O que você pensa de sua decisão? Por que Ele enfrenta um futuro tão sombrio? O que é que o move?

• **Reação de Pedro.** A você parece normal o atrevimento de Pedro? O que é exatamente que ele faz? Por que quer afastar Jesus de seu caminho para a cruz? O que é que Pedro quer?

- **Resposta de Jesus.** A você parece dura a reação de Jesus? Pouco antes chamou Pedro de "Rocha" sobre a qual irá construir sua Igreja. Por que agora o chama de "satanás"?
- **Realismo de Jesus.** Quais as duas coisas que é preciso levar em conta para seguir Jesus? Como você entende este "negar-se a si mesmo"? Como você entende o "carregar a cruz"?
- **Ganhar ou perder a vida?** Você encontra algum sentido nas palavras de Jesus? É razoável "perder a vida" por seguir Jesus?

Comentário

Seguir Jesus carregando a cruz

Jesus encontrou nas aldeias da Galileia uma acolhida entusiástica. Sua mensagem de um Deus Bom que quer um mundo mais justo e fraterno e sua preocupação de curar os enfermos e libertar as pessoas do sofrimento provocavam surpresa e admiração naqueles camponeses simples. Os discípulos já sonhavam com um êxito total. Jesus, pelo contrário, só pensava em cumprir a vontade do Pai até o fim. Sabia que em Jerusalém tudo seria diferente.

Por isso começou a explicar a seus discípulos o que o esperava. Sua intenção era subir a Jerusalém, apesar de que ali iria "sofrer muito" da parte dos dirigentes religiosos. Chegariam, inclusive, a executá-lo. Mas Jesus confiava em seu Pai. Sua morte entra nos desígnios de Deus, porque é consequência inevitável de seu empenho em abrir caminhos ao seu reino. Mas o Pai "o ressuscitará". Não ficará passivo e indiferente diante daquele crime.

Pedro se rebela diante da simples ideia de imaginar Jesus crucificado. Não quer vê-lo fracassado. Só quer seguir um Jesus vitorioso e triunfante. Não pensa só em Jesus. Pensa egoisticamente nas consequências que tudo aquilo pode ter para ele e para os seus companheiros. Por isso "leva-o à parte" e o "repreende" para que esqueça o que acaba de dizer: "Deus não o permita, Senhor! Isto não pode acontecer contigo".

A resposta de Jesus é muito forte: "Afasta-te de mim, satanás". Ele não quer ver Pedro diante de seus olhos. "Não pensas como Deus, mas como os homens". Tua maneira de pensar não é a do Pai, que quer um reino de paz e justiça para todos os seus filhos; tu és como os homens, que só pensam em seu próprio bem-estar. És um obstáculo em meu caminho. És a encarnação de satanás.

Mateus capricha muito em sua linguagem. Há pouco, quando Pedro se abre com simplicidade à revelação do Pai e confessa Jesus como Filho do Deus vivo, ele se transforma em "rocha" sobre a qual Jesus pode construir sua Igreja. Agora, quando, ao escutar seus próprios interesses humanos, pretende afastar Jesus do caminho da cruz, ele se transforma numa "pedra de tropeço".

Os autores sublinham que Jesus diz literalmente a Pedro: "Põe-te atrás de mim, satanás". É este o teu lugar. Coloca-te como seguidor fiel atrás de mim. Não pretendas desviar-me de meu caminho, orientando o projeto do reino do Pai para meu êxito e meu triunfo pessoais.

Continuando, Jesus se dirige aos discípulos e lhes diz umas palavras que precisamos escutar muito bem se queremos seguir Jesus com realismo. "Quem quiser vir comigo, negue-se a si mesmo, carregue sua cruz e me siga". Se alguém quiser caminhar atrás de Jesus e segui-lo de perto, deve fazer duas coisas.

Em primeiro lugar, "negar-se a si mesmo". Isto não significa mortificar-se, castigar-se a si mesmo, e menos ainda anular-se o destruir-se. Quer dizer esquecer-se de si mesmo, não viver dependente de seus próprios interesses, libertar-se do próprio "ego" para encontrar sua verdadeira personalidade na adesão radical a Jesus.

Em segundo lugar, "carregar a cruz". Isto não significa aceitar sem mais os sofrimentos que, cedo ou tarde na vida, todos os humanos precisamos aceitar (uma enfermidade, uma desgraça...). Quer dizer, pelo contrário, ir assumindo os sofrimentos que nos virão como consequência de nosso seguimento fiel de Jesus.

Por isso, não devemos confundir a "cruz" com qualquer sofrimento, adversidade ou mal-estar que acontece em nossa vida. A "cruz cristã" consiste em seguir Jesus, aceitando as consequências dolorosas que isto nos pode trazer: insegurança, conflitos, rejeições, perseguição... Ou seja, aceitar o destino doloroso que precisaremos compartilhar com Jesus se realmente seguirmos seus passos.

Para dar mais força ao que está dizendo a seus discípulos, Jesus acrescenta uma frase paradoxal: "Se alguém quiser salvar sua vida, vai perdê-la; mas quem perder a vida por causa de mim, vai encontrá-la". Jesus os está convidando a viver como Ele: agarrar-se cegamente à vida pode levar a perdê-la; arriscá-la de maneira generosa e audaz por causa dele e de seu projeto do reino leva a salvá-la.

Dito de maneira mais clara. Quem caminha atrás de Jesus, mas continua aferrado às seguranças, expectativas e interesses que a vida lhe oferece, pode terminar perdendo o maior de todos os bens: a vida vivida de acordo com o projeto salvador de Deus. Pelo contrário, quem arrisca o que a vida lhe oferece a fim de seguir Jesus encontrará vida plena, entrando com Ele no reino definitivo do Pai.

Convém resumir em poucas palavras as atitudes de Jesus diante do sofrimento.

- Em Jesus não encontramos esse sofrimento que existe tantas vezes em nós, produzido por nosso pecado ou por nossa maneira pouco sadia de viver (inveja, ressentimento, apego egoísta às coisas e às pessoas...). Aquele que caminha seguindo os passos de Jesus vai pouco a pouco eliminando de sua vida esse sofrimento inútil e prejudicial.

- Jesus não ama nem busca desnecessariamente o sofrimento, nem para si nem para os outros, como se o sofrimento contivesse algo especialmente agradável a Deus. O esforço ascético e a disciplina pessoal têm grande importância em toda pessoa. Mas diante do sofrimento próprio ou alheio, o que mais agrada a Deus é que procuremos suprimi-lo ou aliviá-lo na medida do possível.

• Jesus se compromete com todas as suas forças a fazer desaparecer do mundo o sofrimento. Toda a sua vida foi uma luta constante para arrancar o ser humano do sofrimento que se esconde na enfermidade, na injustiça, na fome, nos abusos, no pecado e na morte. Quem segue os passos de Jesus vive aliviando o sofrimento e trabalhando para erradicar suas causas.

• Mas, quando se encontra com o sofrimento que cai sobre Ele, provocado pelos que se opõem à sua atuação a serviço do reino de Deus, Jesus não o evita, não recua, mas o aceita e o vive numa atitude de fidelidade total ao Pai e de amor incondicional à humanidade. Para dizê-lo de outra maneira: Jesus não busca "cruzes", mas aceita a "crucificação", movido por seu amor fiel ao Pai e por seu amor solidário a nós. Esse amor é o que nos salva.

⇨ **Para aprofundar-se:** *Mateus*, p. 207-213; *Jesus – Aproximação histórica*, p. 340-341.

Conversão pessoal

• A que interesses egoístas preciso renunciar concretamente para seguir Jesus com mais verdade? Tenho forças para dar algum passo concreto?

• Tenho medo das consequências dolorosas que pode me trazer o fato de seguir Jesus a sério? Não preciso tratar de tudo isto com Jesus? Não é Ele quem me dará sua força?

• **Conversa com Jesus.** Peça-lhe sua luz e sua força. Você está dando passos muito importantes. Ponha toda a sua confiança em Jesus.

Compromisso com o projeto de Jesus

• Sabemos "carregar a cruz" de viver numa sociedade injusta e numa Igreja necessitada de conversão? Sabemos "carregar" a realidade destes tempos difíceis ou nos fechamos em nosso pequeno mundo?

- Como podemos ajudar-nos mutuamente a carregar nossas pequenas cruzes?

- Que pessoas concretas podemos acompanhar e ajudar a carregar sua cruz? Pode-se dar algum exemplo.

Sugestões para a oração

- Meditamos em silêncio a seguinte oração. Depois a pronunciamos todos juntos:

>Em ti, Senhor, me refugio;
>que eu não fique confundido.
>Meus inimigos zombam de mim
>e os amigos me esquecem.
>Estou só em minha tristeza
>e já não tenho abrigo,
>mas ponho-me em tuas mãos
>e não serei confundido.
>Em ti eu busco o refúgio,
>a ti meus males confio.
>Minha vida decorre em tristezas
>e meu espírito em perigos.
>Tu és, Senhor, minha força.
>Tu me ensinas o caminho (R. Cantalapiedra).

- Meditamos em silêncio e pronunciamos juntos a seguinte oração:

>Jesus, Senhor do amor e da ternura,
>fala-nos mais uma vez deste projeto
>que Tu chamas reino de Deus.
>Dize-nos que ele existe,
>que ele está aqui,
>ainda que seja singelo,
>ainda que seja pequeno
>como um grão de mostarda.
>Dize-nos que o reino
>é a coisa mais limpa e bela
>que podemos sonhar,

que ali não haverá pranto, nem pobreza,
nem enganos, nem opressão.
Dize-nos que o reino
é a utopia realizada,
o cumprimento de tudo o que deseja
o coração humano.
E ensina-nos também
o caminho que leva a ele.
Dize-nos mais uma vez
que Tu és o caminho
dos pobres e dos humildes,
da solidariedade e da misericórdia,
da não violência e do amor.
Repete-nos mais uma vez
que todos os caminhos
são um só caminho,
e que este caminho és Tu (Anônimo).

- Meditamos e recitamos juntos a seguinte oração:

Creio em Jesus. Creio em Jesus.
Ele é meu amigo, é minha alegria, é meu amor.
Ele é meu Salvador.
Ele bateu à minha porta, me convidou a segui-lo.
Seguirei seus passos, levarei sua mensagem de paz.
Ele ajudou o enfermo e lhe trouxe a fidelidade.
Defendeu o humilde; combateu a mentira e o mal.
Dia e noite creio em Jesus.
Ele está ao meu lado, creio em Jesus.
Sigo suas palavras, creio em Jesus.
Ele é meu Salvador.
Ele é o Messias, sigo Jesus.
Ele é minha esperança, creio em Jesus.
Ele vive para sempre, espero em Jesus.
Ele é meu Salvador (C. Erdozain).

34 Sois o sal da terra e a luz do mundo (Mateus 5,13-16)

Jesus disse a seus discípulos:

– Vós sois o sal da terra. Mas, se o sal se torna insosso, com que se há de salgar? Só serve para ser jogado fora e pisado pelas pessoas.

Vós sois a luz do mundo. Não se pode esconder uma cidade situada no alto de um monte. Também não se acende uma lâmpada para colocá-la debaixo do alqueire, mas para pô-la no candelabro a fim de que ilumine todos os da casa.

Assim brilhe vossa luz diante dos homens, para que vejam vossas boas obras e glorifiquem vosso Pai, que está no céu.

Guia de leitura

Tomamos consciência de que Jesus nos chama a segui-lo, esquecendo-nos de nós mesmos e carregando a cruz. Nossa missão é árdua, mas atraente. Jesus quer que sejamos suas testemunhas: "o sal" que dá sabor à vida e "a luz" que ilumina a escuridão da existência.

Aproximação ao texto evangélico

• **Sal da terra.** O que sugere a você espontaneamente a imagem do sal? É fácil entender seu simbolismo em nossos dias? Resulta atraente para você a tarefa de ser sal que ajuda a dar sabor à vida?

• **Se o sal se torna insosso.** Você entende a advertência de Jesus? Na sua opinião, é fácil viver a fé cristã de maneira insossa e insípida? Podemos apontar algum exemplo de cristãos que são sal e de cristãos que perderam a força de sua fé?

- **Luz do mundo.** Em sua opinião, é uma imagem adequada? Não é perigoso sentir-nos "luz do mundo"? Você conhece cristãos que o ajudam a viver com mais luz?
- **Os exemplos de Jesus.** Você entende o que Jesus nos quer dizer com seus dois exemplos sobre a luz? Como se pode ocultar nossa adesão a Cristo? Você pode apontar alguns exemplos?
- **As boas obras.** Você considera importante a última observação de Jesus? Que "obras boas" são hoje mais necessárias para iluminar a vida?

Comentário

Identidade dos seguidores de Jesus

Jesus define com duas imagens atraentes a identidade de seus seguidores. Eles não deverão viver para seus próprios interesses. Não devem pensar em seu dinheiro, em seu prestígio ou em seu poder. Sua presença entre as pessoas será profética. Serão "o sal" de que a terra necessita e "a luz" de que o mundo necessita. Introduzirão a força sanadora de Jesus e a luz de seu projeto do reino de Deus.

"Vós sois o sal da terra." Os autores assinalam os diversos aspectos que pode sugerir o simbolismo do sal, muito difundido no mundo antigo. Provavelmente as pessoas simples da Galileia entendiam espontaneamente, em todo o seu frescor, a linguagem de Jesus: a força do sal está em que dá sabor aos alimentos, e os purifica e preserva da putrefação. Também a vida dos que habitam a terra precisa de sal. Os discípulos de Jesus podem introduzir na humanidade força para dar sabor à vida, purificar o que foi estragado e preservar da corrupção.

Mas Jesus lhes faz imediatamente uma séria advertência. "Se o sal se torna insosso, com que se há de salgar? Só serve para ser jogado fora e pisado pelas pessoas." A vocação dos discípulos é magnífica, mas pode deteriorar-se e ficar frustrada. Se o sal se desvirtua e perde sua força para dar sabor, transforma-se em algo inútil. Já não serve para nada. Estorva dentro de casa. Então, de acordo com um costume muito difundido naquelas aldeias primitivas, é jogado na rua, onde acaba sendo pisado pelas pessoas.

Jesus se preocupa com a possibilidade de seus seguidores perderem sua identidade. Se eles se esvaziam de seu espírito, nada os fará recuperá-lo. Sua presença no mundo não servirá para nada. Não farão falta, já que não poderão dar sabor à vida. Não poderão introduzir a força libertadora, humanizadora e salvadora que se encerra na pessoa de Jesus e em seu projeto do reino de Deus.

A segunda imagem é mais audaz e nos convida a entender a identidade dos seguidores de Jesus num horizonte mais amplo e universal. A luz que ilumina o mundo criado por Deus é esse sol que todas as manhãs o Pai faz sair sobre bons e maus. Sem esta luz do sol, o mundo ficaria às escuras. Seria impossível viver. Não poderíamos desfrutar as cores e a beleza da criação. Não saberíamos mover-nos nem conhecer os caminhos que é preciso seguir.

Jesus se atreve a dizer: "Vós sois a luz do mundo". A humanidade precisa desta luz que os seguidores de Jesus podem proporcionar-lhe para não andar nas trevas, para orientar-se, para aprofundar-se no sentido último da existência, para caminhar com a esperança posta o Pai. Esta luz irradiada por seus seguidores provém de Jesus. Ele lhes falou com clareza: "Eu sou a luz do mundo" (João 8,12). Os discípulos são testemunhas que comunicam a luz que recebem de Jesus.

Jesus propõe aos discípulos dois exemplos simples para que entendam melhor sua identidade e sua missão. O primeiro: "Não se pode esconder uma cidade situada no alto de um monte". Talvez Jesus esteja pensando em Séforis, capital da Galileia durante os primeiros anos de sua vida, situada numa montanha que sobressaía da planície do entorno. A ideia de Jesus é clara. Se existe luz e ela não for ocultada, nada pode impedir que brilhe e ilumine. Assim acontecerá com seus seguidores. Se não a apagarem ou ocultarem, esta luz que lhes vem de Jesus iluminará o mundo. Mas precisam cuidar dela. Não devem mantê-la escondida. Não a ocultarão de ninguém. Mostrá-la-ão a todos. Darão testemunho de Jesus, de seu Evangelho e de seu projeto.

O segundo exemplo realça a mesma ideia: "Não se acende uma lâmpada para colocá-la debaixo do alqueire, mas para pô-la no candelabro a fim de que ilumine todos os da casa". A luz é para iluminar. É absurdo escondê-la. Ninguém acende uma lâmpada de óleo para cobri-la com o alqueire (recipiente para medir cereais), mas para pô-la num candelabro ou sobre um suporte elevado e assim possa iluminar os que estão no único cômodo da casa. Os seguidores de Jesus não devem esconder sua luz. Sem esta luz, o mundo ficaria às escuras. Precisam mantê-la bem acesa.

Jesus termina com umas palavras que esclarecem muito seu pensamento: "Brilhe vossa luz diante dos homens, para que vejam vossas boas obras e glorifiquem vosso Pai, que está no céu". Esta tarefa de "iluminar" as pessoas não consiste em proporcionar grandes ideias ou doutrinas sublimes. Eles não precisam trazer novas ideologias. Devem iluminar a todos com suas "obras boas", com sua atuação humana e humanizadora, com seu seguimento prático de Jesus. É esta a mensagem que precisamos escutar: que brilhem vossas vidas, não vossas doutrinas. Tornai visível o Evangelho em vossa vida. Demonstrai que é possível o amor e a compaixão. Buscai a justiça de Deus. Sede meus profetas, não com palavras, mas sobretudo com fatos.

Seria absurdo comprometer-nos a fazer "obras boas" buscando prestígio ou glória pessoal, poder, superioridade ou algo semelhante. De acordo com Jesus, tudo deve estar orientado para a glória do Pai do céu, que está abrindo caminho entre nós para construir conosco e junto a nós um mundo mais justo, fraterno e feliz para todos.

⇨ **Para aprofundar-se:** *Mateus*, p. 71-77.

Conversão pessoal
- Sinto-me um seguidor ou seguidora de Jesus que ajuda a dar sabor à vida, tornando-a mais humana? O que é que me falta?

• Meu seguimento de Jesus ajuda a viver com mais luz e sentido? Estou escondendo conscientemente a luz do Evangelho? Em que momentos?

• **Conversa com Jesus.** Diga-lhe que você sente atração pela missão que Ele lhe confia. Manifeste-lhe seu agradecimento. Viva em comunhão com Ele.

Compromisso com o projeto de Jesus

• Será que nós, cristãos, somos percebidos como testemunhas de Jesus, que são sal e luz na sociedade moderna? O que é que mais se aprecia nos cristãos?

• Por que a força do sal e da luz dos cristãos às vezes fica anulada? Qual o elemento mais negativo nos cristãos de hoje?

• Você acredita que a hostilidade e a rejeição à Igreja se deve às vezes ao fato de não nos verem vivendo como testemunhas convictas de Jesus e de seu Evangelho?

Sugestões para a oração

• Recitamos, a sós ou em grupo, em silêncio ou em voz alta:

>Converte-me primeiro a mim
>para que eu comunique a outros a Boa Notícia.
>Dá-me *audácia*.
>Neste mundo cético e autossuficiente
>tenho vergonha e medo.
>Dá-me *esperança*.
>Nesta sociedade receosa e fechada,
>eu também tenho pouca confiança nas pessoas.
>Dá-me *amor*.
>Nesta terra insolidária e fria,
>eu também sinto pouco amor.
>Dá-me *constância*.
>Neste ambiente cômodo e superficial,
>eu também me canso facilmente.

Converte-me primeiro a mim,
para que eu comunique a Boa Notícia (P. Loidi).

- Recitamos todos juntos a oração de São Francisco. Depois cada um repete em voz alta alguns dos pedidos:

Senhor, fazei de mim um instrumento de vossa paz.
Onde houver ódio, que eu leve o amor.
Onde houver ofensa, que eu leve o perdão.
Onde houver discórdia, que eu leve a união.
Onde houver dúvidas, que eu leve a fé.
Onde houver erros, que eu leve a verdade.
Onde houver desespero, que eu leve a esperança.
Onde houver tristeza, que eu leve a alegria.
Onde houver trevas, que eu leve a luz.
Ó Mestre, fazei que eu procure mais consolar, que ser consolado;
compreender, que ser compreendido;
amar, que ser amado.
Pois é dando que se recebe.
É perdoando que se é perdoado.
E é morrendo que se vive para a vida eterna (São Francisco de Assis).

- Para rezar no silêncio do coração:

Ó Deus, que amas todo ser humano,
quando compreendemos
que teu amor é antes de tudo perdão,
nosso coração se acalma,
inclusive pode mudar (H. Roger de Taizé).

35 Rezai assim (Mateus 6,9-13)

Portanto, rezai assim:
– Pai nosso que estás nos céus,
santificado seja o teu nome;
venha o teu reino;
faça-se a tua vontade na terra como no céu.
Dá-nos hoje nosso pão de cada dia;
perdoa-nos as nossas dívidas,
como também nós perdoamos aos nossos devedores;
não nos deixes cair na tentação,
mas livra-nos do mal.

Guia de leitura

Para sermos testemunhas de Jesus precisamos alimentar-nos de seu Espírito. Jesus deixou em herança a nós, seus seguidores, a oração do Pai-nosso. Ela é para nós o modelo de toda oração. Nela precisamos alimentar nosso trabalho pelo reino de Deus.

Aproximação ao texto evangélico

• **O Pai-nosso.** Que experiência você tem desta oração? Você a reza de modo rotineiro? Ela é diferente para você? Você sabe que está rezando com os mesmos sentimentos de Jesus?

• **Pai.** Você se dirige a Deus normalmente chamando-o de "Pai"? Ele desperta em você a confiança? Você o chama alguma vez de "Mãe"? Como você reza quando vive momentos de escuridão e sente Deus distante?

• **Pai nosso.** Como você chama a Deus em sua oração a sós com Ele? "Meu Pai" ou "Pai nosso"? Quando você reza o Pai-nosso, você pede por suas intenções particulares? Você o reza unido a toda a família humana? Você tem em seu horizonte os filhos de Deus de outras religiões? Você pensa nos que não creem nele?

- **Invocações.** Você se dá conta de que o Pai-nosso tem duas partes? Você consegue distingui-las? Qual invocação brota do mais íntimo de você? Ocorreu-lhe repetir alguma destas invocações ao longo do dia?
- **Venha o teu reino.** Em que você pensa quando dirige a Deus este desejo? Está crescendo em você o desejo de viver tornando a vida mais humana? Pode isto transformar-se no objetivo de sua vida?
- **Faça-se a tua vontade.** Esta invocação lhe ajuda a ser mais fiel à vontade salvadora do Pai? Você se sente cada vez mais identificado com sua vontade?
- **Dá-nos o pão de cada dia.** O que você pede ao pronunciar estas palavras? Este pedido sai de dentro de você? Ele lhe ajuda a manter-se unido aos famintos do mundo?
- **Não nos deixes cair na tentação.** Você sabe recorrer ao Pai em momentos de fraqueza, desalento ou falta de forças? O que pode ser para você esta "tentação" (no singular)?
- **Perdoa-nos as nossas dívidas.** Você sabe pedir perdão em nome de toda a família humana? Você pensa nas guerras, no crime da fome, no tráfico de mulheres, na escravidão e nos abusos de crianças?
- **Livra-nos do mal.** Você sabe resumir nesta invocação final o amor que você nutre pelo mundo e a confiança que você tem em Deus?

Comentário

A oração dos seguidores de Jesus

O Pai-nosso é a única oração que Jesus deixou para os seus. A única que lhes ensinou para alimentar sua identidade de seguidores seus e seu trabalho de colaboradores no projeto do reino de Deus. Desde muito cedo, o Pai-nosso se transformou não só na oração mais querida dos cristãos, mas na prece litúrgica que identifica a comunidade de seguidores de Jesus quando se reúnem em seu nome. Por isso se ensina os catecúmenos a recitá-la antes de receberem o batismo. Por isso a recitamos sempre ao terminar nossos encontros.

Os evangelhos conservaram duas versões do Pai-nosso com pequenas diferenças entre si. A mais longa foi conservada por Mateus em 6,9-13, no chamado "Sermão da montanha", onde o evangelista recolhe o cerne da mensagem de Jesus. A versão mais breve está conservada em Lucas 11,2-4 e nos diz que Jesus a pronunciou quando seus discípulos lhe pediram que os ensinasse a rezar como o Batista ensinava os seus discípulos. Nós estudaremos a versão de Mateus, porque é a que se recita na liturgia cristã.

A estrutura da oração de Jesus é simples. Começa com uma invocação ao Pai dos céus. Em seguida vem a oração, na qual podemos distinguir duas partes. Na primeira parte apresentamos ao Pai três grandes desejos centrados no projeto do reino de Deus: são, sem dúvida, os desejos mais ardentes que Jesus trazia em seu coração. Na segunda fazemos quatro pedidos, apresentando ao Pai as necessidades mais urgentes da família humana: são as necessidades que mais preocupam Jesus.

- *"Pai nosso que estás no céu."* Jesus se dirige a Deus chamando-o *Abbá*, um diminutivo carinhoso empregado sobretudo pelas crianças pequenas para dirigir-se a seu pai. Também nós invocamos a Deus como "Pai", sentindo-nos filhos e filhas, e falamos com Ele com a mesma simplicidade, confiança e carinho com que Jesus o fazia. Podemos também chamá-lo de "Mãe", porque Deus não é varão nem mulher. É o Mistério último do Amor que origina e sustenta nossa vida.

- *"Pai nosso."* Jesus nos ensina a dizer "Pai nosso", não "meu Pai". Por isso rezamos o Pai-nosso no plural, desde o início até o final, sentindo-nos irmãos e irmãs de todos. Não lhe pedimos só para nós, mas para todos.

- *"Estás no céu."* Ele não está ligado a um lugar sagrado da terra Não pertence a um povo ou a uma raça concreta. Não é propriedade de nenhuma religião. É Pai de todos. "Faz sair seu sol sobre bons e maus."

- *"Santificado seja o teu nome."* Não se trata de mais um pedido. É o primeiro desejo que brota da alma de Jesus, sua aspiração mais ardente. "Faze que teu nome de Pai seja reconhecido e respeitado. Que todos conheçam a bondade e a força salvadora contidas em teu nome santo. Que ninguém o ignore ou o despreze. Que ninguém o profane causando dano a teus filhos e filhas. Que sejam desterrados os nomes de todos os deuses e ídolos que nos desumanizam. Que todos nós bendigamos teu nome de Pai bom."

- *"Venha o teu reino."* É esta a paixão que anima a vida inteira de Jesus: "Que teu reino vá abrindo caminho no mundo, que o 'fermento' de teu reino fermente tudo. Que chegue aos pobres a tua Boa Notícia. Que os que sofrem sintam tua força curadora. Enche o mundo com tua justiça e tua verdade, com tua compaixão e tua paz. Que não reinem os ricos sobre os pobres; que os poderosos não abusem dos fracos; que os varões não dominem as mulheres. Que ninguém dê a nenhum César o que é teu. Que ninguém pretenda viver servindo-te a ti e ao Dinheiro".

- *"Faça-se a tua vontade na terra como no céu."* Este pedido, que só aparece em Mateus, não faz senão repetir e reforçar os dois anteriores, comprometendo-nos ainda mais no projeto salvador de Deus. "Que se faça a tua vontade e não a nossa. Que se cumpram os teus desejos, porque tu só queres o nosso bem. Que na criação inteira se faça o que tu procuras, não o que desejam os poderosos da terra. Que vejamos feito realidade entre nós o que tu tens decidido em teu coração de Pai."

- *"Dá-nos hoje o pão de cada dia."* A atenção de Jesus se dirige agora diretamente às necessidades concretas dos seres humanos. "Dá-nos a todos o alimento de que precisamos para viver. Que a ninguém falte o pão. Não te pedimos dinheiro nem bem-estar abundante para nós, não queremos riquezas para acumular, somente o pão de cada dia para todos. Que os famintos possam comer; que teus pobres deixem de chorar e comecem a rir, que possamos vê-los vivendo com dignidade. Que este pão, que um dia poderemos comer todos juntos, sentados à tua mesa, possamos compartilhá-lo já desde agora."

- *"Perdoa-nos as nossas dívidas, como também nós perdoamos aos nossos devedores."* Esta é a tradução literal, que ficou modificada na liturgia. Estamos em dívida com Deus. Nosso grande pecado é: não responder ao amor do Pai, não acolher seu reino. "Perdoa-nos as nossas dívidas; não só as ofensas contra tua lei, mas o vazio imenso de nossa falta de resposta ao teu amor. Precisamos do teu perdão e da tua misericórdia. Queremos ser sinceros: ao fazer-te este pedido estamos perdoando aos que estão em dívida conosco. Não desejamos alimentar ressentimentos nem desejos de vingança contra ninguém. Queremos conviver como irmãos e irmãs."

- *"Não nos deixes cair na tentação."* Somos fracos e estamos expostos a todo tipo de perigos e riscos que podem arruinar a nossa vida, afastando-nos definitivamente de ti. O mal nos ameaça. "Não nos deixes cair na tentação de rejeitar definitivamente teu reino e tua justiça. Dá-nos tua força. Que não caiamos derrotados na provação final. Que no meio da tentação possamos contar com tua ajuda de Pai".

- *"Livra-nos do mal."* Este pedido final, que só está conservado em Mateus, reforça e culmina toda a oração. O mal está sempre presente, com todo o seu poder. Jesus nos convida a não viver com medo, mas com grande confiança no Pai: "Livra-nos do mal. Somos responsáveis por nossos pecados, mas somos também vítimas. O mal e a injustiça não estão só em nossos corações, estão também nas estruturas e instituições. Estão na dinâmica da história. Às vezes parece que o poder do mal vai invadir tudo. Pai, arranca-nos do mal!"

Jesus quis que nossa oração ao Pai terminasse com este grito de socorro, que fica ressoando em nossas vidas. Tradicionalmente, os cristãos acrescentaram a palavra "amém", que significa "assim é", "assim queremos que seja!" Com este "amém" de todos concluímos nossa oração ao Pai. "Amém. Assim queremos rezar sempre. Assim queremos viver: com uma confiança total em ti, Pai nosso; bendizendo o teu nome; acolhendo o teu reino; fazendo a tua vontade; recebendo de ti o pão de cada dia, o perdão e a força para vencer o mal. Amém."

⇨ **Para aprofundar-se:** *Lucas*, p. 195-201; *Jesus. Aproximação histórica*, p. 391-396.

Conversão pessoal

• Preocupo-me em alimentar minha vida interior com a oração do Pai-nosso? Precisaria fazê-lo melhor? Com mais frequência? Com alguma ajuda?

• Sinto a necessidade de recuperar o Pai-nosso como a oração central de minha vida? Que passos posso dar? Rezá-lo mais devagar? Meditar as diferentes invocações?

• **Conversa com Jesus.** Peça-lhe que lhe ensine a rezar o Pai-nosso com a paixão e os sentimentos com que Ele o rezava.

Compromisso com o projeto de Jesus

• Faz-nos bem rezar todos juntos o Pai-nosso de mãos dadas? Que sentido damos ao abraço fraterno de despedida?

• Podemos recuperar a importância do Pai-nosso em nossos lares, em encontros de cristãos ou em outras circunstâncias?

• Podemos sugerir iniciativas para resgatar da rotina o Pai-nosso recitado todos os domingos antes de comungar com o Senhor?

Sugestões para a oração

• Alguém do grupo recita em voz alta o Pai-nosso. Depois deixa-se um tempo de silêncio para meditar o conteúdo das invocações. Por último, todos de pé em círculo e de mãos dadas, canta-se ou recita-se o Pai-nosso.

• Alguém do grupo vai recitando o Pai-nosso, deixando um tempo de silêncio entre cada invocação para que o grupo as vá meditando. Depois, de pé e com as mãos estendidas para o alto, se canta ou se recita o Pai-nosso.

- Todos juntos recitamos devagar a seguinte oração ao Pai:

  Pai amado,
  realiza por meio de nós a obra da verdade.
  Mantém nossas mãos ocupadas em servir a todos.
  Faze com que nossa voz anuncie a todos o teu reino.
  Faze com que nossos pés avancem sempre
  pelos caminhos da justiça.
  Guia-nos da ignorância para tua luz (Inspirado em P. Yogananda).

36 Fazei isto em memória de mim (Marcos 14,22-26)

Enquanto comiam, Jesus tomou um pão, pronunciou a bênção, partiu-o e o deu, dizendo:

– Tomai, isso é o meu corpo.

Depois, tomando uma taça, pronunciou a ação de graças, deu-a e todos beberam.

E lhes disse:

– Este é o meu sangue, o sangue da aliança, derramado por todos. Eu vos asseguro: não voltarei a beber do fruto da videira até o dia em que beberei vinho novo no reino de Deus.

Depois de cantar os salmos, saíram para o monte das Oliveiras.

Guia de leitura

Jesus nos deixou em herança a oração do Pai-nosso para alimentar nossa vida de seguidores. Mas, sobretudo, nos mandou celebrar uma ceia em sua memória. Nela nós, seus seguidores, nos alimentamos dele, comungamos com sua entrega total ao serviço do reino de Deus até à morte, e reavivamos nossa esperança do reencontro com Ele no banquete definitivo em torno ao Pai.

Aproximação ao texto evangélico[1]

• **Uma ceia especial.** Por que Jesus celebra esta ceia solene? Qual é sua intenção? Você intui seus sentimentos nestas últimas horas de sua vida?

• **Convite de Jesus.** Suas palavras na celebração atual da Eucaristia são conservadas assim: "Tomai, todos, e comei: isto é o meu corpo... Tomai, todos, e bebei: este é o cálice do meu sangue..." O que você sente ao escutar este convite? A que você se sente convidado?

• **A entrega de Jesus.** Nesta celebração se diz também que seu corpo "será entregue por vós" e que o sangue será "derramado" por vós... O que você sente diante destas palavras? Agradecimento? Um chamado a você entregar sua vida?

• **Compartilhar o pão e o cálice.** Jesus distribui a todos um pedaço do mesmo pão e os faz beber do mesmo cálice. Você encontra algum significado para esse fato?

• **A missa atual.** Ela lhe ajuda a reviver a ceia do Senhor? O que é que mais o alimenta nesta celebração?

Comentário

A ceia do Senhor

Jesus sabe que suas horas estão contadas. No entanto, não pensa em esconder-se ou fugir. O que Ele faz é organizar uma ceia especial de despedida com seus discípulos e discípulas: quer vivê-la em toda a sua profundidade. Consciente da iminência de sua execução, precisa compartilhar com os seus sua confiança total no Pai, inclusive nesta hora dramática.

Jesus pensa no futuro: O que vai ser do projeto humanizador do Pai quando Ele já não estiver na terra? O que farão seus discípulos e discípulas depois de sua morte? Onde alimentarão daí em diante sua esperança na vinda do reino de Deus? Onde seus seguidores renovarão suas forças?

---
[1] Para ter uma visão mais completa da ceia pode-se ler também o relato de Lucas 22,14-20.

Dois sentimentos invadem Jesus. Primeiro, a certeza de sua morte iminente: aquela é a última taça que Ele vai compartilhar com os seus. Ao mesmo tempo, sua confiança inquebrantável no reino de Deus, ao qual dedicou sua vida inteira. Fala-lhes com toda a clareza: "Eu vos asseguro: não voltarei a beber do fruto da videira até o dia em que beberei vinho novo no reino de Deus".

A atividade de Jesus como profeta e portador do reino de Deus será violentamente truncada, mas sua execução não impedirá a chegada do reino de Deus. Sua morte não destruirá a esperança de ninguém. Deus não irá recuar. Um dia Jesus se sentará à mesa para celebrar, com uma taça em suas mãos, o banquete eterno de Deus com seus filhos e filhas. Beberão um "vinho novo" e compartilharão todos juntos a festa final do Pai. O reino de Deus chegará à sua plenitude. A ceia desta noite é um símbolo.

No começo da ceia, de acordo com o costume judaico, Jesus se põe de pé, toma pão nas mãos e pronuncia em nome de todos uma bênção a Deus, à qual todos respondem dizendo "amém". Depois parte o pão e vai distribuindo um pedaço a cada um. Viram Jesus fazer isto em mais de uma refeição. Sabem o que significa este rito judaico: ao presenteá-los com este pedaço de pão, Jesus vai fazendo chegar até eles a bênção de Deus. Como os impressionava quando, naquelas refeições da Galileia, Jesus o dava também a pecadores, publicanos e prostitutas! Ao receber aquele pedaço de pão, todos se sentiam unidos entre si e abençoados por Deus.

Mas, naquela noite, Jesus acrescenta umas palavras que dão um conteúdo novo e insólito a seu gesto. Enquanto vai distribuindo o pão entre eles, lhes diz estas palavras: "Tomai, isso é o meu corpo". Eu sou este pão. Vede: nestes pedaços de pão, eu estou me entregando por vós até o fim. Não me esqueçais nunca. Recordai-me assim: entregue totalmente para fazer chegar a vós a bênção do reino de Deus, a salvação do Pai; isto alimentará vossas vidas.

Muito mais os surpreende o que Jesus faz ao terminar a ceia. Todos conheciam o rito costumeiro. Aquele que preside à mesa, permanecendo sentado, toma em sua mão direita uma taça de vinho e pronuncia sobre ela uma ação de graças pela refeição, à qual todos respondiam "amém". Em seguida, ele bebe de sua taça, o que servia de sinal para que cada um bebesse da sua.

No entanto, nesta noite, Jesus muda o rito e convida seus discípulos e discípulas a beberem todos de uma única taça: a sua! Nesta taça, que vai passando de mão em mão, Jesus vê algo novo: "Esta taça é o meu sangue, o sangue da aliança, derramado por todos". Vede neste vinho o meu sangue derramado por vós. Recordai-me assim: entregando totalmente minha vida por todos.

Neste momento crucial e decisivo, Jesus não pensa só em seus discípulos mais próximos. Seu olhar se torna mais universal do que nunca. Minha morte descortinará um futuro novo para todos. Vede em meu sangue uma Aliança nova de Deus com os homens, a oferta da salvação para muitos, para todos.

Em seu relato da ceia, Lucas recorda estas palavras de Jesus: "Fazei isto em memória de mim" (Lucas 22,19). Celebrar a Eucaristia é "fazer memória" de Jesus, atualizando sua presença viva no meio de nós, alimentando nele a nossa fé, gravando em nossos corações sua entrega até à morte e reafirmando nosso compromisso de segui-lo carregando a cruz até as últimas consequências. Vamos assinalar quatro aspectos importantes para reavivar hoje nossa celebração da ceia do Senhor.

Nós, seguidores de Jesus, não estamos sozinhos. A morte não rompeu sua comunhão conosco. Não devemos sentir sua ausência. Cada vez que celebramos a ceia do Senhor, Ele está vivo e operante no meio de nós. Crucificado pelos adversários do reino, mas ressuscitado pelo Pai, Ele se faz presente, nos acompanha e nos alimenta em nosso trabalho de abrir caminhos ao projeto humanizador de Deus.

Na ceia do Senhor alimentamos nossa fé em Cristo. Não basta assistir à celebração da Eucaristia. Somos convidados a "comer" e "beber". Reunimo-nos nesta ceia fraterna para identificar-nos cada vez mais com Cristo, acolhendo suas palavras em nosso coração e alimentando-nos com seu corpo e sangue. Aqui está o segredo de nossa força. Nenhuma outra experiência pode oferecer-nos um alimento mais sólido.

Nunca devemos esquecer que, quando "comungamos" com Jesus na ceia eucarística, estamos comungando com alguém que viveu e morreu "entregue" totalmente aos outros. Assim insiste Jesus: seu corpo é um "corpo entregue" e seu sangue é um "sangue derramado" pela salvação de todos. Cada vez que celebramos a Eucaristia, reafirmamos nossa vontade de não viver fechados em nosso egoísmo pensando apenas em nossos interesses, mas de viver abertos aos outros, entregando cada dia nossa vida, contribuindo, a partir de nossa pequenez, para tornar a vida mais humana.

Jesus faz todos comerem do mesmo pão e beberem do mesmo cálice. Compartilhar o mesmo pão e beber do mesmo cálice significa, para os seguidores de Jesus, reforçar os laços da fraternidade cristã. A ceia do Senhor não só expressa e cria a comunhão com Cristo, mas também a comunhão entre nós que o seguimos.

⇨ **Para aprofundar-se:** *Marcos*, p. 257-263; *Jesus – Aproximação histórica*, p. 435-440.

Conversão pessoal

• Participo de maneira ativa e responsável na Eucaristia dominical de minha comunidade? Ausento-me facilmente sem motivo?

• Que aspectos da celebração eucarística preciso viver de maneira mais intensa e frutuosa? Que consequências tiro para minha vida de seguidor ou seguidora de Jesus?

• **Conversa com Jesus.** O que sente ao recebê-lo dentro de você? Fale com Ele de sua alegria, de sua rotina, de seu agradecimento...

Compromisso com o projeto de Jesus

• Como se vive geralmente a Eucaristia dominical nas paróquias e comunidades das quais participamos? Aspectos positivos e negativos.

• Como podemos contribuir para conseguir uma participação mais ativa e responsável nas eucaristias de nossas paróquias e comunidades?

• Que momentos da celebração podemos reavivar melhor com gestos, admoestações, cantos, silêncios...? (A acolhida, a escuta da Palavra de Deus, a homilia, a oração dos fiéis, a ação de graças, o Pai-nosso, o gesto da paz, a comunhão, a despedida.)

Sugestões para a oração

• Se é possível e contamos com um presbítero, o grupo pode celebrar uma Eucaristia, preparada com esmero com a participação criativa do grupo. Caso se considere oportuno, seria bom convidar pessoas não pertencentes ao grupo. A Eucaristia deve ser celebrada com as portas abertas a todos.

• Depois de proclamar em voz alta o relato da ceia do Senhor, meditamos e pronunciamos a seguinte confissão de fé:

> Vives no pão, partido e compartilhado.
> Vives na taça redonda do vinho.
> Banquete de pobres, refeição de mendigos,
> companheiro fiel, amigo entre amigos.
> Dilacerado pelos homens e nos homens vivo,
> quando nos juntamos e nos pomos a caminho.
> Cantamos tua morte, amigo da vida.
> Vives no pão partido e compartilhado.
> Vives na taça redonda do vinho (Anônimo).

• Meditamos e recitamos devagar, todos juntos:

> À mesa redonda da igualdade,
> Deus nos sentou para comer e beber
> a comida branca de paz e alegria,
> a bebida de vermelha fraternidade.

> Bem claro está o que quer Deus,
> que nos dá este pão;
> bem claro está o que Ele quer:
> que compartilhemos o nosso
> com aqueles que não têm.
> Com os que não têm pão
> e os que não têm vinho,
> Deus quer que lhes mostremos
> nossa solidariedade (Anônimo).

Sétima etapa

Enviados por Jesus ressuscitado

Já estamos no fim de nossa caminhada. Se estamos decididos a seguir Jesus, precisamos dar ainda um passo decisivo: abrir-nos ao mistério que se encerra em Cristo, o Profeta do reino de Deus, crucificado por seus adversários, mas ressuscitado pelo Pai. Só quando nos encontramos com Cristo ressuscitado pelo Pai e nos sentimos enviados por Ele, conhecemos em sua verdadeira profundidade o chamado de Jesus e o alcance último de nosso compromisso pelo reino de Deus.

Nestes últimos encontros nos aproximaremos, em primeiro lugar, das duas últimas experiências que os discípulos viveram com Jesus: a fuga diante da sua execução ignominiosa numa cruz e o reencontro com Ele, ressuscitado gloriosamente pelo Pai. Em seguida, conheceremos as duas experiências que permitem a nós, seus seguidores, caminhar acompanhados por sua presença viva. Terminaremos ouvindo seu chamado concreto a pôr-nos a caminho para colaborar com Ele curando a vida e abrindo caminhos ao reino de Deus.

37) *Aos pés do Crucificado*. Só poderemos assumir nosso compromisso de seguir Jesus até o fim se nos abrirmos ao mistério da crucificação e nos identificarmos com Ele, Mártir do reino de Deus e Salvador do mundo.

38) *Eu vos envio*. Só escutando o Ressuscitado, que nos envia como o Pai o enviou, e acolhendo seu Espírito Santo, receberemos o impulso decisivo para colaborar no projeto salvador do Pai.

39) *Fica conosco.* Antes de pôr-nos a caminho para anunciar o Evangelho, precisamos saber que, em nosso caminhar, poderemos contar com duas experiências para reconhecer entre nós a presença do Ressuscitado: a escuta compartilhada do Evangelho de Jesus e a celebração da Eucaristia.

40) *Ponde-vos a caminho.* Em nosso último encontro neste Grupo de Jesus precisamos abrir-nos com fé, generosidade e gratidão ao chamado de Jesus, que nos envia a curar a vida e abrir caminhos ao reino de Deus.

37 Aos pés do Crucificado (Lucas 23,33-46)

Quando chegaram ao lugar chamado Caveira, ali crucificaram Jesus e os malfeitores, um à direita e outro à esquerda. Jesus dizia:

– Pai, perdoa-lhes, porque não sabem o que fazem.

E repartiram suas vestes, tirando a sorte.

O povo estava olhando. As autoridades caçoavam dele, dizendo:

– Salvou a outros; salve-se a si mesmo, se é o Messias de Deus, o Eleito.

Também os soldados zombavam dele. Aproximavam-se oferecendo-lhe vinagre e diziam:

– Se és o rei dos judeus, salva-te a ti mesmo.

Um dos malfeitores crucificados o insultava dizendo:

– Não és Tu o Messias? Salva-te a ti mesmo e a nós.

Mas o outro o repreendia:

– Nem tu, que sofres a mesma condenação, temes a Deus? Quanto a nós, é justo, porque re-

cebemos o pagamento do que fizemos. Este, ao contrário, não fez nada de mal.

E dizia:

– Jesus, lembra-te de mim quando chegares ao teu reino.

Jesus lhe respondeu:

– Eu te asseguro: hoje estarás comigo no paraíso.

Já era quase meio-dia e caíram as trevas sobre toda a região, até as três da tarde, porque o sol escureceu. O véu do templo se rasgou ao meio. E Jesus gritou com voz forte:

– Pai, em tuas mãos entrego o meu espírito.

Dito isto, expirou.

Guia de leitura

A execução de Jesus, poucas horas após sua ceia de despedida, provocou uma crise total em seus discípulos. Todos fugiram. Como iriam seguir um crucificado? Que Boa Notícia podiam anunciar em seu nome? Em que projeto podiam colaborar agora para abrir caminho ao reino de Deus? Só à luz da ressurreição voltaram a reunir-se e puderam descobrir Jesus como mártir do reino de Deus. Só poderemos seguir Jesus se nos identificamos com o Crucificado.

Aproximação ao texto evangélico

- **As zombarias ao Crucificado.** Quem são os que zombam de Jesus? Por que esta reação tão cruel diante de sua execução?
- **O silêncio de Jesus.** Como você interpreta o silêncio de Jesus? O que Deus nos está dizendo neste silêncio de seu Filho crucificado? Por que o Pai não intervém para salvar seu Filho?
- **O perdão aos verdugos.** Medite esta oração de Jesus ao Pai. O que move Jesus? Como a acolherá o Pai? Você intui o perdão insondável de Deus?

- **O diálogo com o malfeitor.** O que você pensa da súplica que ele dirige a Jesus? Sabemos nós rezar assim? Você capta a grandeza da resposta de Jesus? Você confia poder morrer e ressuscitar unido a Jesus?

- **Últimas palavras de Jesus.** Que eco encontra em você sua confiança total no Pai? Que palavras você gostaria de pronunciar no final de sua vida de seguidor de Jesus?

Comentário

Mártir do reino de Deus

Em nossa caminhada vimos Jesus oferecendo saúde aos que viviam submetidos à enfermidade; libertando do mal os possuídos por espíritos malignos; acolhendo os excluídos pela sociedade; concedendo o perdão a pecadores e pessoas perdidas, incapazes de voltar à amizade com Deus por suas próprias forças.

Jesus não só proclama o amor insondável de Deus a todos os seus filhos e filhas. Ao mesmo tempo oferece em seu nome vida sadia, perdão e salvação. Fiel à vontade do Pai, passa sua vida inteira curando, acolhendo, abençoando, perdoando e salvando. Agora morrerá como viveu. Sua morte na cruz será seu último serviço ao projeto do reino de Deus e sua contribuição suprema à salvação de todos. É isto que o relato de Lucas nos deixa entrever.

De acordo com o evangelista, enquanto agoniza, Jesus só escuta da cruz zombarias e insultos. Ninguém parece ter entendido seu amor servical a todos. Ninguém parece ter captado em seu rosto o olhar compassivo do Pai. As autoridades religiosas zombam dele fazendo gestos de desprezo: "Salve-se a si mesmo, se é o Messias de Deus". Também os soldados de Pilatos riem dele: "Se és o rei dos judeus, salva-te a ti mesmo". O mesmo diz um dos delinquentes: "Não és o Messias? Salva-te então a ti mesmo".

Por três vezes se repete a zombaria: "Salva-te a ti mesmo". Jesus não responde à provocação. Sua resposta é um silêncio carregado de mistério. Não está pensando em sua salvação, mas na dos outros. Precisamente porque Ele é o Messias, o Filho querido de Deus, continuará na cruz até à morte.

O que seria de nós se Jesus procurasse sua própria salvação escapando desta cruz que o une para sempre a todos os crucificados da história? Como poderíamos confiar num Deus que salvasse seu Filho e nos deixasse mergulhados em nosso pecado e em nossa impotência diante da morte?

Lucas nos revela algo do que Jesus vive na cruz. No momento da crucificação, enquanto os soldados o vão pregando no madeiro, Jesus reza assim ao Pai: "Pai, perdoa-lhes, porque não sabem o que estão fazendo". Jesus é assim. Assim viveu sempre: oferecendo gratuitamente aos pecadores o perdão do Pai. Agora morre pedindo ao Pai que continue abençoando os que o crucificam, que continue oferecendo seu amor, seu perdão e sua salvação a todos, inclusive aos que o estão executando.

Mais tarde, no meio de tantas zombarias e desprezos, ouve-se de repente um grito lancinante: "Jesus, lembra-te de mim quando chegares ao teu reino". Quem grita não é um seguidor de Jesus, mas um dos malfeitores crucificados com Ele. Jesus lhe responde imediatamente: "Hoje estarás comigo no paraíso". Jesus viveu abrindo caminhos ao reino de Deus. Agora que vai entrar no reino definitivo do Pai acolhe este pecador desconhecido como companheiro inseparável. Os dois estão unidos na angústia e na impotência. Os dois morrerão crucificados e ambos entrarão juntos na plenitude do reino de Deus.

Lucas conserva também as últimas palavras de Jesus. Apesar de sua angústia mortal, Ele mantém até o fim sua confiança no Pai. Suas palavras são agora quase um sussurro: "Pai, em tuas mãos entrego o meu espírito". Nada nem ninguém conseguiu separá-lo do Pai. O Pai esteve sempre sustentando e alentando sua vida entregue inteiramente à tarefa de abrir caminhos ao seu reino. Terminada sua missão, Jesus deixa tudo nas mãos do Pai: sua vida, o futuro de seu projeto humanizador e a salvação do mundo. O Pai romperá seu silêncio, o ressuscitará e o acolherá em seu reino.

À luz da ressurreição de Jesus, os primeiros cristãos foram se aprofundando no mistério contido em sua crucificação. Vamos recordar o que nos pode ajudar a reafirmar-nos no seguimento de Jesus.

A crucificação não foi um fracasso, mas o serviço supremo de Jesus ao projeto salvador de Deus. O pedido feito ao Pai para que perdoasse seus verdugos e a promessa feita ao malfeitor de que entrariam juntos no reino nos revelam que o projeto do Pai não consiste só em humanizar a vida deste mundo, mas em conduzir tudo para a salvação final. Assim fala Paulo de Tarso: "Em Cristo Deus estava reconciliando o mundo consigo, não levando em conta as transgressões dos homens" (2Coríntios 5,19). Por sua vez, o evangelho de João afirma que "Deus não enviou seu Filho ao mundo para condenar o mundo, mas para que o mundo seja salvo por meio dele" (João 3,17). Quando colaboramos com Jesus no projeto do reino de Deus, não estamos levando a cabo uma mera ação social ou política. Estamos humanizando a vida, encaminhando-a para sua plenitude eterna no seio do Pai.

Jesus morreu como mártir do reino de Deus, porque sua crucificação foi a consequência da reação que Ele provocou com sua entrega livre e incondicional ao projeto humanizador do Pai. Não se pode trabalhar pelo reino de Deus, que é reino de fraternidade, liberdade e justiça, sem provocar a rejeição e a perseguição daqueles aos quais não interessa mudança nenhuma. É impossível lutar por uma sociedade mais justa e mais solidária com os últimos sem sofrer a reação dos poderosos.

Por isso, seguir Jesus leva sempre à cruz. Significa estar dispostos a sofrer conflitos, rejeições, polêmicas e até perseguição. Colaborar com Ele no projeto do reino de maneira responsável e comprometida nos levará, cedo ou tarde, a compartilhar seu destino doloroso. Mas precisamos lembrar que uma vida crucificada, vivida com o espírito de Jesus, sempre tem a ressurreição à sua espera.

No rosto desfigurado do Crucificado, Deus se nos revela identificado para sempre com todos os crucificados da história. Nunca poderemos separar o Pai do sofrimento infligido injustamente a seus filhos e filhas. Mas, além disso, se Jesus morreu identificado com as vítimas inocentes de todos os tempos, seguir seus passos significa aproximar-nos serviçalmente dos crucificados; introduzir justiça onde se abusa dos inocentes; exigir compaixão onde só há indiferença para com os que sofrem. Cedo ou tarde isto nos trará sofrimento. Será nossa maneira humilde de carregar a cruz de Cristo.

⇨ **Para aprofundar-se:** *Lucas*, p. 341-347; *Jesus – Aproximação histórica*, p. 464-484.

Conversão pessoal

• Que lugar ocupa Jesus crucificado em minha vida? Qual é a minha atitude diante dele? Amor, gratidão, invocação?

• Quando me sinto identificado com o Crucificado? Sei rezar a Jesus crucificado? Levanto alguma vez meus olhos para Ele?

• **Conversa com Jesus.** Levante os olhos para o Crucificado. O que diz a você sua entrega até o fim, seu silêncio misterioso...?

Compromisso com o projeto de Jesus

• O que pode dizer ao homem e à mulher de hoje a imagem do Crucificado? Por que em alguns setores se propaga a rejeição ao crucifixo em lugares públicos?

• Qual é a atitude mais generalizada dos cristãos diante do Crucificado? Que valores você descobre na piedade popular? O que você pensa do uso da cruz entre os cristãos?

• O que podemos fazer para que o Crucificado nos fale do amor insondável de Deus e nos leve aos crucificados dos nossos dias?

Sugestões para a oração

• O grupo se coloca, se possível, diante do Crucificado e medita em silêncio a seguinte oração:

> Nesta tarde, Cristo do Calvário,
> vim pedir-te por minha carne enferma;
> mas, ao ver-te, meus olhos vão e vêm
> de teu corpo ao meu corpo com vergonha.
> Como queixar-me de meus pés cansados
> quando vejo os teus destroçados?
> Como mostrar-te minhas mãos vazias
> quando as tuas estão cheias de feridas?
> Como explicar-te minha solidão
> quando na cruz levantado e sozinho estás?
> Como explicar-te que não tenho amor
> quando tens o coração dilacerado? (G. Mistral).

• Podemos meditar ou recitar a seguinte oração diante do Crucificado:

> Tua morte foi o último elo
> de uma cadeia de amor subversivo.
> Amaste, simplesmente amaste,
> sem mistura nem impureza...
> Tu te fizeste último
> para que os últimos fossem os primeiros.
> Defendeste os que não têm defensor.
> Renunciaste ao triunfo pessoal.
> Acreditaste, acreditaste sem vacilar,
> e tua fé se fez amor, puro amor,
> e te penduraram como um infame.
> Assim deste tudo, tudo o que tinhas e eras,
> e revelaste o mistério:
> que existe um Amor e uma Casa para todos,
> que de todos espera o impossível (P. Loidi).

• Para rezar no silêncio do coração:

> Cristo Jesus,
> como teus discípulos
> precisamos de forças

> para preparar-nos para carregar
> nossa própria cruz.
> E nos dizes a cada um:
> "Não temas,
> arrisca-te a seguir-me
> sempre, sempre de novo" (H. Roger de Taizé).

38 Eu vos envio (João 20,19-22)

Ao anoitecer daquele dia, o primeiro da semana, estavam os discípulos numa casa, com as portas fechadas por medo dos judeus. Jesus entrou, pôs-se no meio deles e disse:

– A paz esteja convosco.

E, dizendo isto, mostrou-lhes as mãos e o lado. E os discípulos se alegraram ao ver o Senhor. Jesus repetiu:

– A paz esteja convoco. Como o Pai me enviou, assim também eu vos envio.

Dito isto, soprou sobre eles e lhes disse:

– Recebei o Espírito Santo.

Guia de leitura

O Pai ressuscitou Jesus. Mas, se nós não percebemos sua presença viva no meio de nós, nossas comunidades cristãs viverão apagadas e tristes. Se não nos sentimos enviados pelo Ressuscitado, não poderemos anunciar sua Boa Notícia. Se não acolhemos a força de seu Espírito, não seremos capazes de colaborar com Ele abrindo caminho ao reino do Pai.

Aproximação ao texto evangélico

• **Situação do grupo de discípulos.** Você pode apontar os traços obscuros com que é descrita a situação deles sem Jesus ressuscita-

do? Que consequências têm para os discípulos permanecer com as portas fechadas, paralisados pelo medo?
- **A presença do Ressuscitado.** Como se descreve sua entrada na comunidade? Que lugar Ele ocupa?
- **A transformação do grupo.** O que é que Jesus infunde em seus discípulos? Você capta a transformação que vai se produzindo na comunidade? (Da escuridão à alegria, do medo à paz, das portas fechadas à abertura para a missão.)
- **O envio.** Para o que Jesus os envia? Por que não especifica nada de concreto para eles? Em que consiste sua missão?
- **O dom do Espírito santo.** Como você entende o gesto de Jesus? Era um gesto costumeiro? Você sabe o sentido deste gesto de acordo com livro do Gênesis 2,7?

Comentário

Enviados pelo Ressuscitado

Aterrorizados pela execução de Jesus, os discípulos se refugiam numa casa conhecida. Estão novamente reunidos, mas Jesus não está com eles. No grupo há um vazio que ninguém pode preencher. Falta-lhes Jesus. A quem seguirão agora? O que poderão fazer sem Ele? O evangelista descreve com traços sombrios a situação do grupo de discípulos sem Cristo ressuscitado.

"Está anoitecendo", em Jerusalém e também no coração dos discípulos. Ainda não se dissiparam as trevas da crucificação. É uma comunidade sem horizonte. Falta-lhes o Senhor, que, de acordo com o evangelista João, é a Luz.

Com "as portas fechadas". É uma comunidade sem missão, sem objetivo, fechada em si mesma, sem capacidade de acolhida. Ninguém pensa em sair pelos caminhos para anunciar o reino de Deus e curar a vida. Com as portas fechadas não é possível aproximar-se do sofrimento das pessoas nem curar os feridos abandonados pelos caminhos.

Estão cheios de "medo dos judeus", nos quais o evangelista vê todas as forças hostis que crucificaram Jesus. É uma comunidade paralisada pelo medo, na defensiva. Com medo não é possível amar o mundo como Jesus nem anunciar a ninguém sua Boa Notícia.

É Jesus quem toma a iniciativa. Estando fechadas as portas, Ele "entra" na casa. Nada nem ninguém pode impedir o Ressuscitado de pôr-se em contato com o seus para reavivar sua comunidade. De acordo com o relato, Ele "entra e se põe no meio deles" cheio de vida. É Ele quem deve estar sempre no centro. Ninguém deve ocupar seu lugar. Com o Ressuscitado tudo é possível: dissipar as trevas, libertar-se do medo, abrir portas e pôr em andamento a evangelização do mundo.

A primeira coisa que o Ressuscitado infunde em sua comunidade é a paz perdida por sua covardia e fraqueza no momento da cruz. Repete-lhes por duas vezes: "A paz esteja convosco". Nenhuma censura por tê-lo abandonado, nenhuma queixa nem reprovação. Dá-lhes como presente sua paz inconfundível. Uma paz que o mundo nunca lhes poderá dar.

Ao mesmo tempo mostra-lhes "as mãos e o lado". Nestas cicatrizes eles podem descobrir que Jesus os amou até ao extremo. Ao ver o Senhor com suas chagas, os discípulos "se alegraram". Uma alegria que já nada nem ninguém lhes poderá tirar.

A comunidade vai se transformando. Estavam órfãos e sem Mestre. Agora têm o Ressuscitado no meio deles. Do medo passam à paz que o Senhor lhes dá como presente. Da escuridão passam à alegria de vê-lo cheio de vida. Das portas fechadas passarão imediatamente a ser enviados para a missão. A comunidade de Jesus não pode viver fechada em si mesma, porque é uma comunidade enviada.

O Ressuscitado lhes fala de maneira solene: "Como o Pai me enviou, assim também eu vos envio". Não lhes diz concretamente a quem deverão ir, o que deverão anunciar ou como deverão atuar. Sua missão é a que Jesus recebeu de seu Pai. Eles serão no mundo o que Ele foi.

Aprenderão a evangelizar a partir de Jesus. Já viram de quem Ele se aproximou, como foi anunciando a Boa Notícia de Deus, como foi semeando gestos de cura, libertação e perdão. Jesus os envia agora para que "reproduzam" sua presença entre as pessoas.

Jesus sabe que seus discípulos são frágeis. Mais de uma vez criticou sua fé pequena e vacilante. Eles precisam da força de seu Espírito para cumprir sua missão. Por isso faz com eles um gesto especial. Não lhes impõe as mãos nem os abençoa, como fazia com os enfermos e as crianças. "Sopra sobre eles e lhes diz: 'Recebei o Espírito Santo.'"

Seu gesto tem uma grande força expressiva. De acordo com o livro do Gênesis, Deus modelou Adão com "barro"; depois soprou sobre ele seu "alento de vida" e aquele barro se transformou num "ser vivente". De acordo com o relato evangélico, as comunidades cristãs são "barro", fragilidade, mediocridade, mas por trás delas está o Ressuscitado dando-lhes alento, espírito e vida.

O relato de João nos oferece uma nova luz para compreender e viver nossa missão evangelizadora:

O impulso decisivo para seguir Jesus, anunciando sua Boa Notícia e colaborando com o projeto do reino de Deus, nasce sempre do encontro com o Ressuscitado. Se quisermos promover uma "nova etapa evangelizadora", precisamos acolher de maneira mais viva a presença de Cristo ressuscitado em nossos grupos e comunidades. Ele deve estar sempre no meio de nós. Que ninguém ocupe seu lugar. Que ninguém se aproprie de sua mensagem. Que ninguém nos imponha um estilo diferente do estilo dele.

Os discípulos precisaram aprender a viver seguindo o Ressuscitado. Não seria mais como na Galileia, quando Jesus vivia com eles. Agora o seguirão acolhendo seu Espírito, recordando suas palavras e reproduzindo seus gestos criativamente. Mas sabem que o Senhor está com eles, cheio de vida para sempre.

Na comunidade cristã é decisivo viver abertos ao Espírito que o Ressuscitado está comunicando também hoje a nós, seus seguidores. Este Espírito "nos vai recordando" o que Jesus dizia pelos caminhos da Galileia, nos defende do que possa nos desviar dele, nos mantém na verdade do Evangelho e nos inspira para atualizar hoje o nosso serviço ao reino de Deus.

De acordo com o relato de João, nossa missão é a mesma que Jesus recebeu do Pai; mas, naturalmente, precisamos desenvolvê-la com criatividade, atentos aos sinais de nosso tempo e respondendo às necessidades do homem e da mulher de hoje. Por isso precisamos do Espírito do Ressuscitado. Privados deste alento espiritual, corremos o risco de viver sem criatividade, com as "portas fechadas" ao mundo moderno e fazendo o que sempre se fez, mas sem alegria nem convicção.

Por último, o relato diz que o Ressuscitado desperta nos discípulos paz e alegria. Esta experiência é tão central que se pode dizer que dela nasceu seu entusiasmo pela tarefa evangelizadora. Se nos falta esta alegria do Ressuscitado, a quem vamos comunicar algo "novo" e "bom"? Como vamos despertar esperança? Como vamos abrir caminhos ao reino de Deus?

⇨ **Para aprofundar-se:** *João*, p. 245-251; *Lucas*, p. 357-364.

Conversão pessoal

- Sinto-me chamado a levar a cabo alguma missão concreta, por mais humilde que seja? Sinto-me enviado por Jesus a comunicar sua Boa Notícia?
- Sinto medo de escutar o chamado concreto de Jesus? Movo-me entre dúvidas e obscuridades? Permaneço indiferente? O que poderia dar-me mais alegria e paz para seguir Jesus?
- **Conversa com Jesus.** Deixe que Ele infunda em você esta paz de que você tanto precisa. Deixe que sua alegria inunde o seu coração. Permaneça com Jesus num silêncio tranquilo.

Compromisso com o projeto de Jesus

- Como vemos neste momento nossas paróquias e comunidades cristãs? Com as portas abertas ou fechadas? Paralisadas pelo medo e pela comodidade ou com desejos de renovar-se e abrir-se a uma nova etapa?

• Em breve terminaremos nossa caminhada. O que pensamos fazer? Despedir-nos? Permanecer neste grupo com outro programa? Abrir-nos a outras pessoas e iniciar algum grupo novo trazendo-lhe nossa experiência?

• Comprometemo-nos a refletir durante algum tempo sobre a missão futura deste grupo? O que Jesus espera de nós? Onde se precisa de nós?

Sugestões para a oração

• Podemos pronunciar a seguinte confissão de fé todos juntos em voz alta. Depois a meditamos em silêncio ou cada um pronuncia uma frase:

> **Já que ressuscitou**
> Já que Cristo ressuscitou,
> podemos começar uma vida nova
> de mulheres e homens ressuscitados,
> e irmãos agora mesmo.
> Já que Cristo ressuscitou,
> temos seu Espírito entusiasta,
> e queremos trazê-lo bem visível
> para que contagie muitos.
> Já que Cristo ressuscitou,
> estamos em sua renovação permanente;
> é preciso transformar o mundo
> a partir dos fundamentos.
> Já que Cristo ressuscitou,
> é preciso construir uma cidade solidária
> onde o homem não seja lobo,
> mas companheiro e irmão.
> Já que Cristo ressuscitou,
> cremos numa terra nova
> onde haverá amor e casa para todos (P. Loidi).

- Pronunciamos a seguinte oração em vos alta todos juntos. Depois cada um pode repetir alguma das estrofes:

  Envia-me de novo
  Pediste minhas mãos, Senhor,
  porque tinhas para mim uma tarefa;
  emprestei-as a ti por um momento,
  mas as retirei quase imediatamente,
  porque era duro o trabalho.

  Pediste meus olhos, Jesus,
  para ver sofrimentos e pobrezas;
  fechei-os logo,
  para não passar mais vergonha.

  Pediste minha boca, Senhor,
  para clamar contra a injustiça;
  dei-te apenas um sussurro,
  para que ninguém me acusasse de nada.

  Pediste minha vida
  para trabalhar para ti;
  dei-te apenas uma pequena parte,
  para não comprometer-me demasiado.

  Perdoa-me, Senhor,
  e envia-me de novo,
  porque agora sim tomarei a sério
  tua cruz e tua tarefa (Anônimo).

- Para rezar no silêncio do coração:

  Cristo Jesus,
  não é fácil para nós
  compreender tua presença de Ressuscitado.
  Mas, por teu Espírito Santo,
  habitas em nós e nos dizes a cada um:
  "Vem e segue-me.
  Abri para ti um caminho de vida" (H. Roger de Taizé).

39 Fica conosco (Lucas 24,13-35)

Naquele mesmo dia, o primeiro da semana, dois discípulos de Jesus estavam a caminho de um povoado chamado Emaús, distante uns doze quilômetros de Jerusalém. Iam comentando tudo o que acontecera. Enquanto conversavam e discutiam, Jesus em pessoa aproximou-se e pôs-se a caminhar com eles. Mas seus olhos não eram capazes de reconhecê-lo. Ele lhes disse:

– Que conversa é esta que tendes enquanto caminhais?

Eles pararam com ar entristecido. E um deles, chamado Cléofas, respondeu:

– És o único forasteiro em Jerusalém que não sabe o que aconteceu ali nestes dias?

E Ele perguntou:

– O que foi?

Eles responderam:

– A respeito de Jesus, o Nazareno, que foi profeta poderoso em obras e palavras diante de Deus e de todo o povo. Os sumos sacerdotes e os nossos chefes o entregaram para ser condenado à morte; e o crucificaram. Nós esperávamos que Ele fosse o futuro libertador de Israel. E já se passaram dois dias desde que tudo isto aconteceu. É verdade que algumas mulheres do nosso grupo nos assustaram, porque foram de madrugada ao sepulcro e não encontraram seu corpo; e inclusive voltaram dizendo que tiveram uma aparição de anjos, que lhes disseram que Ele estava vivo. Alguns dos nossos também foram ao sepulcro e o encontraram como as mulheres haviam dito; mas a Ele não viram.

Então Jesus lhes disse:

– Como sois insensatos e lentos de coração para crer no que os profetas anunciaram! Não era necessário que o Messias padecesse isto para entrar na sua glória?

E, começando por Moisés e continuando pelos profetas, explicou-lhes o que a Ele se referia em toda Escritura.

Ao aproximar-se do povoado para onde se dirigiam, Jesus fingiu seguir adiante, mas eles insistiram dizendo:

– Fica conosco, porque está anoitecendo e o dia já declina!

Jesus entrou para ficar com eles. Sentado à mesa com eles, tomou o pão, pronunciou a bênção, o partiu e o deu a eles. Então seus olhos se abriram e o reconheceram. Mas Ele desapareceu. Eles comentaram entre si:

– Não ardia o nosso coração enquanto Ele nos falava pelo caminho e nos explicava as Escrituras?

E, levantando-se na mesma hora, voltaram a Jerusalém, onde encontraram reunidos os Onze com seus companheiros, que disseram:

– É verdade! O Senhor ressuscitou e apareceu a Simão.

E eles contaram o que lhes acontecera pelo caminho e como o reconheceram ao partir o pão.

Guia de leitura

Nós não vivemos um encontro com o Ressuscitado como o que foi vivido pelos primeiros discípulos. Com que experiências podemos contar para reconhecer sua presença no meio de nós? O relato dos discípulos de Emaús nos sugere duas: reavivar nossa fé em Jesus escutando juntos seu Evangelho e alimentar-nos de seu pão ao celebrar a Eucaristia.

Aproximação ao texto evangélico

• **Situação dos dois discípulos.** Leia as explicações que eles dão a Jesus: Qual é seu estado de ânimo? Por que perderam a esperança? O que lhes falta para crer em Cristo ressuscitado?

• **Lembrança de Jesus.** O que os discípulos estão fazendo quando Jesus se aproxima para caminhar com eles? Você acha importante continuar lembrando Jesus e falando de sua mensagem e de sua vida profética, embora o façam com pouca fé?

• **Conversa com Jesus.** O que Jesus censura neles? O que eles sentem enquanto Jesus lhes fala? Você sentiu alguma vez a mesma coisa ao falar com Jesus ou ao escutar suas palavras junto com outros crentes?

• **A ceia com Jesus.** O que você pensa do pedido que eles fazem a Jesus? Você também sentiu alguma vez necessidade de dizer a mesma coisa a Jesus? O que é para você reconhecer Jesus na Eucaristia?

• **Testemunhas do Ressuscitado.** Você entende que os discípulos corram para comunicar o que eles viveram? Sentimos algo disto neste grupo? Não temos nada a comunicar a ninguém?

Comentário

Duas experiências fundamentais

Dois discípulos vão caminhando para Emaús, um pequeno povoado a uns doze quilômetros de Jerusalém. Tudo acontece neste caminho, que sugere, por um lado, a caminhada de nossa vida, mas também o caminho interior que precisamos fazer para reconhecer a presença do Ressuscitado, que caminha conosco.

Os dois caminhantes andam envoltos em tristeza e desolação. Aparentemente possuem o necessário para crer. Conhecem as Escrituras judaicas, mas ninguém lhes explicou seu conteúdo mais profundo. Ouviram Jesus falar e viram sua atuação de "profeta poderoso em obras e palavras", reconhecido por Deus e pelo povo; mas sabem que Ele morreu crucificado, condenado como malfeitor por seus dirigentes religiosos. Ouvir a mensagem da ressurreição da boca das mulheres, dizendo que Jesus "está vivo".

Tudo é inútil. Esperavam que Jesus fosse "o futuro libertador de Israel". Mas as esperanças postas nele vieram abaixo com o fracasso de sua crucificação. Tudo foi uma ilusão. Já não esperam mais nada. Como crer que Ele está vivo? A estes discípulos falta a única coisa que os pode arrancar da incredulidade e do desespero: o contato pessoal com o Ressuscitado. Mas, onde o poderão encontrar?

Existe algo que o evangelista quer destacar. Apesar de sua tristeza e confusão, estes dois discípulos continuam pensando em Jesus. Não se resignam a esquecê-lo para sempre. Continuam recordando suas palavras e sua atividade de profeta. Querem compreender melhor o que aconteceu. O relato diz que, "enquanto conversavam e discutiam, Jesus em pessoa aproximou-se e pôs-se a caminhar com eles".

Não devemos esquecer o seguinte: Lá onde há homens e mulheres que, apesar de seu desespero, recordam Jesus e se perguntam pelo significado de sua mensagem e de sua pessoa, ali já está Jesus caminhando com eles. No entanto, o evangelista nos adverte que "seus olhos não eram capazes de reconhecê-lo". Jesus lhes parece um caminhante desconhecido, "um estrangeiro". Para reconhecê-lo precisam viver uma dupla experiência.

Jesus toma a iniciativa e entabula uma conversa com eles. "Que conversa é esta?" Qual é a causa de uma tristeza tão profunda? Quando lhe contam seu desengano e abatimento, Jesus começa a curar seus corações. Enquanto vão caminhando, explica-lhes as Escrituras, para que descubram melhor a identidade do Messias, o conteúdo salvador de sua morte, a verdadeira libertação oferecida por Cristo e a novidade de sua esperança.

O evangelista não nos descreve imediatamente a transformação que vai se produzindo nos discípulos: a incredulidade que os impedia de abrir-se ao mistério contido em Jesus vai desaparecendo pouco a pouco. Só mais tarde se nos fala do comentário dos discípulos: "Não ardia o nosso coração enquanto Ele nos falava pelo caminho?"

Esta é a primeira experiência. Se, ao fazer a caminhada da vida, nos reunimos para recordar Jesus, escutar sua mensagem, conhecer sua atuação profética, meditar sua entrega até à crucificação..., se experimentamos que Jesus nos comove, que suas palavras penetram em nosso íntimo e que nosso coração começa a arder, não peçamos mais. O Ressuscitado está caminhando conosco. Em nosso próprio grupo pudemos senti-lo.

De acordo com Lucas isto não basta. Embora ainda não tenham reconhecido Jesus, os dois caminhantes sentem a necessidade de sua companhia. Não querem que Ele os deixe. Ao ver que, já nas proximidades de Emaús, Jesus finge seguir adiante, eles o retêm: "Fica conosco, porque está anoitecendo". O evangelista sublinha com prazer: Jesus "entrou para ficar com eles". Não os abandonará.

A cena é simples, mas afetuosa. Uns viajantes, cansados de seu longo caminhar, sentam-se como amigos para compartilhar a mesma mesa. É então que Jesus repete exatamente os quatro gestos que, de acordo com a tradição, havia feito na ceia de despedida. "Tomou o pão, pronunciou a bênção, o partiu e o deu a eles". Nos discípulos desperta a fé: "Seus olhos se abriram e o reconheceram". Descobrem Jesus como alguém que alimenta suas vidas, os sustenta no cansaço e os fortalece para o caminho.

É a segunda experiência. Se, ao celebrar a Eucaristia, nos sentimos alimentados por Jesus, corroborados na fé e alentados para segui-lo com esperança nova, não peçamos mais. O Ressuscitado está caminhando conosco.

Reconhecer Jesus é muito mais do que vê-lo. Durante o caminho eles viam Jesus, mas não eram capazes de reconhecê-lo. Agora o reconhecem e, embora Jesus se torne novamente invisível, os discípulos sabem que Ele está vivo e os acompanha. Esta experiência os transforma. Recuperam a esperança. Cheios de alegria, levantam-se e caminham apressadamente para contar "o que lhes acontecera pelo caminho". Não podem guardar para si a grande notícia. Precisam comunicar a todos que Jesus está vivo. Não falam teoricamente de sua ressurreição, mas comunicam a experiência que eles próprios viveram.

⇨ **Para aprofundar-se:** *Lucas*, p. 357-364.

Conversão pessoal

- Vivo convencido de que Jesus ressuscitado me acompanha enquanto vou caminhando pela vida? Experimento isso alguma vez?
- Alimento minha fé na Eucaristia dominical? Encontro-me com Jesus ao comungar? É um momento importante para mim?
- **Conversa com Jesus.** Você crê que Jesus ressuscitado está em você? Comunique-se com Ele. Faça silêncio e acolha-o.

Compromisso com o projeto de Jesus

- Demos algum passo para iniciar algum outro grupo de Jesus? Qual é a primeira coisa que deveríamos fazer?
- Embora terminemos nossa caminhada, não seria bom continuar reunindo-nos de vez em quando para lermos juntos o Evangelho?
- Se não voltarmos a caminhar em grupo, pensamos como vamos cultivar cada um nossa fé em alguma comunidade cristã?

Sugestões para a oração

- Meditamos em silêncio a seguinte canção. Depois a recitamos todos juntos.

Fica conosco
Fica conosco;
a tarde está caindo. Fica.
Como te encontraremos
ao declinar o dia,

se teu caminho não é nosso caminho?
Permanece conosco, a mesa está servida,
quente o pão e envelhecido o vinho.
Fica conosco;
a tarde está caindo. Fica.
Como saberemos que estás entre os homens
se não compartilhas nossa mesa humilde?
Reparte conosco teu corpo e a alegria irá afastando
a escuridão que pesa sobre nós (J.A. Espinosa).

- Rezamos juntos a seguinte oração. Depois, os que desejarem podem destacar algumas frases:

Fica, Senhor, porque já está ficando tarde,
o caminho é longo e o cansaço grande.
Fica para dizer-nos tuas palavras vivas,
que aquietam a mente e inflamam a alma.
Mantém inquietos nossos corações lerdos,
dissipa nossas dúvidas e temores.
Olha-nos com teus olhos de luz e vida,
devolve-nos a ilusão perdida.
Fica e limpa-nos o rosto e as entranhas;
queima esta tristeza, dá-nos esperança.
Fica e renova valores e sonhos;
dá-nos de novo tua alegria e tua paz.
Fica, Senhor, porque já está ficando tarde,
o caminho é longo e o cansaço grande (F. Ulíbarri).

- Para rezar no silêncio do coração:

Cristo Jesus,
em teu Evangelho nos asseguras:
"Nunca vos deixarei sozinhos,
enviar-vos-ei o Espírito Santo,
que será um apoio e um consolador.
Ele vos concederá estar em comunhão
comigo dia após dia" (H. Roger de Taizé).

40 Ponde-vos a caminho (Lucas 10,1-9)

Naquele tempo, o Senhor designou outros setenta e dois e os enviou à frente, dois a dois, para todos os povoados e lugares aonde Ele pensava ir. [...] E lhes dizia:

– Ponde-vos a caminho! Eu vos envio como cordeiros para o meio de lobos. Não leveis bolsa, nem sacola, nem sandálias; e não saudeis ninguém pelo caminho. Quando entrardes numa casa, dizei primeiro: "Paz a esta casa". E se ali houver pessoas de paz, repousará sobre elas a vossa paz; do contrário, voltará para vós. [...] Se entrardes num povoado e vos receberem bem, comei o que vos oferecerem, curai os enfermos que houver e dizei: "O reino de Deus está próximo de vós".

Guia de leitura

O impulso decisivo que lançou os discípulos a anunciar a Boa Notícia de Jesus foi seu encontro com o Ressuscitado. No entanto, para concretizar sua maneira de atuar, recorreram às recomendações que o próprio Jesus havia dado a seus discípulos na Galileia para colaborar com Ele. Vamos recordar as principais diretrizes de Jesus, que devem inspirar também hoje os que estamos decididos a segui-lo, colaborando com seu projeto.

Aproximação ao texto evangélico

- **O envio dos setenta e dois.** Para onde Jesus os envia? Eles substituem Jesus? Por que se fala de setenta e dois? Por que os envia dois a dois?

- **Ponde-vos a caminho.** O que significa para você que os discípulos se ponham a caminho? Tem sentido uma Igreja de Jesus fechada em si mesma, sem sair para anunciar a Boa Notícia de Jesus?

- **Como cordeiros no meio de lobos.** Como você entende esta imagem usada por Jesus? É arriscado hoje anunciar o Evangelho? Qual é o maior risco?
- **Não leveis bolsa, nem sacola, nem sandálias.** Não causa surpresa a você esta recomendação de Jesus? Onde pode estar a força de uns mensageiros tão pobres e indefesos? É possível viver hoje o espírito destas palavras?
- **Dizei primeiro: "Paz a esta casa".** Por que é tão importante para Jesus introduzir paz no mundo? A religião não é fonte de conflitos? O que fazer quando nosso desejo de paz é rejeitado?
- **Curai enfermos.** Você sente atração pelo chamado a curar? Você entende a missão de "curar" em toda a sua amplitude: curar pessoas, sanar feridas, humanizar a convivência, purificar uma religião doentia, libertar as consciências...?
- **Dizei: "O reino de Deus está próximo de vós".** Como se diz isto a alguém? Com palavras, com a vida, com o amor...? Como se diz isto na sociedade atual? O que é para você abrir caminhos ao reino de Deus?

Comentário

Recomendações de Jesus

A missão de colaborar com Ele no projeto do reino de Deus não é confiada por Jesus apenas ao pequeno grupo de apóstolos, mas a um número mais amplo de setenta e dois discípulos. Este número é significativo, porque, de acordo com a tradição judaica, são setenta e duas as nações que existem no mundo. Podemos dizer que as diretrizes dadas por Jesus a estes discípulos são as que podem inspirar também a nós, os evangelizadores de todos os tempos.

Jesus os envia aos lugares aos quais Ele pretende ir. Colaboram preparando-lhe o caminho. Em nenhum momento o deslocam ou substituem. O grande Evangelizador, enviado pelo Pai, é sempre Jesus.

Ele os envia "dois a dois", certamente para se defenderem melhor de animais perigosos e de malfeitores que há pelos caminhos. Também, talvez, para dar mais força à sua mensagem, ao ser atestada por dois discípulos de Jesus.

- "Pôr-se a caminho." Jesus nunca imaginou seus discípulos como um grupo fechado: uma comunidade preocupada apenas em cultivar e desenvolver sua própria religião. Chama-os para iniciar um movimento profético que viva caminhando de acordo com a lógica do envio: saindo de si mesmos para anunciar a todos os povos a Boa Notícia de Deus e para abrir caminhos ao seu reino. O que seria uma Igreja preocupada apenas com suas próprias instituições, seu futuro, suas aquisições doutrinais e suas práticas religiosas; uma Igreja sem profetas de Jesus nem portadores de sua Boa Notícia?

- "Como cordeiros para o meio de lobos." É a primeira advertência de Jesus. O mundo não precisa de mais lobos. Os seguidores de Jesus introduzirão paz numa sociedade atravessada por todo tipo de conflitos e enfrentamentos. Não há motivo para tudo ser rivalidade, violência e enfrentamento. Os portadores do Evangelho abrirão um caminho novo: aproximar-se-ão dos problemas e sofrimentos das pessoas numa atitude de respeito, serviço e amizade. Jesus sabe que só se abre caminhos ao reino de Deus introduzindo bondade, amor e ternura no mundo.

- "Não leveis bolsa, nem sacola, nem sandálias." Os seguidores de Jesus anunciarão sua Boa Notícia vivendo como os indigentes que encontram em seu caminho. Não levarão dinheiro nem provisões. Caminharão descalços, como tantos pobres que não têm um par de sandálias de couro. Em seu estilo de vida todos poderão ver sua liberdade para entregar-se inteiramente à sua missão e sua confiança total no Pai.

O que causa surpresa é que Jesus não está pensando no que devem levar consigo, mas precisamente o contrário: no que não devem levar, para não distanciar-se demasiadamente dos mais pobres. Para anunciar a Boa Notícia de Deus e abrir caminhos ao projeto humanizador do Pai, os meios mais adequados não são o dinheiro ou o poder, mas os meios pobres dos quais se serviu Jesus: a acolhida a cada pessoa, o amor serviçal aos mais necessitados, a defesa dos últimos, a oferta do perdão de Deus, a criação de uma sociedade mais fraterna.

• "Dizei primeiro: 'Paz a esta casa.'" A primeira coisa que os seguidores de Jesus sempre anunciam é a paz que recebem do Ressuscitado: uma paz que o mundo não pode dar. Esta paz é o primeiro sinal do reino de Deus: provém do amor perdoador de Deus e cresce numa sociedade justa, fraterna e solidária. É um grave erro pretender impor a Boa Notícia do reino a partir da prepotência, da ameaça ou do ressentimento.

• "Repousará sobre eles a vossa paz." De acordo com a promessa de Jesus, a paz que seus seguidores trazem no coração contagiará as pessoas e se difundirá à sua passagem pelas casas. Esta paz cura a vida dos que a acolhem, porque é uma força para trabalhar contra a agressividade, os ódios e as discórdias. Por outro lado, abre caminhos ao projeto humanizador de Deus, porque introduz reconciliação, concórdia, amizade e fraternidade.

Se não a acolherem, "a paz voltará para vós". A paz é um dom precioso que não deve perder-se no coração dos seguidores de Jesus. A rejeição, a indiferença, os fracassos não devem desalentá-los. Continuarão seu caminho para outras casas. Privados de paz, nunca poderão anunciar a Boa Notícia de Jesus.

Todas estas recomendações não são instruções arbitrárias. Estão orientadas para capacitar os discípulos a levar a cabo uma tarefa que Jesus sempre formula com duas ordens muito concretas: "Curai os enfermos" e "dizei: 'O reino de Deus está próximo de vós'". Estas duas atividades são inseparáveis e necessárias para proclamar a Boa Notícia de Deus. E as duas constituem uma síntese de toda a atuação profética de Jesus. Não esqueçamos que os discípulos recebem de Jesus a mesma missão que Jesus recebe do Pai.

Não é acidental que se fale em primeiro lugar da cura dos enfermos antes da pregação do reino de Deus. Assim como Jesus, também seus evangelizadores atuam não em nome de um Deus juiz que procura julgar e condenar o mundo, mas em nome de um Pai misericordioso que quer uma vida mais sadia e digna para todos. Por isso a tarefa primeira deles é curar enfermidades, sanar feridas, aliviar sofrimentos. Não atemorizam as pessoas com ameaças ou condenações, mas transmitem paz com gestos de cura e libertação para os mais enfermos, abatidos e fracos.

Mas os evangelizadores de Jesus não curam de maneira arbitrária ou por puro sensacionalismo. Suas curas também não são uma receita fácil para eliminar o mal que existe no mundo. Sua atividade curadora é sinal que mostra em que direção devemos trabalhar para abrir caminhos ao projeto humanizador do reino nas pessoas e na sociedade.

Anunciar a proximidade do reino de Deus e abrir-lhe caminhos é curar a convivência e torná-la mais justa e solidária; lutar por uma sociedade mais libertada do poder dos ricos e poderosos; defender os mais fracos e esquecidos; curar as relações tornando-as mais fraternas; curar patologias religiosas pondo a religião a serviço do ser humano; curar a culpabilidade oferecendo o perdão gratuito de Deus; curar a relação entre varões e mulheres restaurando a igualdade e a amizade; curar o medo da morte alentando a confiança em Deus e infundindo a esperança na sua salvação eterna.

Os cristãos tinham consciência de que as instruções de Jesus a seus discípulos não podiam ser aplicadas da mesma maneira em toda parte e em todas as situações. Lucas as recolhe porque são um convite permanente a viver com radicalidade as exigências básicas da tarefa evangelizadora. Devemos sempre rever os nossos comportamentos para ver como traduzir em nossos dias o espírito que anima as palavras de Jesus.

Não caminharemos descalços e sem dinheiro, mas nosso estilo de vida deverá deixar claro que nos identificamos com os pobres e indefesos e não com os ricos e poderosos. Não andaremos de casa em casa com a saudação da paz, mas deverão ver-nos como homens e mulheres de paz por nossa atitude fraterna e amistosa com todos, inclusive com os adversários. Não utilizaremos o poder do dinheiro, nem a prepotência, nem as pressões para evangelizar, mas os meios pobres que Jesus empregava.

⇨ **Para aprofundar-se:** *Lucas*, p. 171-177.

Conversão pessoal

• Vivo em algum momento dedicado a curar a vida e abrir caminhos ao projeto humanizador de Deus? Vivo geralmente fechado em meus próprios interesses pessoais, familiares, laborais...?

• Sou capaz de assumir riscos pela tarefa evangelizadora? Quanto me custa mais ser coerente com minha decisão de seguir Jesus?

• **Conversa com Jesus.** A sua vida está tomando esta direção. Confie mais do que nunca em Jesus. Ele será sempre seu melhor Amigo. Deixe-se acompanhar por Ele.

Compromisso com o projeto de Jesus

• Ao terminar nossa caminhada, qual pode ser a melhor contribuição deste grupo para que a Igreja saia de si mesma a fim de anunciar a Boa Notícia do reino de Deus?

• Que dificuldades concretas encontramos para iniciar algum modesto grupo de Jesus com amigos e conhecidos nossos?

• Podemos comprometer-nos a contatar algumas pessoas e voltar a reunir-nos para tomar alguma decisão?

Sugestões para a oração

• Se for possível seria muito adequado celebrar uma Eucaristia de ação de graças pela caminhada que fizemos no Grupo, guiados e alentados por Jesus. Podemos convidar alguns familiares, amigos ou pessoas que estão pensando em iniciar outro Grupo de Jesus.

• Ação de graças ao final de nossa caminhada. Alguém pronuncia cada estrofe. Em seguida a repetimos todos juntos, em voz alta. Depois de um silêncio, os que desejarem expressam seu agradecimento:

Graças por este belo dia, graças por esta reunião.
Graças porque nos chamas a viver em teu amor.
Graças por cada um, graças por nosso mútuo amor.
Graças porque juntos buscamos a ti.
Graças porque nos dás a vida, graças porque nos dás a fé.
Graças porque nos chamas a levar adiante teu plano.
Graças por descobrir o pobre, graças por escutar tua voz.
Graças por ensinar-nos a viver a solidariedade.
Graças por todos os que lutam, graças por tua libertação.
Graças porque temos uma bela missão.
Graças é a oração diária, graças é a melhor canção.
Graças porque teu amor nos acompanha sem cessar
(Anônimo).

- Podemos rezar todos juntos esta oração de ação de graças.

Graças, Pai. Estivemos juntos
falando de ti.
Jesus no meio.
Sentíamos arder nosso coração,
respirando com ele o mesmo ar.
Graças, Pai.
Amanhã será melhor.
Continuará vindo o Senhor.
Falaremos melhor de ti.
Sentiremos mais próximos os pobres.
Mais irmãos nos tornaremos.
Graças, Pai. Sempre será melhor (Adaptação de P. Loidi).

Perante o futuro

Terminamos nossa caminhada. Vivemos juntos um processo de conversão a Jesus, o Cristo. Tomamos a decisão de segui-lo de forma mais verdadeira e de colaborar com Ele, abrindo caminhos ao projeto humanizador do Pai na sociedade e no interior da Igreja. Agora pensamos no futuro.

Diferentes alternativas

Atendendo às diferentes características de cada grupo (sua origem, idade dos membros, sua trajetória, o ambiente em que vivem e se movem...), é possível pensar em diferentes alternativas.

Em alguns casos, o grupo, depois de terminar a caminhada, pode tomar a decisão de continuar reunindo-se também no futuro para ouvir juntos o Evangelho de Jesus, selecionando, por exemplo, alguns dos textos evangélicos que são proclamados nos domingos. O grupo pode ampliar seu horizonte, convidando novas pessoas a tomar parte.

Em outros casos, o grupo pode decidir permanecer unido para continuar ouvindo o Evangelho de Jesus, mas oferecendo-se também a alguma paróquia necessitada ou sem serviço permanente de presbítero, a fim de colaborar, junto com outros e a partir de sua própria experiência, para a renovação evangélica da comunidade cristã.

Em outros casos, o grupo decide continuar unido ouvindo o Evangelho de Jesus, mas concretizando seu compromisso evangelizador num campo determinado (marginalização social, apoio a famílias desfeitas, acolhida a imigrantes, atenção a idosos sozinhos, presença em bairros marginalizados ou em zonas rurais empobrecidas...).

Uma decisão importante

Existe outra alternativa possível e importante. O grupo termina sua caminhada, mas alguns de seus membros se comprometem a iniciar dois ou mais novos grupos de Jesus, acompanhando-os com sua experiência. Esta difusão de "Grupos de Jesus" pode ser impulsionada sobretudo por leigos, sacerdotes secularizados, casais, padres e freiras... que poderão encontrar nessa tarefa um campo para desenvolver seu compromisso evangelizador.

Dentro de alguns anos terá diminuído muito o número de presbíteros em atividade e muitas paróquias estarão se extinguindo. Nesse contexto, a difusão de "Grupos de Jesus", impulsionados por homens e mulheres, membros leigos do povo cristão, pode ser de grande importância para fazer circular, no interior desta Igreja em crise e numa sociedade secular, a força renovadora do Evangelho de Jesus.

Desta maneira, os "Grupos de Jesus" poderão contribuir, junto com outras experiências e iniciativas, para que o Espírito de Jesus ressuscitado possa impulsionar o que o papa Francisco chama de "um dinamismo evangelizador que atua por atração" (*A alegria do Evangelho*, 131).

Alguns passos concretos

Se o grupo toma a decisão de iniciar um novo Grupo de Jesus, é conveniente dar alguns passos concretos.

É necessário, antes de tudo, saber quem se compromete a iniciar um novo Grupo de Jesus. Em geral é conveniente que sejam duas ou três pessoas para cada novo grupo. Elas serão o pequeno fermento do Grupo de Jesus que começa.

Entrar em contato com pessoas mais ou menos conhecidas (familiares, amigos, vizinhos, colegas de trabalho, membros da paróquia...) com as quais é possível dar início a um novo grupo.

Organizar um primeiro encontro para entrar em contato com todos, conhecer o que é um "Grupo de Jesus" e dar os passos concretos para começar (lugar e dias das reuniões, distribuição de materiais, preparação da primeira reunião etc.; pode-se utilizar a introdução deste livro).

Índice

Sumário, 5

Saudação, 7

Grupos de Jesus, 9

    Objetivos e características, 9

    Início do grupo, 11

    Dinâmica das reuniões, 13

    Ao terminar a caminhada, 16

Primeira etapa – Reunidos em nome de Jesus, 19

1 Coragem! Sou eu. Não tenhais medo (Mateus 14,24-33), 21

2 Coragem! Levanta-te. Ele está te chamando (Marcos 10,46-52), 27

3 Vinde a mim, vós que estais cansados e sobrecarregados (Mateus 11,25-30), 34

4 Pedi, buscai, batei (Lucas 11,9-13), 41

5 O que procurais? (João 1,35-39), 47

6 Ide para a Galileia. Lá o vereis (Marcos 16,1-7), 53

7 Este é meu Filho amado. Escutai-o (Mateus 17,1-8), 60

8 Abre-te! (Marcos 7,31-37), 67

Segunda etapa – O caminho de Jesus, 75

9 Impulsionado pelo Espírito de Deus (Marcos 1,9-11), 76

10 Fiel ao Pai (Mateus 4,1-11), 82

11 Enviado aos pobres (Lucas 4,14-21), 89

Terceira etapa – A Boa Notícia de Deus, 99

12 O Pai bom (Lucas 15,11-32), 100

13 Deus busca os perdidos (Lucas 15,1-7), 108

14 Deus é bom para com todos (Mateus 20,1-15), 116

15 Deus escuta os que se entregam a Ele (Lucas 18,9-14a), 123

Quarta etapa – Traços característicos de Jesus, 131

16 O homem curado num sábado (Marcos 3,1-6), 133

17 O paralítico curado de seu pecado (Marcos 2,1-12), 140

18 O leproso curado da exclusão (Marcos 1,40-45), 147

19 Amigo de pecadores (Marcos 2,13-17), 155

20 A prostituta acolhida por Jesus (Lucas 7,36-50), 162

21 O rico procurado por Jesus (Lucas 19,1-10), 170

22 Felizes os pobres (Lucas 6,17.20-26), 177

23 O rico indiferente e o mendigo faminto (Lucas 16,19-31), 185

24 Jesus olha para a mulher encurvada (Lucas 13,10-17), 192

25 A defesa da mulher adúltera (João 8,1-11), 199

Quinta etapa – Grandes chamados de Jesus, 209

26 Convertei-vos e crede na Boa Notícia (Marcos 1,14-20), 210

27 Acolhei a semente do reino de Deus (Marcos 4,1-9), 218

28 Vai e faze tu o mesmo (Lucas, 10,29-37), 226

29 A mim o fizestes (Mateus 25,31-46), 234

30 Amarás teu Deus e teu próximo (Marcos 12,28-34), 241

31 Amai vossos inimigos (Mateus 5,38-45), 248

Sexta etapa – Chamados a seguir Jesus, 255

32 Segue-me (Lucas 9,57-62), 256

33 Carregai a cruz (Mateus 16,21-25), 263

34 Sois o sal da terra e a luz do mundo (Mateus 5,13-16), 270

35 Rezai assim (Mateus 6,9-13), 276

36 Fazei isto em memória de mim (Marcos 14,22-26), 282

Sétima etapa – Enviados por Jesus ressuscitado, 289

37 Aos pés do Crucificado (Lucas 23,33-46), 290

38 Eu vos envio (João 20,19-22), 297

39 Fica conosco (Lucas 24,13-35), 304

40 Ponde-vos a caminho (Lucas 10,1-9), 311

Perante o futuro, 319

    Diferentes alternativas, 319

    Uma decisão importante, 320

    Alguns passos concretos, 320

Conecte-se conosco:

facebook.com/editoravozes

@editoravozes

@editora_vozes

youtube.com/editoravozes

+55 24 2233-9033

www.vozes.com.br

Conheça nossas lojas:

www.livrariavozes.com.br

Belo Horizonte – Brasília – Campinas – Cuiabá – Curitiba
Fortaleza – Juiz de Fora – Petrópolis – Recife – São Paulo

EDITORA VOZES LTDA.
Rua Frei Luís, 100 – Centro – Cep 25689-900 – Petrópolis, RJ
Tel.: (24) 2233-9000 – E-mail: vendas@vozes.com.br